VERJÄHRUNG

UND

GESETZLICHE BEFRISTUNG.

EINE CIVILISTISCHE UND WECHSELRECHTLICHE UNTERSUCHUNG

MIT

BESONDERER RÜCKSICHT AUF DAS ÖSTERREICHISCHE RECHT

VON

DR. ALEXANDER GRAWEIN
PROFESSOR AN DER UNIVERSITÄT CZERNOWITZ.

ERSTER THEIL:

CIVILRECHTLICHE GRUNDLEGUNG.

LEIPZIG,
VERLAG VON DUNCKER & HUMBLOT.
1880.

DR MORIZ WLASSAK

FREUNDSCHAFTLICHST ZUGEEIGNET.

VORWORT.

Die vorliegende Schrift bildet den ersten grundlegenden Theil einer Untersuchung, welche in drei gesonderten Abtheilungen veröffentlicht werden soll. Die Theilung in der Publication scheint einer Motivirung zu bedürfen.

Anfänglich hatte ich nur die Erörterung einer specifisch wechselrechtlichen Frage im Auge. Ich wollte den Versuch machen, die zahlreichen Controversen aus dem Capitel von der Wechselverjährung, welche sich auf die Anwendung, Modification oder Ausschliessung der civilrechtlichen Verjährungsgrundsätze beziehen, von einem Gesichtspunkte aus zu lösen durch den Nachweis, dass die sogenannte Wechselverjährung kein Fall echter Verjährung, sondern ein, mit derselben nur äusserlich verwandtes, dem eigentlichen Wesen nach aber von derselben völlig verschiedenes juristisches Phänomen sei, nemlich ein Fall von zeitlicher Rechtseinschränkung durch gesetzlichen *dies ad quem.* Da es sich nun bei diesem Nachweise in erster Linie um den begrifflichen und praktischen Unterschied zwischen Verjährung und gesetzlicher Rechtsbefristung im Allgemeinen handelte, so wandte ich mich mit dieser Vorfrage an die Theorie des allgemeinen Privatrechtes. Jedoch vergeblich; denn ich fand, dass die eben angedeutete grundsätzliche Frage bis heute weder von der Theorie des gemeinen Rechtes, noch von jener der modernen Particularrechte erörtert, geschweige denn auf solche Weise beantwortet ist, dass sich die wechselrechtliche Untersuchung der Sätze der civilrechtlichen Lehre hätte ohne weiters bedienen können. Es zeigte sich vielmehr, dass diese letztere die beiden in Rede stehenden Erscheinungen theils noch vollständig mit einander vermengt, theils den begrifflichen Unterschied unrichtig formulirt und die Feststellung der praktischen Unterschiede beinahe ganz vernachlässigt hat, obgleich sowohl im gemeinen Rechte wie in den modernen Gesetzbüchern Fälle legaler Rechtsbefristung vorkommen, deren Scheidung von der Verjährung theoretisches wie praktisches Interesse bietet. So hatte ich mich also an die Theorie des allgemeinen Civilrechtes um Antwort auf die grundsätzliche Frage vergebens gewendet, und sah mich in Folge dessen genöthigt, das Gebiet derselben selbst zu betreten, um die begehrte Antwort zu finden. Die zu diesem Zwecke angestellte Voruntersuchung übergebe ich in der nachstehenden Schrift der Oeffentlichkeit.

Im zweiten Theile der Untersuchung, dessen Veröffentlichung in kurzer Zeit erfolgen soll, wird versucht werden, auf Grund der Resultate des vorliegenden allgemeinen Theiles die eingangs dieser Zeilen erwähnten wechselrechtlichen Streitfragen zu lösen, und zwar durch den Nachweis der Temporalität der Wechselobligation.

Ausser dieser Aufgabe *de lege lata* stellt sich jedoch der zweite, wechselrechtliche Theil der Untersuchung noch eine solche *de lege ferenda.* Bekanntlich geht der Zug der Zeit dahin, die Wechselgesetzgebungen der verschiedenen Länder zu einem einheitlichen Wechselrechte zu vereinigen. Dieses grosse Unternehmen möchte ich nach meinen bescheidenen

Kräften dadurch zu fördern trachten, dass ich in einer Materie, in welcher sich die gegenwärtigen Gesetzgebungen wesentlich von einander unterscheiden, nemlich in dem Capitel von der Wechselverjährung, festzustellen suche, welchen von den möglichen verschiedenen Standpunkten das geplante unificirte Recht einnehmen soll. Ich halte nemlich diese grundsätzliche Frage noch für unbeantwortet trotz des die Verjährung betreffenden Fundamentalartikels, welcher von der Conferenz der Gesellschaft für Reform und Codification des internationalen Rechts zu Frankfurt a. M. im Jahre 1878 aufgestellt worden ist*). In diesem Artikel ist nur von der Länge der Frist und dem Zeitpunkte ihres Beginnes, nicht aber davon die Rede, was denn unter der „Verjährung der Wechselklage" eigentlich zu verstehen, und nach welchen Rechtssätzen dieselbe zu beurtheilen sei. Dass ein grundsätzlicher Ausspruch über diesen letzteren Punkt unterblieben ist, ist nur durch die Annahme erklärlich, dass die Mitglieder der Conferenz von der irrthümlichen Voraussetzung ausgingen, die gegenwärtig bestehenden und zu unificirenden Gesetzgebungen verstehen unter der „Wechselverjährung" ein und dasselbe Rechtsinstitut, während in Wahrheit, wie bereits bemerkt wurde, die Wechselgesetze der einzelnen Länder in dieser Materie principiell verschiedene Standpunkte einnehmen.

Der dritte Theil der Schrift endlich wird sich mit der Subsumtion jener grossen Zahl von Fristbestimmungen beschäftigen, welche in den modernen Gesetzbüchern enthalten sind, und rücksichtlich welcher es zweifelhaft ist, ob der Gesetzgeber durch dieselben Verjährung oder Legalbefristung statuiren wollte.

---

*) „Die Wechselklage gegen alle aus einem Wechsel verpflichteten Personen (Acceptant, Aussteller, Indossant und Bürgen) verjährt in 18 Monaten vom Verfallstage des Wechsels an gerechnet."

Mit dieser Untersuchung soll in erster Linie eine Reihe von einschlägigen Controversen auf dem Gebiete des österreichischen, preussischen und französischen Civilrechtes der Lösung näher gebracht, und in zweiter Linie für das in Aussicht genommene deutsche Civilgesetzbuch auf rechtsvergleichendem Wege Material gesammelt werden zum Zwecke der Entscheidung der Frage, welche Ansprüche der Verjährung, und welche der gesetzlichen Befristung zu unterwerfen seien.

Da ich mich in der vorliegenden Untersuchung beinahe ganz und gar auf eigene Füsse zu stellen hatte; da das Problem an und für sich ein schwieriges ist; und da ich mir wenigstens das Eine mit Beruhigung sagen kann, den Schwierigkeiten nirgends absichtlich aus dem Wege gegangen zu sein, so glaube ich bei der Veröffentlichung dieser Schrift auf eine nachsichtige Aufnahme derselben rechnen zu dürfen.

Czernowitz im Mai 1880.

Dr. Alexander Grawein.

INHALTSÜBERSICHT.

§. 1. EINLEITUNG.

§ 1.

EINLEITUNG.

I. Bekanntlich weichen die Bestimmungen der allgemeinen deutschen Wechselordnung hinsichtlich der Verjährung der Wechselobligation von den Grundsätzen des allgemeinen Privatrechtes nicht blos in der Länge der Frist sondern auch darin ab, dass die Hemmung der Verjährung gänzlich ausgeschlossen und die Unterbrechung auf den Fall der Klagebehändigung eingeschränkt ist (Art. 80 der a. W. O.). Ob ausserdem noch in anderen Punkten die allgemeinen Verjährungsgrundsätze unanwendbar oder in ihrer Anwendung auf den Wechsel wenigstens zu modificiren seien, darüber herrscht bekanntlich Streit. Die wichtigsten der einschlägigen Controversen beziehen sich: auf die Wirkung der Prolongation hinsichtlich des Beginnes der Verjährung; auf die Wirkung des nach Ablauf der Frist geleisteten Verzichtes auf die Verjährungseinrede; auf die Beweislast bezüglich des Datums des Beginnes der Frist, wenn dasselbe, wie z. B. beim Rembourseregresse von Seite eines Indossanten (Art. 79 „Tag der Zahlung"), zweifelhaft ist; auf die Supplirung der Verjährungseinrede durch den Richter von Amtswegen; auf die Fristenlänge bei räumlicher Collision der Gesetze. Obwohl sich, wie aus den unten folgenden Literaturangaben zu ersehen sein wird, eine grosse Zahl von Schriftstellern für eine solche Beantwortung der eben angedeuteten Fragen entschieden hat, welche mit den allgemeinen Verjährungsgrundsätzen im Widerspruche steht, so ist doch von keinem derselben der Versuch gemacht worden, die einzelnen Besonderheiten auf dem Wege der Construction aus einem gemeinsamen Gesichtspunkte zu erklären, sondern man hat die einzelnen Fragen, ohne dieselben unter einander in Beziehung zu bringen, theils aus dem eigenthümlichen Wesen des Wechsels, theils aus dem Verkehrsbedürfnisse argumentirend, vereinzelt erörtert und entschieden.

Die nachstehende Untersuchung unternimmt es nun, zu zeigen, dass nicht allein die in der a. W. O. ausdrücklich statuirten Abweichungen von den allgemeinen Verjährungsgrundsätzen, sondern auch jene zahlreicheren Abweichungen, welche nach der Ansicht einer grossen Zahl von Schriftstellern durch die Natur des Wechsels geboten erscheinen, aus einem einzigen Gesichtspunkte ihre gemeinsame Erklärung finden: aus der Temporalität der Wechselobligation. Es soll nemlich der Nachweis geliefert werden, dass der Untergang der Wechselforderung, welcher nach Ablauf der in den Artikeln 77, 78, 79 und 100 der a. W. O. statuirten Fristen eintritt, kein Fall wahrer Verjährung, d. h. nicht Aufhebung eines vom Hause aus zu unbestimmter, unbeschränkter Dauer berechneten Anspruches durch Unterlassung seiner Ausübung, sondern ein Fall von Rechtsbefristung ist, d. h. dass die Wechselobligation schon von vornherein nur auf eine bestimmte, beschränkte Dauer entsteht und nach Ablauf der ihr zugemessenen Lebenszeit von selbst erlischt.

Ich glaube dieser völlig neuen Auffassung, welche die Wechselforderung nicht durch technische Verjährung sondern durch Temporalität derselben untergehen lässt, Bedeutung beilegen zu müssen nicht allein vom Standpunkte theoretischen

Erkennens, sondern auch von jenem praktischer Relevanz. Die richtige Construction eines juristischen Phänomens hat ja nicht blos die Bedeutung, eine Reihe unzweifelhafter Rechtssätze auf dem Wege geistiger Durchdringung unter einander in innerlichen logischen Zusammenhang zu bringen und als Ausflüsse eines gemeinsamen Grundgedankens zu erkennen; sie hat noch die weitere und wichtigere Bedeutung, theils Rechtssätze, welche in ihrer Isolirung betrachtet zweifelhaft erscheinen, durch die logische Relation mit dem aus dem vorhandenen Vorrathe an unzweifelhaften Rechtssätzen gewonnenen Constructionsresultate klar zu stellen, theils die Ableitung neuer Rechtssätze auf dem Wege der Synthese zu ermöglichen. Gerade in dieser zweiten Function wird sich angesichts der Spärlichkeit der auf das in Rede stehende Phänomen bezüglichen ausdrücklichen Bestimmungen der a. W. O. die Construction desselben zu bewähren haben. Denn von der Frage: ob dasjenige, was man bisher als Verjährung angesehen und was vom Gesetze selbst als solche bezeichnet wird, auch wirklich eine eigentliche Verjährung ist, oder nur ein mit der Verjährung äusserlich zwar verwandtes, seinem Wesen nach aber von ihr völlig verschiedenes juristisches Institut —, von dieser principiellen Frage hängt naturgemäss die Antwort auf jene grosse Zahl von praktischen Fragen ab, welche sich beziehen auf die Anwendung oder Nichtanwendung der Verjährungsgrundsätze in denjenigen Punkten, in welchen die a. W. O. keine ausdrücklichen Bestimmungen enthält.

II. Nachdem im Vorstehenden mit wenigen Worten das Problem angedeutet ist, dessen Lösung uns beschäftigen soll, dürften auch einige orientirende Bemerkungen über den Weg zur Lösung und über die Methode der Untersuchung hier ihre richtige Stelle finden.

Den Ausgangspunkt der Erörterung soll die Feststellung des begrifflichen Unterschiedes zwischen Verjährung und Rechtsbefristung im Allgemeinen bilden. Dies ist nicht etwa so zu verstehen, als sollte auf Grund allgemeiner Erwägungen sofort die principielle Frage nach dem Wesen des fraglichen Phänomens zu Gunsten des eines oder des anderen der beiden genannten Rechtsbegriffe entschieden werden, um dann hinterdrein aus dem auserkorenen Rechtsbegriffe das Detail der aus demselben fliessenden einzelnen Rechtssätze in die Lücken des Gesetzes auszugiessen. Ich bin mir dessen wohl bewusst, dass man in Constructionssachen mit solchem synthetischen Zwangsverfahren nichts fördert, sondern dass vielmehr der umgekehrte Weg der richtige ist; dass nemlich in Anwendung der analytischen Methode vorerst in einzelnen Rechtssätzen ein zuverlässiges Constructionsmaterial herbeigeschafft werden muss, bevor man den constructiven Bau beginnt. Dieser Weg vom Besonderen zum Allgemeinen soll auch in der nachstehenden Untersuchung eingeschlagen werden. Nichtsdestoweniger wird dieselbe mit der angedeuteten allgemeinen Erörterung beginnen müssen und zwar deshalb, weil vor Allem für die wechselrechtliche Untersuchung der allgemeincivilrechtliche Untergrund zu legen ist. Hätte sich die Wissenschaft auf dem Gebiete des allgemeinen Civilrechtes mit dem Unterschiede zwischen Verjährung und Temporalität der Rechte bereits eingehender beschäftigt, dann bliebe einer Abhandlung über das früher angedeutete wechselrechtliche Problem jene grundlegende Untersuchung erspart, deren Resultate im Nachfolgenden vorgelegt werden sollen. So aber ist die Frage nach dem begrifflichen Unterschiede bisher nur unzulänglich, und die Frage nach den praktischen Unterschieden zwischen Verjährung und gesetzlicher Rechtsbefristung so gut wie gar nicht erörtert; denn man ist hiebei über die Bemerkung nicht hinausgekommen, dass die Grundsätze über Hemmung und Unterbrechung der Verjährung auf die Befristung nicht anwendbar seien. Es wird demnach vor Allem meine Aufgabe sein, diese Lücke auszufüllen und sowohl den begrifflichen Unterschied mit möglichster Schärfe zu formuliren, als auch jene Punkte aufzusuchen, in welchen es als praktisch belangvoll erscheint, ob eine zweifelhafte Fristbestimmung als Verjährungs- oder als Befristungsfall behandelt wird.

Nach dieser allgemeinen civilrechtlichen Erörterung, welche uns in den Besitz der Subsumtionskriterien setzen soll, mit deren Hilfe der Charakter zweifelhafter Fristbestimmungen zu eruiren ist, soll dann in einem besonderen Theile der Untersuchung das specifisch wechselrechtliche Problem in Erörterung gezogen werden; und zwar in der Weise, dass in erster Linie die einschlägigen Bestimmungen, welche in der a. W. O. ausdrücklich enthalten sind, einer Prüfung dahin unterzogen werden, ob sich dieselben als Ausflüsse des Verjährungs- oder als solche des Befristungs-Begriffes darstellen. Hierauf sollen die weiteren Punkte, in welchen nach dem Ergebnisse der vorangegangenen allgemeinen Erörterung die Subsumtion als belangvoll erscheint, und in welchen die a. W. O. ausdrückliche Bestimmungen nicht enthält, in Untersuchung gezogen werden, und zwar in der Weise, dass wir, frei von dem Banne einer vorgefassten Meinung über die begriffliche Natur der in Rede stehenden Fristbestimmungen, zu eruiren trachten, ob sich die aus dem einen oder die aus dem andern Begriffe fliessenden Rechtssätze als geeigneter erweisen, die fraglichen Punkte in Uebereinstimmung mit dem Geiste der a. W. O. und mit den Bedürfnissen des Wechselverkehres zu erledigen.

Nach diesen Erörterungen im Detail dürfte schliesslich in einer grösseren Anzahl von Rechtssätzen hinreichendes Material zu Gebote stehen, um die zusammenfassende Construction zu ermöglichen.

Ist auf diese Weise die dogmatische Seite der Frage erledigt, dann soll noch der Versuch gemacht werden, auf rechtsgeschichtlichem Wege zu zeigen, dass auch die Anfänge und die Fortbildung der „Verjährung" des Wechsels in unzweifelhafter Weise auf die Temporalität der Wechselobligation hinweisen.

III. Nach diesen Andeutungen über den Gegenstand und die Methode der Untersuchung will ich einleitungsweise noch der Literatur Erwähnung thun, an welche dieselbe in der zu erörternden Frage anzuknüpfen hat. Es wird sich hiebei zeigen, dass die vorliegende Abhandlung beinahe ganz und gar auf eigenen Füssen zu stehen haben wird.

1. Es ist bereits früher bemerkt worden, dass der Versuch, in der Temporalität der Wechselforderung das *punctum saliens* für die verschiedenen Eigenthümlichkeiten der „Wechselverjährung" nachzuweisen, ein völlig neuer ist. Die wechselrechtliche Lehre hat sich demzufolge mit dem Unterschiede zwischen technischer Verjährung und Befristung der Wechselobligation bisher gar nicht beschäftigt; es wird sich daher in diesem Punkte im Laufe der Untersuchung keine Gelegenheit bieten, an bereits vorhandene wechselrechtliche Literatur anzuknüpfen.

2. Auch die gemeinrechtliche Lehre ist in diesem Punkte äusserst arm. Die Doktrin hat sich hier mit dem Unterschiede zwischen Verjährung und gesetzlicher Befristung der Rechte deshalb nicht näher beschäftigt, weil sie die Existenz *ex lege* befristeter Rechte im heutigen römi-

schen Rechte völlig übersieht[1]). Nur einige wenige Schriftsteller haben den Unterschied überhaupt zur Sprache gebracht. So zuerst Alexander H. F. Fick in der Dissertation: *Quid intersit, quoad vim tempore in jus exercitam, inter exceptionem temporis actionibus perpetuis opponendam et alias quas dicunt temporis praescriptiones.* Marburg 1847. Hierauf haben Demelius [Untersuchungen (1856) I. Zur Geschichte der Klagverjährung S. 1 fg.] und Brinz [Pandekten (1857) S. 164] auf die geschichtliche Bedeutung des Unterschiedes zwischen eigentlicher Verjährung und zeitlicher Einschränkung oder Befristung der Klagen aufmerksam gemacht und einen principiellen Unterschied zwischen der vor- und nach-theodosianischen Klagverjährung in der Weise behauptet, dass nur in der letzteren eine wahre Verjährung, in der ersteren hingegen eine gesetzliche Befristung des Klagerechtes vorliegen soll. Dogmatische Consequenzen für das heutige Recht werden aber auch von diesen Schriftstellern an den aufgedeckten historischen Unterschied nicht geknüpft, einen einzigen Punkt ausgenommen, welcher in Folgendem besteht. Schon Donellus [*Commentarii lib.* XVI c. 8 §. 21, 22; *lib.* XXII c. 2 §. 28] hatte versucht bei der Entscheidung der bekannten Controverse bezüglich der stärkeren oder schwächeren Wirkung der Verjährung den Unterschied zwischen den *actiones temporales* und den *actiones perpetuae* im Sinne des Unterschiedes von Befristung und Verjährung zu fassen und hieraus, unter Anwendung des Gegensatzes von Rechtsaufhebung *ipso jure* und *ope exceptionis*, bei den *actiones temporales* den völligen Unter-

1) Es bleibt dem in der Vorrede erwähnten dritten Theile dieser Untersuchung vorbehalten den Nachweis zu liefern, dass es auch im heutigen gemeinen Rechte noch *actiones temporales* im wahren Sinne des Wortes gibt, deren Untergang nach Zeitablauf irrthümlich als Verjährung behandelt wird.

gang des Anspruches, bei den *actiones perpetuae* hingegen das Zurückbleiben einer Naturalobligation abzuleiten. Diese Mittelmeinung wird in der Streitfrage über die Wirkung der Verjährung auch für das heutige gemeine Recht vertreten von Fick a. a. O. S. 46 fg., Demelius a. a. O. S. 64 fg., Brinz a. a. O. S. 164, Unterholzner Schuldverhältnisse B. I S. 528 und Dernburg Pfandrecht B. II S. 587.

3. Eingehender als auf dem Gebiete des gemeinen Rechtes hat man sich im österreichischen Privatrechte mit dem Unterschiede zwischen Verjährung und Temporalität der Rechte beschäftigt. Der Unterschied konnte hier deshalb nicht völlig übersehen werden, weil das allgemeine bürgerliche Gesetzbuch selbst denselben in unzweideutiger Weise statuirt, indem es bei der Aufzählung der verschiedenen Gründe des Unterganges von Rechten im §. 1449 unter der Marginalnote „Verlauf der Zeit“ sich folgendermassen ausspricht: „Rechte und Verbindlichkeiten erlöschen auch durch den Verlauf der Zeit, worauf sie durch das Gesetz beschränkt sind. Auf welche Art sie durch die von dem Gesetze bestimmte Verjährung aufgehoben werden, wird in dem folgenden Hauptstücke festgesetzt.“ Eine weitere Veranlassung, sich mit dem in Rede stehenden Unterschiede zu befassen, lag in Folgendem. Im 4. Hauptstücke des III. Theiles des a. b. G. B. „Von der Verjährung und Ersitzung“ findet sich unter der Marginalnote „Ausserordentliche kürzere Verjährungsfristen“ in den §§. 1487—1489 eine Reihe von Fällen zusammengestellt, in welchen entgegen der im §. 1486 ausgesprochenen „allgemeinen Regel, dass ein Recht wegen des Nichtgebrauches erst nach Ablauf von dreissig oder vierzig Jahren verloren gehe“, der zum Rechtsuntergang erforderliche Zeitraum kürzer ausgemessen ist. Die in diesen Paragraphen zusammengestellten Fälle sind

jedoch nicht die einzigen dieser Art; denn auch ausserhalb des von der Verjährung handelnden letzten Hauptstückes des a. b. G. B. kommen theils in diesem Gesetzbuche selbst, theils in besonderen Gesetzen in grosser Zahl Bestimmungen vor, kraft deren sich an den Ablauf einer kürzeren Frist der Untergang eines Rechtes knüpft. Eben diese weiteren Fälle sind es, auf welche im Anschlusse an die früher citirten Paragraphe der §. 1491 hinweist: „Einige Rechte sind von den Gesetzen auf noch kürzere Zeit eingeschränkt. Hiebei kommen die Vorschriften an den Orten, wo diese Rechte abgehandelt werden, vor.“

Es liegt nun die Frage nahe, welcher juristischen Natur diese, neben dem allgemeinen Institute der Verjährung statuirten Fristbestimmungen sind: ob dieselben als Fälle echter Verjährung zu behandeln oder unter einen anderen Rechtsbegriff zu subsumiren seien? Diese Frage ist denn auch von mehreren Schriftstellern aufgeworfen, jedoch in verschiedener Weise beantwortet worden. Während Zeiller Commentar B. IV S. 252 und Nippel Erläuterung B. IX S. 124 die fraglichen Fristbestimmungen des a. b. G. B. schlechtweg sämmtlich für Verjährungsfälle ansehen, erklären Winiwarter Materialien von Pratobevera B. VIII S. 10—14, 153—159, Commentar B. V S. 130 und Perthaler Zeitschrift für österr. Rechtsgelehrs. J. 1842 B. II S. 52 dieselben für Fälle zeitlicher Rechtseinschränkung, auf welche sämmtlich die Verjährungsgrundsätze nicht angewendet werden dürfen. Zwischen diesen entgegengesetzten Ansichten steht eine dritte, vertreten von Pachmann Verjährung S. 40, Unger System B. II S. 277, Stubenrauch Commentar B. II S. 611, Kirchstetter Commentar S. 699 und Zrodlowski Verjährung S. 68 fg., nach welcher von den fraglichen Fristbestimmungen ein Theil unter den Begriff echter Verjährung, ein Theil unter jenen der Präclusivfrist oder Rechtsbefristung, welche Termini als synonym gebraucht werden, zu stellen wäre. Ueber die Subsumtion der einzelnen Bestimmungen unter den einen oder den andern der genannten Begriffe herrscht aber auch bei diesen Schriftstellern keine Einigkeit. Zu einer eingehenden Erörterung des begrifflichen und insbesonders des praktischen Unterschiedes zwischen Verjährung und Temporalität der Rechte hat aber die im Vorstehenden skizzirte Controverse auch auf dem Gebiete des österr. Rechtes nicht geführt; man liess es an der Bemerkung genügen, dass Hemmung und Unterbrechung des Fristenlaufes bei der Befristung ausgeschlossen seien. Durch die im Laufe dieser Untersuchung anzustellende allgemeine Erörterung über diese Unterschiede dürfte auch für das österr. allg. Civilrecht eine empfindliche Lücke ausgefüllt, und dadurch die Beilegung der erwähnten allgemeinprivatrechtlichen Streitfrage einige Förderung erfahren [2]).

4. Dieselbe Hoffnung dürfte nicht ungerechtfertigt sein bezüglich einer ganz ähnlichen Controverse, die auf dem Gebiete des preussischen Privatrechtes obwaltet. Schon im Stadium der Vorarbeiten zum A. L. R. waren die Redactoren desselben selbst darüber im Zweifel, welche von den vielen im A. L. R. vorkommenden Fristbestimmungen als Fälle einer „Verjährung im eigentlichen Verstande" anzusehen seien [S. Heydemann Einleitung in das System des preuss. Civilrechtes B. II S. 92]. Auch die Gesetzesrevisoren beschäftigten sich (im Jahre 1829) mit dieser Frage und schieden von 72 im A. L. R. vorkommenden Zeitbestimmungen, deren Charakter ihnen zweifelhaft erschien, 44 als nicht unter den

---

2) Speciell mit der Untersuchung dieser Streitfrage soll sich die in der Note 1 in Aussicht gestellte Abhandlung befassen.

Begriff echter Verjährung fallend aus [S. Heydemann a. a. O. S. 93]. Die Theorie ventilirte die Frage gleichfalls, indem mehrere Rechtslehrer verschiedene Kriterien und Kategorien von Fristen aufstellten [S. Bornemann Systematische Darstellung des preuss. Civilr. §. 90 Note 3; Daniels Lehrbuch des preuss. P. R. B. IV S. 202; Koch Lehrbuch §. 149 Note 12; Commentar (6. A.) B. I S. 449 Note 2; Förster Preuss. P. R. B. I S. 216, und Dernburg Preuss. P. R. B. I §. 165], ohne jedoch zu übereinstimmenden Resultaten zu gelangen und ohne der ganzen Frage auf den Grund zu gehen. Werthvolleres als die Doktrin wird die Spruchpraxis der preussischen Gerichte an Anknüpfungspunkten für unsere Untersuchung bieten. Dieselben haben sich nemlich des Oefteren mit der Sonderung der echten Verjährungsfälle von verwandten Erscheinungen beschäftigt und hiebei Gelegenheit zu mancher treffenden Bemerkung gehabt. Auch die Entscheidungen des Leipziger Reichsoberhandelsgerichtes enthalten manches, was sich für unsere Untersuchung verwerthen lässt. Dieselben betreffen zwar nicht direkt den Unterschied zwischen Verjährung und gesetzlicher Befristung sondern beziehen sich nur auf den Charakter der Fristen, welche bei Versicherungen zur Geltendmachung des Versicherungsanspruches pactirt zu werden pflegen, und bezüglich welcher es oft zweifelhaft ist, ob sie als abgekürzte Verjährungs- oder als Fristen ganz anderer Natur anzusehen seien. Bei Gelegenheit der Entscheidung dieser Frage hat sich das R. O. H. G. wiederholt über den Unterschied von Verjährung und vertragsmässiger Befristung der Rechte ausgesprochen; was nun von dieser gilt, gilt selbstverständlich auch von der gesetzlichen Befristung.

5. Auch der *Code Napoléon* statuirt neben dem allge-

meinen Institute der *prescription* eine Reihe von Fristen, die sog. *délais*, zur Ausübung von gewissen Rechten unter dem Präjudize, dass man später von den betreffenden Rechten keinen Gebrauch mehr machen dürfe. Ueber den Unterschied des Rechtsunterganges durch Ablauf eines *délai*, welchen Fall man mit *déchéance* bezeichnet, von jenem durch eigentliche Verjährung (*prescription*) ist sich der *Code Napoléon* selbst durchaus nicht klar, wie z. B. Art. 880 beweist, wo der Termin zur Geltendmachung der *separatio bonorum* von Seite der Erbschaftsgläubiger irrthümlich als Verjährungsfrist bezeichnet wird. Die Wissenschaft hat aber trotz der Unklarheit des Gesetzes den Unterschied zwischen *prescription* und *déchéance* in ziemlich praeciser Weise statuirt. S. Troplong *De la prescription* V. I n. 27 fg.

IV. Nach den bisher gemachten Andeutungen hat der Gegenstand unserer Untersuchung Bedeutung nicht allein für das besondere Gebiet des Wechselrechtes sondern auch für das allgemeine Privatrecht verschiedener Länder. Derselbe ist aber nicht blos *de lege lata* der Untersuchung werth sondern er bietet auch der Betrachtung *de lege ferenda* einladendes Interesse; und zwar wieder sowohl für das Wechselrecht als auch für das allgemeine Privatrecht.

Bekanntlich hat der Gedanke an ein internationales Wechselrecht im Sinne der Uniformität der Wechselgesetze aller Länder bereits einen erfreulichen Schritt seiner Verwirklichung entgegen gethan. Die aus 20 Fundamentalartikeln bestehenden Grundzüge eines internationalen Wechselrechtes, welche von der durch die Gesellschaft für Reform und Codifikation des Völkerrechtes ernannten Commission ausgearbeitet wurden, sind von der Conferenz zu Bremen im Jahre 1876 angenommen und auf der Conferenz zu Antwerpen im Jahre 1877 noch um weitere 6 Artikel vermehrt worden. Da nun zu erwarten ist, dass diese, allerdings nur von einer privaten, aber von ausgezeichneten Fachleuten aller Länder besuchten Conferenz vereinbarten Grundzüge im Grossen und Ganzen auch die Grundlage des seinerzeit von einer staatlichen Delegirtenconferenz zu berathenden Entwurfes bilden werden, so erscheint es für die Wissenschaft geboten, sich so bald als möglich mit der Discussion der erwähnten Fundamentalartikel zu beschäftigen. Wie ich bereits an einem anderen Orte bemerkt habe (S. Grawein Perfektion des Acceptes S. 9 fg.), empfehlen sich besonders solche Materien für eine kritische Erörterung, in welchen der gegenwärtige Rechtszustand in wesentlichen Punkten auseinandergeht, um der bei der Unificirung des Rechtes nothwendig werdenden Auswahl unter principiell verschiedenen Standpunkten den Schein der Willkürlichkeit zu nehmen und den Widerstand eingelebter Rechtsanschauungen zu beseitigen. Ich habe von dieser Anschauung geleitet schon zu einer Zeit, wo die Grundzüge noch im Stadium der kommissionellen Vorberathung waren, in der eben angeführten Schrift in einer Frage, in welcher die heutigen Wechselgesetze sich in grosser Discordanz befinden, für die Aufnahme eines der Natur der Sache angemessenen Grundsatzes meine Stimme erhoben und zwar mit vollem Erfolge. (S. Grawein, a. a. O. S. 164—167 und den Artikel 11 der Grundzüge eines internationalen Wechselrechtes: „Die Streichung der einmal geschriebenen Annahme ist wirkungslos".) Hiedurch ermuthigt will ich auch dieser Abhandlung einen Vorschlag *de lege ferenda* anschliessen, umsomehr als ja schon die gründliche Erörterung der positivrechtlichen Frage das Eingehen in die Natur der Sache nothwendig machen wird, somit der weitere Zweck ohne ungebührliche Ausdehnung des Rahmens dieser Schrift erreichbar erscheint.

Auch gehört der Gegenstand der Untersuchung einer Materie an, in welcher die gegenwärtig geltenden Wechselgesetze geradezu einen Musterfall von Divergenz bieten und zwar einer so tiefgehenden, dass die Herstellung eines übereinstimmenden Rechtszustandes nur auf dem Wege der Auswahl unter mehreren principiell verschiedenen Standpunkten zu erreichen sein wird. Ich will an dieser Stelle die Lage der Dinge nur kurz andeuten.

Man hat unter die Grundsätze des internationalen Wechselrechtes auch einen die Verjährung der Wechselforderung betreffenden Artikel aufgenommen. Es ist dies Art. 5 der auf der Konferenz zu Antwerpen vereinbarten Ergänzungen der Grundzüge, und lautet derselbe folgendermassen: „Der wechselmässige Anspruch gegen den Acceptanten verjährt in drei Jahren vom Verfallstage des Wechsels an gerechnet. Der wechselmässige Anspruch gegen den Aussteller und die Indossanten verjährt in achtzehn Monaten vom Verfallstage des Wechsels an gerechnet. Dieselben Vorschriften der Verjährung finden auf den Bürgen Anwendung. Jede im Wechsel enthaltene entgegengesetzte Bestimmung ist nichtig.“ *) Mit diesem Fundamentalsatze ist, abgesehen von der Uebereinstimmung in der Länge der Frist, für die angestrebte Rechtseinheit so lange nicht das Mindeste erreicht, ehe nicht durch eine präcise Formulirung dessen, was unter „Verjäh-

---

*) Aus der während des Druckes dieser Abhandlung erschienenen Schrift von Cohn Beiträge zur Lehre vom einheitlichen Wechselrecht S. 30 entnehme ich, dass der oben angeführte Grundsatz auf dem Congresse zu Frankfurt a. M. folgendermassen abgeändert wurde: „Die Wechselrechtsklage gegen alle aus einem Wechsel verpflichtete Personen (Acceptant, Aussteller, Indossant und Bürgen) verjährt in 18 Monaten, vom Verfallstage des Wechsels an gerechnet.“ Die oben movirten Bedenken gegen diesen Grundsatz gelten auch der veränderten Fassung gegenüber.

rung“ eigentlich zu verstehen ist, dieses Institut für die einzelnen Staaten des internationalen Wechselrechtes wirklich zu einem wesensgleichen gemacht wird. Denn dasjenige, was derzeit die einzelnen Wechselgesetze, theils in Uebereinstimmung mit allgemein privatrechtlichen Sätzen theils auf Grund von wechselrechtlichen Specialbestimmungen, als Wechselverjährung kennen, ist durchaus nichts Uebereinstimmendes, sondern etwas sowol den Voraussetzungen als den Wirkungen der „Verjährung“ nach je nach der Verschiedenheit der Länder so principiell Verschiedenes, dass es neben dem citirten Art. 5 noch eines viel prägnanteren Satzes bedürfte, um in dem Kapitel von der „Verjährung“ des Wechsels die Rechtsgleichheit auch nur im Fundamente zu fixiren. Ein Blick auf den heutigen Rechtszustand wird dies evident machen.

Nach englischem Rechte existiren für die Verjährung des Wechsels keine besonderen Bestimmungen, sondern es untersteht derselbe dem allgemeinen Institute der *limitation of actions [Statute of Limitations 21 Jac. 1, c. 16*, ergänzt *3* und *4 Will. 4, c. 42]*, welche in ihren Voraussetzungen ziemliche Aehnlichkeit mit der Klagverjährung des gemeinen Rechtes hat, nicht aber in ihrer Wirkung. Denn es verliert der säumige Wechselgläubiger nach Ablauf von 6 Jahren nur die Klage, nicht das Recht aus dem Wechsel (vergl. Byles *A treatise of the law of bills of exchange [11. ed.] p. 339: „the Statute of Limitations does not destroy the debt, it only takes away the remedy.“)* In Schottland, wo das *Statute of Limitations* durch die *acte 12 Geo. 3, c. 72* gleichfalls eingeführt wurde, ist es streitig, ob der Effekt des Zeitablaufes nur in der Vernichtung des Klagerechtes *(limitation)*, oder auch in der Vernichtung der Schuld *(prescription)* besteht. Auch die Wechselverjährung der Staaten der Nordamerikanischen Union stimmt ihrem Wesen nach mit der *limitation of actions* des englischen Rechtes überein [S. Borchardt Sammlung der Wechselgesetze B. I S. 223 und 338 Note 1].

Nach spanischem Rechte sind alle Rechte aus dem Wechsel nach 4 Jahren vom Verfallstage ab schlechtweg erloschen [*Codigo de comercio* Art. 557: „*Todas las acciones que proceden de las letras de cambio quedan extinguidas á los cuatro años de su vencimiento, si ántes no se han intentado en justicia*"]. Diese 4jährige Frist ist keine Verjährungsfrist sondern trägt den Charakter eines gesetzlichen *dies ad quem* an sich, durch welchen die Existenz der Wechselobligation von vornherein auf einen bestimmten Termin eingeschränkt wird, wie dies unzweideutig aus dem Art. 580 des *Codigo* hervorgeht, wo die Frist des Art. 557 als ein *termino fatal* von der Verjährung — *prescripcion* — ausdrücklich unterschieden wird. Ein *termino fatal* ist nun nach der spanischen Terminologie ganz dasselbe, was wir mit *tempus fatale* oder Fallfrist bezeichnen (S. de la Serna y Reus *Codigo de Comercio anotado* S. 209 Note 2: „*Termino fatal es el que corriendo sin la menor interrupcion no puede suspenderse, ni prorogarse, ni concederse de nuevo despues de terminado*"). Es erscheint also im spanischen Wechselrechte die „Verjährung" des Wechsels ausdrücklich als dasjenige charakterisirt, was dieselbe nach meiner Ansicht auch nach der a. W. O. ist: als Temporalität der Wechselobligation. Ebendasselbe gilt für diejenigen Länder, welche ihre Wechselordnungen dem spanischen *Codigo* nachgebildet haben. So stimmen die betreffenden Artikel der *Codigos* von Mexico (Art. 467), Costa-Rica (Art. 504), Columbia (Art. 511), Peru (Art. 516), Nicaragua (Art. 310), Argentina (Art. 1003), Brasilien (Art. 443) und Chile (Art. 761) meist wörtlich mit dem angeführten Art. 557 des spanischen *Codigo* überein. Die drei zuletzt genannten Staaten stellen übrigens zur Verfolgung der Regressrechte noch kürzere Präclusivtermine auf. Auch das dänische Recht statuirt in ähnlicher Weise nicht eine technische Verjährung des Wechsels sondern setzt dem Anspruche, und zwar sowohl gegen den Principal- als gegen die Garantieschuldner, einen festen Endtermin präclusiver Natur. Jede Wechselforderung muss nemlich „spätestens innerhalb 5 Jahren klagbar gemacht werden von der Zeit an, wo der Wechsel protestirt wurde. Nach Ablauf dieser Frist soll die Forderung ausser aller Kraft und Giltigkeit sein." [S. die *Forordning angaande trasserede Vexler §. 73: „En Vexelfordring bor i det seneste paatales inden 5 Aar fra den Tid af, ot Vexlen er blevet protesteret. Efter denne Tid Forlob skal Fordringen vaere uden al Kraft og Gyldighed"*.]

Im französischen Rechte finden wir hinsichtlich des Unterganges der Wechselforderung durch Zeitablauf einen wesentlichen Unterschied zwischen der Principalschuld und den Garantieverpflichtungen. Für die Klagbarmachung der letzteren werden nemlich in den Art. 165 und 166 des *Code de commerce* nach geographischem Massstabe verschiedene kurze Fristen präclusiven Charakters — sog. *délais* — aufgestellt, „nach deren Ablauf der Inhaber des Wechsels aller Rechte gegen die Indossanten (und unter der Voraussetzung des Art. 170 auch gegen den Trassanten) verlustig wird." [S. *Code de commerce Art. 168: Après l'expiration des délais ci-dessus pour l'exercise de l'action en garantie le porteur de la lettre de change est déchu de tous droits contre les endosseurs.*] Es liegt demnach in dem Erlöschen der Regressansprüche ein Fall jener *déchéance* vor, welche nach dem unter III. 5 Gesagten auf dem Gebiete des französischen Civilrechtes überhaupt von der *prescription* zu unterscheiden ist. Der Principalanspruch gegen den Acceptanten und den Aussteller eines eigenen Wechsels hingegen geht nach Art 189 des *Code de commerce* in Uebereinstimmung mit den allgemeinen Verjährungsgrundsätzen des *Code civil* im Wege eigentlicher Verjährung unter. [S. Art. 189 des *Code de commerce: Toutes actions relatives aux lettres de change se prescrivent par cinq ans.*] Auf demselben Standpunkte stehen die Wechselordnungen von Italien [Art. 251—254, 282 und 283], Monaco [Art. 154—156, 157], Malta [Art. 221—223], Belgien [Art. 56—59, 82 des VIII. Tit. des revidirten *Code de commerce*], den Schweizer-Cantonen: Bern (neuer Theil) [Art. 165—168, 189], Genf [*eod. loco*], Freiburg [Art. 154—157, 178], Neufchatel [Art. 65—67, 86], Tessin [Art. 1288—1291, 1310], Waadt [Art. 62—65, 92] und Wallis [Art. 54—58, 78]; von Rumänien [Art. 160—163, 184], Serbien [Art. 141—144, 167], der Türkei [Art. 122—125, 146], Griechenland [Art, 162—165, 189], Haiti [Art. 162—165, 186] und Holland [Art. 206, 207]. Alle diese Staaten lassen, ebenso wie Frankreich, die Principalschuld auf dem Wege technischer Verjährung, die Garantieschuld hingegen durch Temporalität derselben untergehen.

Es gibt ferner eine Gruppe von Ländern, nach deren Wechselgesetzen die allgemein civilrechtlichen Grundsätze über Verjährung auf die Wechselobligation überhaupt, d. h. ohne Rücksicht auf Haupt- oder Garantieschuld, in Anwendung zu bringen sind, nur dass in manchen Punkten eine Modification der allgemeinen Verjährungsgrundsätze stattfindet. Hieher gehört Portugal [*Codigo commercial* Art. 423] und nach der herrschenden Meinung, gegen welche ich die Temporalität der Wechselobligation verfechten will, auch Deutschland und Oesterreich [Art. 77—80 der a. W. O.], sowie jene Schweizer-Cantone, welche ihre Wechselgesetze der a. d. W. O. nachgebildet haben: Aargau [§. 48—50], Basel-Stadt [§. 83—87], Bern (alter Theil), Luzern, Schaffhausen und Solothurn [*eod. l.*]. Auch Schweden [§. 76—79] und Finnland [§. 74—77] enthalten ähnliche zweifelhafte Bestimmungen wie die a. d. W. O.

Endlich gibt es noch solche Wechselordnungen, welche nach Ablauf einer gewissen Frist nur den *rigor cambialis* erlöschen, die Schuld aber als civile fortbestehen lassen. So Russland [Art. 637] und der Schweizer-Canton Zürich [§. 25].

Wie ist nun angesichts dieser fundamentalen Discordanz des gegenwärtigen Rechtszustandes der oben angeführte Grundsatz des internationalen Wechselrechtes zu verstehen? Soll nur eine universale Frist fixirt werden, und im Uebrigen, nemlich was [die sonstigen Voraussetzungen und Wirkungen des Zeitablaufes betrifft, das allgemeine Civilrecht der einzelnen Länder massgebend bleiben? Dies ist wohl unmöglich beabsichtigt; denn dies hiesse auf die Rechtsgleichheit in einer der wichtigsten Materien verzichten. Man scheint also Uniformität der „Verjährung“ in allen Punkten gewollt zu haben. Soll aber verhindert werden, dass jedes Land in Anlehnung an den früheren Rechtszustand die eingelebten Sätze desselben in das neue uniforme Recht hinüberträgt und dadurch die Rechtseinheit sofort wieder bricht, dann muss präcisirt werden, was denn unter „Verjährung“ eigentlich zu verstehen sei: ob die technische Verjährung des gemeinen Rechtes, ob die *limitation of actions* des englischen Rechtes [3]), ob die Temporalität der Wechselforderung *(ter-*

3) Den schlagendsten Beleg für die oben ausgesprochene Befürchtung, es werde jedes Land, wenn man die betreffenden Bestimmungen

mino fatal) des spanischen Rechtes, ob der Dualismus von *déchéance* und *prescription* des französischen Rechtes, oder ob endlich der Untergang des *rigor cambialis* des russischen Rechtes damit gemeint sei? Die Auswahl unter diesen äusserlich zwar verwandten, innerlich aber wesentlich verschiedenen Rechtsinstituten hat nothwendig die klare Einsicht in die Structur der verschiedenen Rechtsbegriffe und die Kenntniss der aus denselben fliessenden praktischen Rechtssätze zur Voraussetzung; denn nur auf diese Weise wird eine den Bedürfnissen des Wechselverkehres angemessene Wahl unter den divergirenden Rechtsinstituten möglich sein. Ich glaube daher mit der in dieser Untersuchung anzustellenden Erörterung über den begrifflichen und praktischen Unterschied zwischen Verjährung und verwandten Rechtsinstituten, insbesondere Rechtsbefristung, ein kleines Schärflein zum grossen Unternehmen beitragen zu können. Man darf übrigens annehmen, dass dem die Verjährung betreffenden Grundsatze bereits eine bestimmte principielle Auffassung von diesem Rechtsinstitute zu Grunde liegt. Es

des internationalen Wechselrechtes nicht auf das Genaueste formulirt, unter „Verjährung“ etwas anderes verstehen, liefert wohl der oben angeführte Fundamentalartikel 5 in der von der Conferenz angenommenen Fassung in englischer Sprache. Diese lautet: *„The period for the limitation of actions upon a Bill of Exchange shall be three years from due date as against the acceptor and eighteen months from due date as against the drawer and indorsers, any agreement to the contrary etc.“* Man hat also „Verjährung“ im Englischen kurzweg mit *„limitation of actions“* ausgedrückt, ohne sich dessen bewusst zu sein, dass dieser Terminus ein wesentlich anderes Rechtsinstitut bezeichnet, als Dasjenige, was man als „Verjährung“ im internationalen Wechselrechte zu statuiren gedenkt. Dieser Fall möge den Redaktoren desselben im Allgemeinen eine Mahnung sein, den Inhalt der Termini der verschiedenen Sprachen auf das Genaueste zu prüfen, bevor man dieselben als Synonima in Anwendung bringt; sonst kann es sich sehr leicht ereignen, dass sich durch das Pförtchen der sprachlichen Incongruenz sofort auch wieder die Rechtsverschiedenheit einschleicht.

ist nemlich mit ziemlicher Sicherheit anzunehmen, dass man ebenso wie in den wichtigsten übrigen Materien auch bei der Abfassung des mehrerwähnten Artikels der Grundzüge den in der a. d. W. O. gegebenen Rechtszustand im Auge hatte, und gerade dieser Umstand dürfte mich berechtigen, den Versuch, die „Verjährung" der a. d. W. O. in das richtige begriffliche Licht zu setzen, auch als im Interesse der *lex ferenda* gelegen anzusehen.

Es wurde bereits oben bemerkt, dass das Thema dieser Abhandlung der Betrachtung *de lege ferenda* auch für das allgemeine Privatrecht einladendes Interesse bietet. Ich denke hiebei an die im Zuge befindliche Abfassung eines allgemeinen deutschen Civilgesetzbuches. Die Redaktoren desselben werden sich nemlich kaum dagegen verschliessen können, in Würdigung derjenigen Verkehrsbedürfnisse, welche bereits im a. p. L. R., im *Code Napoléon* und im öst. a. b. G. B. neben dem allgemeinen Institute der Verjährung zur Aufstellung einer Reihe von kürzeren Fristen für die Geltendmachung von gewissen Rechten Veranlassung gaben, ein Aehnliches zu thun. Hiebei dürfte ihnen das Ergebniss einer Untersuchung, welche sich mit dem begrifflichen und praktischen Unterschiede zwischen der technischen Verjährung und verwandten Erscheinungen beschäftigt, vielleicht zu Statten kommen.

§ 2.

DER BEGRIFFLICHE UNTERSCHIED ZWISCHEN VERJÄHRUNG UND GESETZLICHER BEFRISTUNG DER RECHTE.

I. Der gemeine Sprachgebrauch redet überall dort von Verjährung, wo er ein Recht mit dem Ablaufe eines bestimmten Zeitraumes untergehen sieht; denn mit dem Zeitenlaufe untergehen, heisst eben verjähren[4]). Bekanntlich hat es auch in der Wissenschaft eine Zeit gegeben, wo sich der juristisch-technische Terminus Verjährung mit dem weiten Laiensinne dieses Wortes deckte. Es war dies zur Zeit, als man auf dem Wege ungebührlicher Abstraktion und Generalisirung aus den in den Quellen vorhandenen Rechtsinstituten der Klag-Verjährung und des Nonusus der Servituten den weiten allgemeinen Begriff der Extinktivverjährung, welcher alle Fälle des an Zeitablauf sich knüpfenden Rechtsverlustes umfasste, zu construiren und mit gemeinsamen Rechtssätzen auszustatten suchte. Hat auch die neuere Wissenschaft den weiten Verjährungsbegriff der älteren Doktrin gesprengt und die von demselben umfassten Institute wieder

---

4) Vergl. Brinckmaier Glossarium diplomaticum B. II S. 680 und Sanders Wörterbuch der deutschen Sprache B. I S. 833.

auf selbständige Grundlagen gestellt; hat man auch aufgehört, von einer processualischen Verjährung, von einer *praescriptio conventionalis* und *momentanea* zu reden, so ist doch die im allgemeinen Sprachgebrauche wurzelnde Neigung nicht völlig verschwunden, im Falle des Unterganges eines Rechtes, wenn sich derselbe an den Ablauf eines vom Gesetze bestimmten Zeitraumes knüpft, ohne strenges Erforschen der Ursache des Rechtsunterganges kurzer Hand von Verjährung eines Rechtes zu sprechen, und die specifischen Sätze der Verjährung im technischen Sinne entweder direkt oder analog auf alle äusserlich mit ihr verwandten Erscheinungen in Anwendung zu bringen. Angesichts dieser vagen Terminologie und der mit ihr Hand in Hand gehenden begrifflichen Verschwommenheit erscheint es geboten, vor Allem klar zu stellen, dass, wenn auch übereinstimmend in einer Reihe von Fällen mit dem Ende einer Frist der Untergang eines Rechtes eintritt, diese äusserlich identische Erscheinung durchaus nicht auf einen und denselben Rechtsbegriff zurückzuführen und nach gemeinsamen Regeln zu beurtheilen ist, sondern, dass je nach der Verschiedenheit der Ursachen, welche den Rechtsuntergang herbeiführen, trotz der Uebereinstimmung im äusseren Erfolge, ihrer inneren Structur nach wesentlich verschiedene juristische Erscheinungen vorliegen können. Wir wollen nun, bevor wir uns speciell mit dem Unterschiede zwischen der technischen Verjährung und der gesetzlichen Befristung der Rechte befassen, zum Zwecke der ersten Orientirung alle die verschiedenen Fälle, in welchen mit dem Ablaufe einer Frist der Untergang eines Rechtes oder ein hiemit verwandter Erfolg eintritt, nach der Verschiedenheit der Ursache dieses Effektes übersichtlich gruppiren.

1. Es gibt Rechte, denen schon vom Hause aus nur

eine beschränkte Lebensdauer zugemessen ist, welche daher mit dem Ende ihrer Lebensfrist von selbst erlöschen, d. h. untergehen, ohne dass es zur Herbeiführung dieses Erfolges der gewöhnlichen Ursache des Rechtsunterganges, nemlich des Eintrittes einer rechtsvernichtenden Thatsache bedürfte. Der Grund des Unterganges eines befristeten Rechtes liegt nemlich nicht ausserhalb desselben, d. h. derselbe ist nicht Wirkung einer von Aussen her thätigen Ursache, sondern der Grund des Erlöschens liegt im Rechte selbst, und zwar in seiner zeitlichen Beschränktheit, in seiner Unkraft über einen *dies fatalis* hinaus fortzubestehen. Das Ende des befristeten Rechtes ist ein Erlöschen im wahren Sinne des Wortes, kein Aufgehobenwerden; denn was mit seiner Kraft zu bestehen, zu Ende ist, das braucht nicht erst und kann auch gar nicht aufgehoben, d. h. durch eine ausserhalb des Dinges gelegene Ursache am Fortbestehen gehindert werden. Es verhält sich mit dem Ende eines befristeten subjektiven Rechtes gerade so, wie mit dem Ende eines befristeten objektiven Rechtes, welches gleichfalls vom Hause aus nur mit beschränkter Lebenskraft ausgerüstet ist, wie z. B. ein transitorisches Gesetz. Auch dieses erlischt mit dem Verstreichen seiner Existenzfrist ganz von selbst, d. h. ohne dass es zur Ausserkraftsetzung desselben eines von Aussen her wirkenden Aufhebungsaktes bedürfte. Ganz zutreffend drückt sich in dieser Hinsicht das a. b. G. B. im §. 1449 aus: „Rechte und Verbindlichkeiten erlöschen durch den Verlauf der Zeit, worauf sie durch das Gesetz beschränkt sind. Auf welche Art sie durch die vom Gesetze bestimmte Verjährung aufgehoben werden, wird in dem folgenden Hauptstücke festgesetzt.“

Die Rolle, welche dem Momente der Zeit bei der Rechtsbefristung zufällt, liegt auf der Hand. Indem nemlich die

Zeit Anfang und Ende des Rechtes fixirt, bildet sie das Mass für das Recht selbst: Wie viel Frist, so viel Recht.

2. Es liegt jedoch nicht in jedem Falle, wo ein Recht mit dem Ablaufe einer Frist untergeht, eine Einschränkung desselben durch Befristung vor. Es gibt auch Rechte, die vom Hause aus zu unbestimmter, immerwährender Dauer die Kraft in sich tragen, und die dennoch mit dem Verstreichen gewisser Zeiträume untergehen. Diese Erscheinung ist zu beobachten bei der eigentlichen Verjährung, beim Nonusus der Servituten, bei den verschiedenen Arten der Ediktalcitation mit Präclusion des aufgerufenen Rechtes, und bei der hiemit verwandten Amortisation. Hier läuft mit dem Ende der betreffenden Fristen nicht etwa eine vom Anfange an fixirte Lebenszeit der Rechte ab; denn dieselben haben ja keinen vorher bestimmten Todestag, keinen *dies supremus*. Die Rechte erlöschen daher auch nicht von selbst, sondern sie werden durch eine von Aussen her auf sie einwirkende Ursache, durch den Eintritt einer rechtsvernichtenden Thatsache zu Fall gebracht. Der Thatbestand, welcher hier das Recht aufhebt, unterscheidet sich von anderen rechtsaufhebenden Thatsachen, wie z. B. dem Untergange der Sache bei dinglichen, der Zahlung bei obligatorischen Rechten, nur dadurch, dass bei diesen das vernichtende Ereigniss sich in einem Augenblicke vollzieht, während bei den früher angeführten Endigungsarten der rechtsaufhebende Thatbestand, so die dauernde völlige Unthätigkeit des Berechtigten bei der Verjährung oder sein Stillschweigen bei der Amortisation einen längeren Zeitraum continuirlich ausfüllt.

Welche Function dem Momente der Zeit bei dieser Gruppe von Fristbestimmungen zukommt, ist nicht schwer zu eruiren. Dieselbe bildet hier nicht, wie bei der Befristung, das Mass für das untergehende Recht selbst, sondern nur das Mass für den Umfang des das Recht aufhebenden Thatbestandes.

3. Während bei den zwei eben charakterisirten Kategorien von Fristbestimmungen der mit dem Zeitablaufe eintretende Effekt unmittelbar in dem Untergange eines Rechtes besteht, gibt es Fälle, bei welchen der mit dem Ende der Frist eintretende Erfolg zunächst nicht in dem Untergange eines Rechtes, sondern im geraden Gegentheile, in dem Werden eines neuen Rechtes besteht, dessen Existenz aber mit dem Fortbestande eines älteren Rechtes völlig unvereinbar ist, so dass dieses letztere durch das erstere verdrängt und vernichtet wird. Diesen Vorgang können wir z. B. bei der Eigenthumsersitzung beobachten, wo das in der Person des Ersitzenden neu entstandene Recht als das stärkere das des bisherigen Eigenthümers aus dem Grunde verdrängt, weil *duorum in solidum dominium esse non potest.* Hier wird zwar auch, ebenso wie bei der Verjährung, ein an sich zu unbestimmter Dauer kräftiges Recht durch eine von Aussen her auf dasselbe einwirkende Ursache zu Fall gebracht, aber diese besteht hier nicht, wie bei der Verjährung, in dem Eintritte einer rechtsvernichtenden, sondern in dem Eintritte einer, einen längeren Zeitraum continuirlich ausfüllenden rechtserzeugenden Thatsache, deren Wirkungen, weil sie mit jenen eines älteren rechtserzeugenden Thatbestandes unvereinbar sind, dieselben durch ihren Eintritt zwar nothwendig, aber doch nur im Sinne einer secundären Wirkung des Fristablaufes verdrängen. Wo eine solche Unvereinbarkeit des neuen Rechtes mit einem bereits bestehenden Rechte gar nicht obwaltet, wie z. B. bei der Ersitzung einer Servitut, dort knüpft sich an den Fristablauf auch nicht der secundäre Erfolg des Unterganges, sondern nur die Entstehung eines Rechtes. Wo aber dieser doppelte Effekt eintritt, da liegt der

Grund des Rechtsunterganges lediglich in einer Collision unvereinbarer Rechte, und es bildet hiebei die Zeit weder das Mass für das untergehende Recht selbst, wie bei der ersten Kategorie, noch das Mass für den Umfang einer rechtsvernichtenden Thatsache, wie bei der zweiten Kategorie; sondern dieselbe fungirt als Mass für den Umfang eines rechtserzeugenden Thatbestandes.

Es ist im Interesse der von dieser Untersuchung angestrebten scharfen Sonderung der Verjährung von verwandten Erscheinungen, und daher auch von der Ersitzung, nicht überflüssig, sich der Verschiedenheit der Ursache des Rechtsunterganges bei beiden bewusst zu werden, und zu erkennen, dass mit dem Ablaufe der Ersitzungszeit, mag auch wegen der übereinstimmenden Länge derselben mit der Verjährungszeit und wegen der Unthätigkeit des vindicationsberechtigten älteren Eigenthümers der Verjährungsthatbestand vollständig vorliegen, das ältere Recht dennoch nicht auf dem Wege der Verjährung, sondern lediglich als ein Opfer der Collision unvereinbarer Rechte zu Fall kommt. Dass man dieses übersehen und den Untergang des weichenden Rechtes irrthümlich als die Wirkung einer mit der Ersitzung parallellaufenden Verjährung angesehen hat, war eine der wesentlichsten Veranlassungen zu der Begriffsverwirrung, in welche die ältere Doktrin hinsichtlich der ganzen Verjährungslehre gerathen ist. Dieser Irrthum verleitete nemlich einerseits zur Annahme, als gebe es eine Verjährung nicht blos der Eigenthumsklage, sondern auch des Eigenthumsrechtes selbst; was wieder dem Generalisirungstriebe willkommene Veranlassung bot zur ungebührlichen Erweiterung des Institutes der Klagverjährung zur allgemeinen Rechtsverjährung. Andererseits führte die Ansicht von dem Parallelismus der Ersitzung und Verjährung zur falschen Anschauung, als seien beide nur die verschiedenen Seiten eines und desselben Phänomens, was zum Gipfelpunkte des ganzen Constructionsexcesses geführt hat, nemlich zur Aufstellung des abstrusen obersten Begriffes der Verjährung, als einer jede Veränderung der Rechte umfassenden Aufhebungsart. Bekanntlich hat diese theoretische Confusion auch in die aus der Zeit ihrer Herrschaft stammenden Gesetzbücher Eingang gefunden. So findet sich der falsche Satz von dem Parallelismus der Ersitzung und Verjährung auch im a. b. G. B. an zwei Stellen ausgesprochen, nemlich im §. 1452: „Wird das verjährte Recht vermöge des gesetzlichen Besitzes zugleich auf jemand Anderen übertragen, so heisst es ein ersessenes Recht," und im §. 1478: „Insofern jede Ersitzung eine Verjährung in sich begreift, werden beide mit den vorgeschriebenen Erfordernissen in Einem Zeitraume vollendet." Die Verkehrtheit der in diesen beiden Paragraphen ausgesprochenen Grundauffassung von Ersitzung und Verjährung dürfte im Hinblicke auf das eben Ausgeführte wohl offen am Tage liegen.

4. Mit diesen drei Gruppen sind die Fälle, in denen mit dem Ablaufe eines gewissen Zeitraumes ein Recht untergeht, eigentlich erschöpft. Es gibt aber ausserdem noch andere Zeitbestimmungen, kraft deren nach Ablauf einer Frist ein Recht zwar nicht effektiv untergeht, aber doch zum Nachtheile des Berechtigten eine solche Veränderung in der juristischen Situation eintritt, dass die an den Fristablauf sich knüpfende Wirkung wenigstens dem ökonomischen Erfolge nach oft dem effektiven Rechtsverluste gleichkommt. Da überdies bei oberflächlicher Betrachtung die Ursache dieses Positionsverlustes gleichfalls in der die Frist hindurch obwaltenden Unthätigkeit des Berechtigten zu liegen scheint, so ist die Möglichkeit einer Confundirung mit der Verjährung nicht ausgeschlossen. Da es nun bei der vorliegenden Unter-

suchung darauf ankommt, zum Zwecke der Subsumtion zweifelhafter Fristbestimmungen das Wesen der Verjährung in möglichst scharfen Umrissen hinzustellen und dieselbe von verwandten Erscheinungen zu unterscheiden, so dürfte auch ein sichtender Blick auf die eben erwähnten Zeitbestimmungen als im Interesse der Sache geboten erscheinen.

Die Rechtsordnung stellt in manchen Fällen die Bestimmung auf, dass von einem obligatorischen Anspruche nach Ablauf einer gewissen Frist vermuthet werden soll, er sei bereits durch Erfülluug untergegangen. So bestimmt das a. b. G. B. im §. 1232 bezüglich der Morgengabe: „Es wird vermuthet, dass sie binnen den ersten drei Jahren der Ehe schon überreicht worden sei". Oder das a. p. L. R: in I, 11 §. 753 bezüglich der Darlehensforderung: „Zum Vortheile des Erben des Ausstellers eines Schuldscheines erlöscht die Beweiskraft desselben durch eine zehnjährige Präskription *(sic!)* vom Todestage des Erblassers", und §. 755: „Die zehnjährige Präskription hat jedoch nur die Wirkung, dass die Richtigkeit der Schuld durch das Instrument nicht mehr begründet wird, sondern der Kläger auf andere Art nachweisen muss: dass die Schuld vom Anfange an existirt habe und während der Lebenszeit des Erblassers nicht getilgt worden sei." Auf Grund dieser Bestimmungen tritt also nach Ablauf der Frist nicht der Untergang des Anspruches ein, sondern nur der Thatbestand einer Vermuthung zu Gunsten des Schuldners, welcher bei Behauptung der Aufhebung des klägerischen Rechtes nicht die effektive Zahlung, sondern nur das über die gesetzliche Frist hinausreichende Alter des Anspruches zu beweisen hat, welcher Beweis ihm übrigens in Folge der Ersichtlichkeit des Datums der Rechtsentstehung aus den klägerischen Allegaten meistens erspart bleiben wird [5]). Der Nachtheil für den säumigen Gläubiger besteht also darin, dass er als Kläger nunmehr ausser dem gewöhnlichen positiven Beweise der Entstehung seines Anspruches noch überdies *replicando* den negativen Beweis der Nichterfüllung desselben zu erbringen hat. Wenn nun auch dieser schwierige Beweis meistens misslingt [6]), und daher derselbe äussere Erfolg eintritt, als ob das Recht selbst aufgehoben worden sei; wenn auch ferner, wie bei der Verjährung, so auch hier die Nachlässigkeit des Berechtigten die Quelle seines Verlustes bildet; und wenn schliesslich auch zugegeben wird, dass bei der Verjährung obligatorischer Ansprüche die Vermuthung ihrer Erfüllung mit zur *ratio leges* dieses Institutes ·gehören kann, — so darf doch diese Art von Fristbestimmungen mit der Verjährung nicht begrifflich identificirt, auch nicht in Analogie zu derselben gestellt werden [7]), da die zu falschen praktischen Consequenzen führen müsste. Wenn nemlich auch bei der in Rede stehenden Gattung von Zeitbestimmungen in manchen Punkten ganz ähnliche Grundsätze gelten, wie bei der Verjährung, — so

5) Wenn dies aber nicht der Fall ist, und über das Alter des Anspruches Streit entsteht, dann hat der Beklagte als Thatbestand der von ihm angerufenen Vermuthung den Zeitablauf zu beweisen. Es wird demnach dem Beklagten nicht jede Beweislast abgenommen, wie Unger System B. II §. 130 Note 50 irrthümlich annimmt, indem er die Bestimmung des §. 1232 als eine unechte Vermuthung und zwar als Interimswahrheit auffasst; sondern es wird nur das Beweisthema verändert, indem der Beweispflichtige anstatt der Zahlung den dieselbe wahrscheinlich machenden Zeitablauf zu beweisen hat. Es statuirt daher §. 1232 eine echte Vermuthung, nicht eine Interimswahrheit.

6) S. Förter preuss. P. R. B. II S. 246.

7) Wozu z. B. Zeiller Kommentar B. IV S. 252 Neigung verräth, indem er sagt, nach §. 1232 des a. b. G. B. verjähre das Recht auf die Morgengabe gewissermassen in drei Jahren. Auf einer ähnlichen Unklarheit beruht der Gebrauch des Ausdruckes „Präskription" im a. p. L. R. I, 11, §. 753 und 755.

z. B. bezüglich der Beweislast hinsichtlich des Fristablaufes, dann bezüglich der Unzulässigkeit eines vorausgehenden Verzichtes auf die Fristeinwendung, oder der Unzulässigkeit der Verabredung einer längeren Frist[8]), endlich bezüglich der Unzulässigkeit, den Fristablauf ohne Geltendmachung von Seite des Geklagten von Amtswegen zu berücksichtigen, — so darf doch nicht übersehen werden, dass diese Uebereinstimmung der Behandlung in den eben angedeuteten Punkten nur eine zufällige ist, d. h. weder auf direkter, noch auf analoger Anwendung der Verjährungsgrundsätze beruht, sondern in der Natur der betreffenden Fristbestimmungen ihren selbständigen Grund hat, und dass in Folge dessen aus der theilweisen Uebereinstimmung der Behandlung nicht die durchgängige gefolgert werden darf. Denn da bei dieser Kategorie von Fristbestimmungen die Zeit als festes Mass für den Vermuthungsthatbestand fungirt, so erleidet der Fristenlauf weder eine Hemmung [die Fristen laufen daher auch gegen Minorenne; siehe Erk. des Berl. Ob. Trib. vom 21. Sept. 1853, Entsch. B. XXVI, S. 263; Förster Pr. P. R. B. II S. 246 und Koch Kommentar (6. A.) B. I, S. 734 Note 82]; noch hat die blosse Anerkennung der Schuld während des Laufes der Frist unterbrechende Wirkung. Wenn z. B. die auf die Uebergabe der Morgengabe klagende Frau auch bewiese, dass während der drei Jahre des §. 1232 eine Anerkennung ihrer Forderung von Seite des Mannes stattgefunden habe, so würde dadurch allein die im citirten §. statuirte Vermuthung noch nicht zerstört, und die Klägerin hätte noch immer den schwierigen negativen Beweis zu erbringen. Nur dann, wenn die Anerkennung zu-

8) Als Beweisregeln und demzufolge als *jus publicum* sind nemlich die in Rede stehenden, eine Vermuthung statuirenden Fristbestimmungen der Abänderung durch den Parteienwillen entzogen.

gleich mit einem *constitutum* verbunden ist, was oft der Fall sein wird, steht die Sache anders. Hier findet allerdings scheinbar eine Unterbrechung der Frist statt; denn da die Vermuthung des §. 1232 nur dem aus den Ehepakten entsprungenen Anspruche entgegensteht, so kann sich der Schuldner dem aus dem *constitutum* abgeleiteten Anspruche gegenüber nicht mit Erfolg auf den Ablauf dreier Jahre vom Abschlusse der Ehe an berufen. Eine wahre Unterbrechung des Fristenlaufes, ähnlich wie bei der Verjährung, findet jedoch auch in einem solchen Falle nicht statt. Denn es beginnt vom Datum des erneuten Zahlungsversprechens nicht die dreijährige Vermuthungsfrist aufs Neue zu laufen; sondern, wenn man überhaupt vom Beginne eines neuen Fristenlaufes reden wollte, so könnte man hiebei nur die allgemeine Verjährungszeit im Auge haben, welche natürlich für den Constitutsanspruch gerade so gut läuft, wie für jeden anderen obligatorischen Anspruch. Die alte kürzere Frist kann für den neuen Anspruch deshalb nicht von Neuem beginnen, weil die Vermuthung des §. 1232, welche für den aus den Ehepakten resultirenden Anspruch aufgestellt ist, weder direkt, noch analog auf den aus einem erneuten Zahlungsversprechen abgeleiteten Anspruch angewendet werden kann. Gegen die Analogie spricht nemlich die eigenthümliche *ratio* des §. 1232, welche offenbar darin liegt, dass das delikate Geschenk der Morgengabe einerseits regelmässig bereits zu dem seiner Bestimmung entsprechenden Zeitpunkte und andererseits unter Umständen übergeben zu werden pflegt, welche dem Schuldner einen liquiden Zahlungsbeweis nicht möglich machen. Hat aber nachträglich ein *constitutum* stattgefunden, dann ist schon durch die Thatsache der Vornahme desselben der Wahrscheinlichkeitsschluss auf die zeitgemässe Erfüllung ausgeschlossen, und die Angelegenheit überhaupt zu einem ganz gewöhnlichen Schuldverhältniss degradirt, dem gegenüber die *ratio* des §. 1232 völlig cessirt. Eine Unterbrechung der Vermuthungsfrist im Sinne der Unterbrechung der Verjährung findet also auch dann nicht statt, wenn mit der Anerkennung ein *constitutum* verbunden ist, sondern es läuft die Frist gegen den ursprünglichen Anspruch ununterbrochen weiter, und der neue Anspruch ist von der Fessel der Vermuthungsfrist völlig befreit.

Es ist nicht uninteressant, dass auch der *Code Napoléon* Fristbestimmungen der eben characterisirten Art enthält, dieselben aber irrthümlich mit der technischen Verjährung vermengt. Es sind die Fälle, welche im Liv. III, Tit. 20 Cap. 5, Sect. 4 unter der Ueberschrift „*De quelques prescriptions particulières*“ zusammengestellt sind. Hier gehen mit dem Ablaufe der Fristen die betreffenden Rechte nicht unter, wie bei der Verjährung, sondern es tritt nur die Vermuthung der Zahlung ein, welche dem Gegenbeweise des aufrechten Bestandes des Rechtes durch die sog. *probatio non factae solutionis* von Seite des Klägers Raum lässt. Ob dieser Gegenbeweis *replicando* durch jedes der verschiedenen Beweismittel oder nur durch Delation des im Art. 2275 [„*Néanmoins ceux, auxquels ces prescriptions seront opposées, peuvent déférer le serment à ceux, qui les opposent, sur la question de savoir, si la chose a été réellement payée*“] erwähnten Eides geführt werden dürfe, ist streitig; die herrschende Lehre ist für die letztere Ansicht[9]). Einer der praktischen Unterschiede zwischen wahrer Verjährung und Vermuthungsfrist, welche wir oben festgestellt haben, wird vom *Code Napoléon* trotz der irrthümlichen Bezeichnung dieses Phänomens als „*prescription*“ im Art. 2278 ausdrücklich statuirt: „*Les*

9) S. Zachariae franz. Civ.-R. (6 A.) B. IV S. 597 Note 41.

prescriptions, dont il s'agit dans les articles de la présente section, courent contre les mineurs et les interdicts". Aber auch der zweite Unterschied, dass nemlich ein *constitutum* nicht den Lauf der alten Frist unterbricht, sondern einen von der Vermuthungsfrist völlig befreiten Anspruch erzeugt, dürfte begründet sein. Denn sieht man auf die *ratio*, aus welcher das Gesetz für die in den Art. 2271 bis 2277 zusammengestellten Forderungsrechte Zahlungsvermuthungen aufstellt, so findet man, dass dieselbe dann nicht mehr vorhält, wenn ein *constitutum* stattgefunden hat. Es handelt sich in den citirten Artikeln nemlich um Forderungsrechte besonders discreter Natur, wie um das Honorar „*des maîtres des sciences et des arts pour les leçons, qu'ils donnent au mois*", oder um das Honorar „*des médecins pour leurs visites, opérations etc.*", welche keinen streng geschäftlichen Charakter an sich tragen und meist rasch erledigt werden. Ein nachträgliches *constitutum* verändert nun ebenso, wie es oben hinsichtlich der Morgengabe angedeutet wurde, den ganzen Charakter des Schuldverhältnisses in einer Art, welche die *ratio* für eine ausnahmsweise Behandlung desselben zurücktreten lässt.

Wir gelangen also zu dem Ergebnisse, dass es nicht blos theoretisch richtig sondern auch von praktischer Bedeutung ist, die äusserlich mit der Verjährung verwandten Vermuthungsfristen als eine besondere juristische Erscheinung hinzustellen.

5. Ausser der eben charakterisirten Gattung von Fristbestimmungen gibt es noch eine andere, welche gleichfalls mit der Verjährung äussere Aehnlichkeit besitzt, insoferne auch bei ihr die Unthätigkeit während eines bestimmten Zeitraumes dem Saumseligen zum Schaden gereicht; welche aber andererseits sich von der Verjährung dadurch wieder

wesentlich unterscheidet, dass der an den Fristablauf geknüpfte Nachtheil nicht in dem Untergange eines bereits bestehenden Rechtes, sondern nur in der Vereitelung der im Zuge befindlichen Bildung eines zukünftigen Rechtes besteht. Wie es nemlich auf dem Gebiete des Civilprozesses Bestimmungen gibt, welche zur Vornahme von Prozesshandlungen einen Zeitraum in der Art statuiren, dass die betreffenden Akte nur dann ihre bestimmte prozessualische Wirkung äussern, wenn sie innerhalb des Termines vorgenommen werden[10]), ebenso gibt es auch im materiellen Privatrechte Bestimmungen, kraft deren an eine Handlung juristische Wirkungen nur dann geknüpft werden, wenn dieselbe innerhalb eines vom Gesetze zu ihrer Vornahme statuirten Zeitraumes gesetzt wird. An Bestimmungen solcher Art ist insbesondere das Wechselrecht reich. So werden in den Art. 19, 31, 41, 43, 45, 62 und 99 der a. W. O. zur Vornahme gewisser wechselrechtlicher Akte Fristen aufgestellt mit der Bedeutung, dass der betreffende Akt, rechtzeitig vorgenommen, einen wechselmässigen Anspruch zu actuellem Dasein bringt, hingegen nach Ablauf der Frist vorgenommen ohne die geringste juristische Wirkung bleibt. Diese materiellrechtlichen Präclusivfristen haben demnach die eigenthümliche Bedeutung, dass sie die Möglichkeit, ein Recht durch einen Akt von Seiten der in der Erwerbsposition befindlichen Person ins Leben zu rufen, auf einen gewissen Zeitraum einschränken.

Die wechselrechtliche Lehre bezeichnet das fruchtlose Verstreichen dieser Fristen mit dem Ausdrucke „Versäumniss der wechselmässigen Diligenz“ oder „Präjudicirung des

10) Vergl. Renaud Lehrb. d. gem. deutsch. Civ.-Proz.-R. S. 215, Endemann Civ.-Proz.-Recht S. 440, Wetzell System d. ord. Civ.-Proz. S. 935.

Wechsels", und charakterisirt die Wirkung des Fristablaufes als Verlust eines bedingten Rechtes, dessen Umwandlung in ein unbedingtes durch rechtzeitige Vornahme des betreffenden Aktes versäumt worden ist. Wenn nun auch diese Auffassung des an das Verstreichen des Präclusivtermines sich knüpfenden Effektes als Rechtsuntergang in dem Wortlaute der a. W. O. begründet erscheint, da in den Art. 19, 31, 43, 45, 62 und 99 der Verlust der Ansprüche aus dem Wechsel als Folge der Fristversäumniss statuirt wird, so erweist sich dieselbe doch als unhaltbar vom Standpunkte wissenschaftlicher Construction. So viel ist klar, dass vor der Setzung des an den Präclusivtermin gebundenen Aktes ein verfolgbares Recht noch nicht vorhanden ist. Wollte man nun den einstweiligen Schwebezustand als Bedingtheit des Rechtes construiren, in der rechtzeitigen Vornahme des Aktes die Erfüllung und in dem fruchtlosen Verstreichen der Frist die Dificienz der Bedingung erblicken, so könnte man dies alles doch nur im Sinne einer *conditio juris* thun. Nun steht aber fest, dass dort, wo der Eintritt einer *conditio juris*, d. h. ein Bestandtheil des constitutiven Thatbestandes, noch ausständig ist, einfach ein unvollständiger rechtserzeugender Thatbestand vorliegt, dessen Perfektion eben durch den Eintritt der *conditio juris* erst erfolgen soll. So lange aber der constitutive Thatbestand noch incomplet ist, so lange ist auch das Recht noch nicht vorhanden, welches durch denselben erzeugt werden soll [11]). Ist nun die Möglichkeit der Vervoll-

---

11) Mit der Auffassung, dass vor der Completirung des constitutiven Thatbestandes das durch denselben zu begründende Recht noch nicht vorhanden ist, ist ganz gut vereinbar, dass auch schon während dieses Stadiums der Schwebe Rechtswirkungen als vorhanden angenommen werden. Man vergl. zu dieser in neuerer Zeit viel erörterten Frage die bei Windscheid Pandekten (4. A.) B. I §. 89 Note 13a angeführten Schriftsteller, insbesondere Jhering Passive Wirkungen der Rechte in

ständigung des rechtserzeugenden Thatbestandes durch einen Präclusivtermin zeitlich begrenzt, und dieser Termin ohne den Eintritt des perficirenden Momentes vorbeigegangen, dann besteht der an den Fristablauf sich knüpfende Nachtheil nicht in dem Verluste eines bereits vorhandenen Rechtes, sondern nur in dem Verluste der Anwartschaft auf ein erst zu begründendes Recht. Oekonomisch kann allerdings der Untergang dieser Chance dem effektiven Rechtsuntergange gleich stehen, insbesondere dann, wenn der Vollzug der Erwerbung des Rechtes in der Willkür des Säumigen gelegen war. Auf diesem naheliegenden ökonomischen Standpunkte steht eben die a. W. O., wenn sie in solchen Fällen von dem Verluste wechselmässiger Ansprüche redet. Der wissenschaftliche Standpunkt ist aber ein anderer. Von diesem aus wird uns die Erkenntniss, dass sich der constitutive Thatbestand für einen wechselrechtlichen Anspruch in manchen Fällen mit der Wechselbegebung noch nicht erschöpft, sondern dass noch gewisse weitere Akte seitens des Inhabers der Scriptur hinzutreten müssen, um einen verfolgbaren Anspruch ins Leben zu rufen. Die Unthätigkeit des Wechselinhabers während der vom Gesetze limitirten Zeit bildet daher in solchen Fällen nicht eine rechtsaufhebende Thatsache für einen bereits vorhandenen Anspruch, sondern sie

---

den Dogm. Jahrb. B. X S. 387 fg. Die prodromalen Wirkungen des unvollständigen Thatbestandes bestehen jedoch, wie überhaupt, so auch in den hier in Rede stehenden Fällen des Wechselrechtes nicht in der Begründung eines Rechtes, [denn der Wechselinhaber kann vor der Setzung des perficirenden Aktes keinen einzigen Imperativ der Rechtsordnung in Anspruch nehmen], sondern die Vorwirkungen äussern sich nur in der Gebundenheit des Scribenten. Das Vorhandensein dieser Gebundenheit wird nun in der Sprache des Gesetzes in ein Recht des Wechselinhabers umgewandelt, und die Wiederbeseitigung derselben nach fruchtlosem Ablauf der Präclusivfrist als Verlust der Ansprüche aus dem Wechsel bezeichnet.

belässt einfach den rechtserzeugenden Thatbestand in seiner anfänglichen Insufficienz. Dadurch, dass also der mit dem Ende der Präclusivfrist eintretende Erfolg nicht in dem Untergange eines bis dahin vorhandenen Rechtes besteht, unterscheidet sich die Präclusivfrist überhaupt nicht allein von der Verjährung, sondern auch von der Befristung eines Rechtes. Allerdings liegt auch bei der letzteren, wie schon oben sub 1 angedeutet wurde, ein Mangel in der rechtsbegründenden Thatsache vor. Dieser Mangel besteht aber nicht, wie bei der Präclusivfrist, in der Incompletheit des constitutiven Thatbestandes, sondern nur in dessen Unkraft, das erzeugte Recht mit unbegrenzter Lebenskraft auszustatten. Bei der Befristung ist während des ganzen vom Gesetze limitirten Zeitraumes ein ohne weiters verfolgbares Recht vorhanden, bei der Präclusivfrist nicht; bei der Befristung geht mit dem Eintritt des Termines ein bestehendes Recht unter, nicht so bei der Präclusivfrist. Die Terminologie hat bisher die beiden Ausdrücke als Synonima gebraucht, und bald den Fall einer zeitlichen Beschränkung eines Rechtes durch das Gesetz als Präclusivfrist bezeichnet, bald wieder umgekehrt in solchen Fällen, wo es sich um die Ergänzung eines constitutiven Thatbestandes innerhalb eines gesetzlichen Termines handelt, von Rechtsbefristung geredet. Der Unterschied zwischen beiden Phänomenen scheint mir bedeutend genug, um denselben auch terminologisch auszuzeichnen. Wie sich weiter unten zeigen wird, hat auch die mit der terminologischen Hand in Hand gehende begriffliche Confundirung die Erkenntniss des Wesens der Rechtsbefristung wesentlich gehindert und zur Aufstellung falscher Subsumtionskriterien für die in concreten Fällen vorzunehmende Scheidung der echten Verjährung von der Rechtsbefristung geführt.

Die im Vorstehenden unternommene Construction der Präclusivfrist ist auch speciell für das Wechselrecht nicht etwa blos eine Sache juristisch eleganten Denkens, sondern sie eröffnet uns auch in so manchen praktischen Fragen fruchtbare Gesichtspunkte zur richtigen Entscheidung derselben. Ich will zur Exemplification einige derselben anführen.

Darf der Richter eine Wechselklage, aus welcher die Setzung des innerhalb der Präclusivfrist vorzunehmenden Aktes nicht apparirt, von Amtswegen, d. h. ohne exceptivische Geltendmachung dieses Mangels seitens des Geklagten abweisen? Ja; denn die Unterlassung des betreffenden Aktes trägt nicht den Charakter einer rechtsvernichtenden Thatsache an sich, welche von dem Beklagten als Grund der Wiederaufhebung eines genügend fundirten Anspruches angerufen werden müsste, sondern die Vornahme des Aktes bildet einen Bestandtheil des constitutiven Thatbestandes für das klägerische Recht, und der Richter hat bekanntlich die Unvollständigkeit des *fundamentum actionis* von Amtswegen zu berücksichtigen. In diesem Sinne hat auch das Leipziger R. O. H. im speciellen Falle des Rembourseregresses hinsichtlich der rechtzeitigen Präsentation und Protestirung mangels Zahlung erkannt; Erk. vom 25. Sept. 1872, Entsch. B. VII S. 183, und vom 27. Jan. 1874, Entsch. B. XII S. 111. In dem letzteren Erkenntnisse wird ausgesprochen, dass eine Wechselregressklage, welche sich auf Protestirung nicht beruft, geschweige den Protest vorlegt, *a limine* zurückzuweisen ist. Ist dieselbe aber dennoch angenommen worden, so muss auf ihre Abweisung erkannt werden, auch wenn der Verklagte den Mangel nicht rügt.

Darf der Richter eine Wechselklage von Amtswegen abweisen, aus welcher zwar die Setzung des completirenden

Aktes, aber auch die Verspätung derselben apparirt? Ja; und zwar aus den für die Bejahung der ersten Frage angeführten Gründen. Denn nur die Setzung innerhalb des Präclusivtermines vermag den rechtserzeugenden Thatbestand zu completiren, und die verspätete Vornahme steht der gänzlichen Unterlassung derselben völlig gleich. Unrichtig ist daher die Ansicht Nouguiers [*Des lettres de change* B. II S. 36 n. 1113] in dieser Frage: „*La déchéance encourue par le porteur pour défaut de formalités en temps utile est une véritable prescription: les tribunaux ne peuvent la prononcer d'office. Ainsi, lorsqu'un endosseur ne comparaît pas, les juges ne peuvent repousser la demande du porteur, qui n'aurait fait, qu'un protêt tardif.*“ Diese Argumentation Nouguiers, welcher eine völlige begriffliche Confundirung von technischer Verjährung und Präclusivfrist zu Grunde liegt, zeigt aufs Deutlichste, zu welchen praktischen Irrthümern die begriffliche Unklarheit führen kann, und wie wichtig es ist, den Unterschied zwischen der Verjährung und den äusserlich mit ihr verwandten Rechtsinstituten zu betonen.

Nun noch eine dritte Frage, in welcher die Richtigkeit der Construction der Präclusivfrist von Bedeutung ist. Wer trägt die Beweislast, wenn die Vornahme des perficirenden Aktes zwar aus dem Klagemateriale apparirt, aber Streit entsteht über die Rechtzeitigkeit der Vornahme? Hat in einem solchen Falle der Kläger die Rechtzeitigkeit oder der Verklagte die von ihm behauptete Verspätung zu beweisen? Der Kläger hat die Rechtzeitigkeit zu beweisen; denn nicht schon durch die Setzung des completirenden Aktes überhaupt wird der rechtserzeugende Thatbestand des klägerischen Anspruches vervollständigt; sondern, da die Completirung desselben auf einen gewissen Zeitraum eingeschränkt ist, nur durch die Setzung innerhalb dieses Zeitraumes.

Das Moment der Rechtzeitigkeit bildet daher einen wesentlichen Bestandtheil des *fundamentum actionis.* Es ist demnach die Behauptung der Verspätung von Seiten des Verklagten nicht Einrede, welche den Beweis ihm, sondern Bestreitung des Klagegrundes, welche den Beweis dem Kläger auflastet. Der Fall, dass bei Unzweifelhaftigkeit der Vornahme des perficirenden Aktes nur über die Rechtzeitigkeit derselben Streit und Zweifel besteht, wird zwar deshalb selten vorkommen, weil einerseits der Beginn des Fristenlaufes aus dem Wechsel, und andererseits das Datum der Setzung des Aktes aus dem Protestinstrumente hervorgeht. Es gibt jedoch einen Fall, wo sich die im Vorstehenden angedeutete Situation ergeben kann, und zwar beim Rembourseregresse aus einem undatirten Indossamente eines präjudicirten Wechsels. Bekanntlich behandelt die herrschende Lehre das Nachindossament eines präjudicirten Wechsels so wie eine Sichttratte und legt dem Wechselinhaber die im Art. 31 der a. W. O. für Sichttratten statuirte Pflicht auf, die Präsentation zur Zahlung beim Bezogenen längstens innerhalb zweier Jahre vom Nachindossamente an vorzunehmen [12]). Ist nun das Nachindossament undatirt, und der Protest mangels Zahlung beim Bezogenen erst nach Ablauf zweier Jahre, von dem im Wechsel festgesetzten Verfallstage an gerechnet, levirt worden, dann kann es zweifelhaft sein, ob die Präsentation im Sinne des analog angewendeten Art. 31 rechtzeitig

---

12) Ob diese Frist auch im Falle wiederholter Nachindossirung für alle Indassotare vom Zeitpunkte des ersten Nachindossamentes an berechnet wird, wie die herrschende Lehre annimmt, oder ob für jedes Indossament eine neue zweijährige Frist zu laufen beginnt, wie Jolly, Arch. f. deutsch. W.-R. B. V S. 42 behauptet, ist für die oben berührte Frage gleichgiltig. Dieselbe wird sich bei der Jolly'schen Ansicht nur häufiger erheben, als bei der herrschenden.

oder verspätet ist[13]). Behauptet nun der im Rembourse in Anspruch genommene Nachindossant die Verspätung der Präsentation schlechthin, oder behauptet er einen solchen Zeitpunkt als Datum seines undatirten Nachindossamentes, dass aus demselben im Zusammenhalte mit dem Datum des Protestes die Verspätung der Präsentation sich ergibt, dann ist nach der oben gegebenen Darstellung diese Behauptung nicht als Einrede vom Regressaten zu beweisen[14]), sondern diese Behauptung von Seite des Verklagten ist lediglich Läugnung der Vollständigkeit des Klagegrundes; daher hat der Regredient einen solchen Zeitpunkt der Abgabe des Nachindossamentes zu behaupten und zu beweisen, dass aus demselben die Rechtzeitigkeit der Präsentation beim Bezogenen resultirt[15]).

Nur unter der im Art. 42 der a. W. O. statuirten Voraussetzung (Protesterlass) sind die eben berührten Fragen im entgegengesetzten Sinne zu beantworten; denn die a. W. O. bestimmt für diesen Fall ausdrücklich: „der Wechsel-

---

13) Fällt das Datum des Protestes in die zwei Jahre vom Verfallstage an, dann ist die Rechtzeitigkeit der Präsentation von vornherein ausser Zweifel. Denn nimmt man den Zeitpunkt des undatirten Nachindossamentes zu Ungunsten des Regressnehmers noch so frühzeitig an, vor dem Verfallstag kann er nicht liegen; daher war der Indossatar mit seiner Protestlevirung jedenfalls rechtzeitig, und es ist daher in einem solchen Falle die Frage nach dem Zeitpunkte des undatirten Nachindossamentes völlig irrelevant.

14) Wie in offenbarer Verkennung des Wesens der Präclusivfrist Renaud Wechselrecht S. 130 und Jolly Arch. f. deutsch. W.-R. B. V S. 47 behaupten.

15) Für diese richtige Vertheilung der Beweislast haben sich ausgesprochen Wolf im Arch. f. deutsch. W.-R. B. XIII S. 162 und Hartmann Wechselrecht S. 299, aber mit Zuhilfenahme einer ganz überflüssigen Vermuthung. Ebenso Grünhut, Wechselbegebung nach Verfall S. 80, jedoch unter Festhaltung der oben bekämpften Auffassung, dass die Beobachtuug der wechselmässigen Diligenz eine Bedingung des Regressanspruches bilde.

verpflichtete, von welchem jene Aufforderung (zur Unterlassung der Protestlevirung) ausgeht, muss die Beweislast übernehmen, wenn er die rechtzeitig geschehene Präsentation in Abrede stellt.“ Hieraus geht hervor, dass in einem solchen Falle erstens eine Wechselklage, aus welcher die Setzung des perficirenden Aktes nicht apparirt, von Amtswegen nicht abgewiesen werden darf, und zweitens, dass der Beweis, wenn die Vornahme des Aktes überhaupt oder die Rechtzeitigkeit der Vornahme vom Verklagten in Abrede gestellt wird, vom Verklagten zu erbringen ist. Es braucht wohl kaum bemerkt zu werden, dass durch diese abweichende Entscheidung die Richtigkeit der aus dem Wesen der Präclusivfrist geführten Argumentation nicht nur nicht in Frage gestellt, sondern im Gegentheile durch ein weiteres *argumentum a contrario* aus dem Gesetze selbst bekräftigt wird [16]).

II. Im Vorstehenden wurde gewissermassen als Vorbereitung der speciellen Untersuchung des begrifflichen Unterschiedes zwischen Verjährung und gesetzlicher Rechtsbefristung vor Allem klar zu stellen versucht, dass die äusserlich übereinstimmende Erscheinung, dass mit dem Ablaufe gewisser Fristen ein Recht untergeht, oder ein vom ökonomischen Standpunkte aus äquivalenter Erfolg eintritt, sich nicht auf einen gemeinsamen Rechtsbegriff zurückführen und

16) Ebendasselbe, was oben hinsichtlich des Beweises der rechtzeitigen Vornahme des Protestes gesagt wurde, gilt überall, wo der Eintritt einer juristischen Thatsache innerhalb einer Präclusivfrist in Frage steht. Wenn also z. B. Streit darüber entstünde, ob die Anzeige von dem Eintritte des Schadens von Seite des Versicherten an den Versicherer rechtzeitig innerhalb der im §. 1290 des a. b. G. B. statuirten Frist erfolgt sei, dann müsste der klagende Versicherte den Beweis der Rechtzeitigkeit und damit den Beweis des Zeitpunktes des Eintrittes des Schadens übernehmen, nicht der beklagte Versicherer, welcher einredeweise Verspätung behauptet. Denn die rechtzeitige Notification bildet das perficirende Moment, welches das *fundamentum actionis* erst vollständig macht.

nach gemeinsamen Regeln beurtheilen lässt, sondern dass Das, was sich auf den ersten Blick als übereinstimmend darstellt, je nach der Verschiedenheit des den Rechtsuntergang verursachenden Grundes sich in eine Reihe wesentlich von einander verschiedener juristischer Phänomene auflöst. Zwei von diesen, nemlich Verjährung und gesetzliche Befristung der Rechte, sollen nun in ihrem Wesen eingehender untersucht, und der Unterschied zwischen beiden klar gestellt werden.

Die Wirkungen, welche durch den Eintritt einer rechtsbegründenden Thatsache hervorgerufen werden, sind ihrem zeitlichen Umfange nach in der Regel völlig uneingeschränkt. Die Rechtsordnung statuirt nemlich keine Termine zur Geltendmachung der einmal begründeten Rechte, sondern sie stellt es dem Belieben des Berechtigten anheim, wann er sein Recht ausüben, d. h. denjenigen Zustand verwirklichen will, welcher dem Inhalte eines Rechtes entspricht. Der blosse Zeitenlauf allein ist also den Rechten in der Regel nicht gefährlich, sondern es ist, damit die an sich ins Grenzenlose fortdauernden Wirkungen einer rechtserzeugenden Thatsache im Laufe der Zeit wieder ausser Kraft treten, regelmässig der Eintritt einer neuen Thatsache nothwendig, welche das Gesetz mit rechtsvernichtendem Effekte ausgestattet hat.

Auch die der Verjährung unterliegenden Rechte bilden hievon keine Ausnahme; auch sie besitzen an sich die Kraft zu unbestimmter Lebensdauer und gehen, wenn sie durch Verjährung zu Fall kommen, nicht etwa in Folge des Ablaufes beschränkter Lebenszeit, sondern gleichfalls in Folge des Eintrittes einer selbständigen rechtsaufhebenden Thatsache unter. Der Zeitenlauf als solcher wird dem verjährbaren Rechte nur scheinbar aus dem Grunde gefährlich, weil die der Verjährung zu Grunde liegende rechtsaufhebende

Thatsache, die in einem erst später näher zu charakterisirenden Verhalten des Berechtigten besteht, nicht, ebenso wie die übrigen Aufhebungsgründe, wie z. B. Zahlung, Schulderlass, Untergang des Leistungsobjektes u. s. w., sich in einem so kurzen Zeitraume vollzieht, dass das Moment der Zeit ganz ausser Betracht bleibt, sondern zu ihrer Wirksamkeit der zeitlichen Ausdehnung bedarf, indem sie einen längeren, vom Gesetze fixirten Zeitraum ausfüllt.

Dass die Verjährungsfrist nicht die Existenzfäkigkeit des Rechtes terminlich einschränkt, sondern nur das Mass bildet für das als *causa efficiens* der Rechtsaufhebung fungirende Verhalten des Berechtigten, dies liegt klar zu Tage bei solchen Rechten, welche wiederholte Ausübung ohne Consumtion des Rechtsgehaltes zulassen. Das Recht auf ein Ewiggeld z. B. ist vom Hause aus für immerwährende Zeiten angelegt und kann doch durch Verjährung untergehen. Wenn dieses geschieht, dann ist es nicht eine zeitliche Beschränktheit der Lebenskraft, sondern es ist die einen längeren Zeitraum ununterbrochen ausfüllende Thatsache der Unthätigkeit des Berechtigten, was dem Rechte von Aussen her Verderben bringt. Gegen den blossen Zeitenlauf erscheinen solche Rechte ungeachtet ihrer Verjährbarkeit in demselben Masse gefeit, wie die unverjährbaren Rechte. Tritt nemlich das eigentlich rechtsvernichtende Moment der Unthätigkeit des Berechtigten nicht hinzu, dann kann auch über das verjährbare Recht zehnmal die Verjährungszeit hinweggehen, ohne dasselbe in seinem Bestande auch nur im Geringsten zu alteriren.

Weniger offensichtlich ist diese Structur der Verjährung bei solchen Rechten, welche schon durch eine einmalige Ausübung consumirt werden, wie die obligatorischen Ansprüche auf eine einmalige Leistung, und die verschiedenen Klagen aus dinglichen Rechten. Geht man nemlich von jener Begriffsbestimmung der Verjährung aus, wie sie bis heute von der Wissenschaft [17]) und von der Gesetzgebung [18]) formulirt worden ist, fasst man die Verjährung auf als Aufhebung der Rechte in Folge ihrer dauernden Nichtausübung, dann scheint sich die Verjährbarkeit solcher Rechte, welche nur eine einmalige Ausübung zulassen, und bei welchen die Verjährung gerade die Hauptrolle spielt, in eine zeitliche Limitirung ihrer Lebensfähigkeit, d. h. in eine Befristung derselben umzuwandeln. Da nemlich bei solchen Rechten die Ausübung nothwendig die Vernichtung derselben zur Folge hat, so bildet ihre dauernde Nichtausübung die unentbehrliche Voraussetzung ihrer dauernden Existenz; nur das träge Recht conservirt sich, das bethätigte Recht vernichtet sich selbst. Nichtausübung und Bestand des Rechtes erscheinen in so untrennbarem Zusammenhange, dass sie nur die verschiedenen Seiten eines und desselben Gedankens zu bilden scheinen. Diese Coincidenz von Nichtausübung und Existenz des Rechtes droht nun den principiellen Unterschied in der Structur von Verjährung und Befristung für die in Rede stehende Kategorie von Rechten völlig zu verwischen. Denn wo ein Recht einerseits nur dann fortbesteht, wenn es

---

17) Vergl. Savigny System B. V S. 265: „Wenn ein Klagerecht dadurch untergeht, dass der Klagberechtigte dasselbe innerhalb eines gewissen Zeitraumes auszuüben unterlässt, so heisst diese Aufhebung des Rechtes Klagenverjährung.“ Dieselbe Begriffsbestimmung, höchstens in Worten abweichend, findet man in allen Lehrbüchern und einschlägigen Monographien, die ich zu citiren unterlasse, von dem Bestreben geleitet, das Anschwellen des Umfanges der Arbeit durch zwecklose Literaturcitate möglichst zu verhüten.

18) Vergl. A. p. L. R. I. 9, §. 502: „Soll durch Verjährung nur ein Recht verloren werden, so ist in der Regel der Nichtgebrauch des Rechtes dazu hinreichend.“ Oest. a. b. G. B. §. 1451: „Die Verjährung ist der Verlust eines Rechtes, welches während der von dem Gesetze bestimmten Zeit nicht ausgeübt worden ist.“

dauernd unausgeübt bleibt, und andererseits wieder untergeht, wenn es während eines gewissen Zeitraumes dauernd unausgeübt bleibt, da gibt es kein Mittel, durch welches das Recht über das Ende dieses Zeitraumes hinaus aufrecht zu erhalten wäre. Von einer Kraft zu immerwährenden Bestande könntc unter diesen Umständen durchaus nicht die Rede sein. Es erscheint vielmehr in dem Endpunkte des vom Gesetze für die Dauer des Verjährungsthatbestandes statuirten Zeitraumes dem Rechte ein gewisses Ende vorherbestimmt, und die Verjährungszeit der Ansprüche und Klagen stellt sich in Folge dessen nicht mehr dar lediglich als umgrenzendes Mass für den Umfang einer ausserhalb des Rechtes gelegenen Thatsache, welche ein zu unbestimmter Dauer kräftiges Recht aufhebt, sondern die Verjährungszeit scheint vielmehr das Recht selbst in seiner Existenzfähigkeit einzuschränken.

Zu demselben verblüffenden Resultate, nemlich zur Verflüchtigung des begrifflichen Unterschiedes zwischen Verjährung und Befristung der nur eine einmalige Ausübung zulassenden Rechte gelangt man unter der Voraussetzung der Richtigkeit der hergebrachten Begriffsbestimmung der Verjährung auch noch auf einem anderen Wege, nemlich wenn man es unternimmt die thatsächlichen Voraussetzungen festzustellen, unter denen ein befristetes Recht *die veniente* untergeht. Wie bereits an einer früheren Stelle dieser Untersuchung bemerkt worden ist [19]), gibt es als Ausnahmen von der regelmässigen zeitlichen Unbeschränktheit der Rechte auch solche Fälle, in welchen dieselben nicht mit der Kraft zu unbestimmter Dauer ausgestattet, sondern vom Gesetze von vornherein auf einen bestimmten Zeitraum eingeschränkt sind; solche befristete Rechte gehen nach Ver-

19) Vergl. S. 23 und 24.

streichung der ihnen zugemessenen Lebenszeit, wie gleichfalls schon oben angedeutet wurde, nothwendig an innerer Unkraft zu Grunde, ohne dass es zur Herbeiführung dieses Erfolges eines ausserhalb des Rechtes gelegenen Aufhebungsgrundes bedürfte. Im Gegensatze zur Verjährung trägt hier das Verhalten des Berechtigten während der vom Gesetze für die Dauer des Rechtes statuirten Frist zur Herbeiführung des an den Fristablauf geknüpften Erfolges an verursachender Kraft nichts bei; denn der Rechtsuntergang wird hier herbeigeführt, nicht wie bei der Verjährung durch den äusseren Umstand der continuirlichen Unthätigkeit des Berechtigten, sondern durch die innere Beschaffenheit des Rechtes selbst, durch seine Unfähigkeit, länger zu bestehen, als seine Kraft, zu bestehen, eben reicht. Den befristeten Rechten bringt demnach schon der blosse Zeitenlauf den unabwendbaren Untergang ohne jedwede weitere Voraussetzung und insbesondere ohne Rücksicht darauf, ob der Berechtigte während der Dauer der Frist sein Recht ausgeübt hat oder nicht.

Nur hinsichtlich derjenigen befristeten Rechte, welche blos eine einmalige Ausübung zulassen, also der obligatorischen Ansprüche und der Klagen, scheint die Sache in dem Punkte der Irrelevanz des Verhaltens des Berechtigten anders zu liegen. Hier erscheint nemlich das Verhalten des Berechtigten während der Frist für den Untergang des Rechtes *die exeunte* von Bedeutung. Wird ein solches Recht während des Laufes der Frist ausgeübt, dann ist dadurch der Untergang desselben durch Befristung ausgeschlossen; denn wenn das Recht schon vor seinem prädestinirten Todestage durch die einmalige Ausübung, welche es nur zulässt, aufgezehrt worden ist, dann bleibt absolut nichts mehr übrig, was erst durch den Ablauf der Frist erlöschen könnte. Rechtsuntergang durch Befristung ist also in solchen Fällen nur unter der Voraussetzung denkbar, dass das Recht bis zum *dies supremus* aufrecht bleibt. Da aber das einzige Mittel, das Recht bis zu einem gewissen Zeitpunkte zu conserviren, wieder darin besteht, bis dahin die Ausübung desselben zu unterlassen, so bildet die Nichtausübung eines Anspruches während seiner Existenzfrist die Bedingung, unter welcher allein der Untergang desselben *die veniente* möglich ist. Es ist somit der Thatbestand, der obwalten muss, damit ein befristeter Anspruch oder eine befristete Klage in Folge ihrer Befristung untergeht, mit dem positiven Momente des Zeitablaufes noch nicht erschöpft, sondern es ist ausserdem noch das negative Moment der Nichtausübung des Anspruches während der Frist erforderlich.

Ganz dieselben beiden Momente bilden aber nach der herrschenden Begriffsbestimmung der Verjährung, als Aufhebung eines Rechtes in Folge der Nichtausübung während einer gewissen Frist, auch die thatsächlichen Voraussetzungen, unter welchen ein zeitlich unbeschränkter und nur der Verjährung unterworfener Anspruch untergeht. Es erscheint somit Fristablauf und dauernde Nichtausübung als vollständig übereinstimmender Thatbestand, welcher den Untergang der Ansprüche und Klagen sowohl im Falle der Verjährung als auch im Falle der Befristung herbeiführt. Wenn aber die thatsächlichen Voraussetzungen, unter denen ein befristeter Anspruch untergeht, sich in nichts unterscheiden von denjenigen, unter welchen ein verjährbarer Anspruch untergeht, dann reicht der Verjährungsgesichtspunkt vollständig aus, um bei dem Vorhandensein dieser Voraussetzungen den Untergang jedes Anspruches zu motiviren, und es erweist sich als überflüssig, zur Construction *ex lege* befristeter Ansprüche zu greifen und den Unterschied zwischen der Verjährung und dieser besonderen Rechtsfigur des Näheren zu untersuchen. Der Mangel an Lebenskraft zu unbestimmter Dauer, so sollte man meinen, müsse vollständig belanglos sein, wenn ohnehin die Verjährung alle Ansprüche nach einer bestimmten Zeit der Nichtausübung, oder was dasselbe ist, nach einer bestimmten Dauer ihres Bestandes verschlingt. Man könnte also glauben, die Befristung eines Anspruches dürfe überhaupt nicht als Erlöschungsgrund besonderer Art aufgefasst werden, wenn selbst die Kraft zu immerwährendem Bestande keinem Anspruche über eine gewisse Frist der Nichtausübung hinwegzuhelfen vermag.

Unter diesem Gesichtspunkte der Congruenz der thatsächlichen Voraussetzungen stellt sich daher die Einschränkung der Existenzfähigkeit eines Anspruches auf einen kürzeren Zeitraum als den der allgemeinen Verjährungszeit als gleichbedeutend dar mit einer blossen Abkürzung der allgemeinen Verjährungszeit, und die übliche Confundirung von Verjährung und Temporalität, gegen welche aufzutreten der Hauptweck dieser Untersuchung ist, scheint das Richtige zu sein. Nach einer möglichst scharfen Formulirung des Unterschiedes zwischen Verjährung und Befristung der Ansprüche sind wir ausgegangen, und bei dem Zweifel an dem Vorhandensein, oder mindestens an der Möglichkeit der Verwerthung des ganzen Unterschiedes sind wir angelangt.

Wir sehen uns nunmehr vor die Frage gestellt, ob es im Hinblicke auf die mehrerwähnte Uebereinstimmung des Thatbestandes, welcher bei Verjährung und Befristung in gleicher Weise die Voraussetzung des Rechtsunterganges zu bilden scheint, überhaupt einen Sinn hat, eine gesetzliche Bestimmung des Inhaltes: „Dieser Anspruch oder dieses Klagerecht geht nach Ablauf dieser Frist unter, wenn es während derselben nicht ausgeübt wurde", daraufhin näher zu untersuchen, ob der Gesetzgeber mit dieser Bestimmung einen Verjährungs- oder einen Befristungsfall statuiren wollte? Diese Frage müsste unbedingt verneint werden, wenn die bisher übliche und in der bisherigen Erörterung als richtig vorausgesetzte Begriffsbestimmung der Verjährung als „Aufhebung der Ansprüche in Folge der dauernden Nichtausübung derselben" zutreffend wäre. Diese Begriffsbestimmung der Anspruchsverjährung ist aber unrichtig, und es entspringen die absurden Consequenzen, welche bei der Analyse derselben den Unterschied zwischen Verjährung und Legalbefristung der Rechte völlig zu verwischen drohen, nur daraus, dass man die Unthätigkeit des Berechtigten, welche bei der Verjährung die rechtsaufhebende Thatsache bildet, fälschlich als Nichtausübung des Rechtes charakterisirt. Fälschlich deshalb, weil sich die Unthätigkeit des Berechtigten nicht bezieht auf die Ausübung des Anspruches selbst, sondern nur auf die Vornahme gewisser Schutzmassregeln, welche durch das Gesetz als Unterbrechungsgründe der Verjährung statuirt werden und als solche ein Mittel bilden, den Anspruch trotz fortdauernder Nichtausübung dennoch weit über die Dauer seiner Verjährungszeit hinaus aufrecht zu erhalten. Wäre die Verjährung wirklich das, als was man sie definirt, dann wäre es ganz undenkbar, dass ein verjährbarer Anspruch die Dauer der Verjährungszeit überlebte. Würde wirklich jeder Anspruch in Folge der einen gewissen Zeitraum hindurch andauernden Nichtausübung aufgehoben, dann wären nur folgende zwei Möglichkeiten vorhanden: entweder der Anspruch wird vor Ablauf der Verjährungszeit ausgeübt und dadurch *eo ipso* vernichtet; oder er wird während der Verjährungszeit nicht ausgeübt und geht dann durch Verjährung unter. Somit wäre in der Länge der Verjährungszeit immer auch das Maximum der Existenzfähigkeit des Rechtes gegeben, und mit der Möglichkeit des Fortbestandes eines Anspruches über die Dauer der Verjährungszeit hinaus wäre zugleich die Möglichkeit ausgeschlossen, überhaupt von dem Vorhandensein zeitlich unbeschränkter Ansprüche zu reden und die Verjährung derselben von der Befristung principiell zu unterscheiden. Der Structur nach würde somit, wenn die herrschende Begriffsbestimmung der Verjährung richtig wäre, die Verjährung der Ansprüche und Klagen in eine Befristung derselben umschlagen.

Es ist nicht unmöglich, dass mancher Vertreter der bisherigen Lehre dieses Constructionsergebniss aus der strengen Analyse des herrschenden Verjährungsbegriffes zu acceptiren geneigt ist. Für diesen Fall möge man sich aber auch darüber klar werden, wie dann die Erscheinung zu erklären ist, dass das verjährbare Recht in Folge des Eintrittes eines Hemmungs- oder Unterbrechungsgrundes über die Dauer der Verjährungszeit hinaus aufrecht bestehen bleiben kann. Es bliebe zu diesem Behufe nichts Anderes übrig, als diejenigen Thatbestände, welche das Gesetz als Hemmungs- und Unterbrechungsgründe statuirt, als rechtserzeugende Akte aufzufassen, welche dem verjährbaren, d. i. dem vom Hause aus nur für die Dauer der Verjährungszeit existenzfähigen Anspruche, neue Lebenskraft für ein weiteres Stück Zeit einflössen. Die Abenteuerlichkeit einer solchen Construction, nach welcher z. B. eine Darlehensforderung vom Hause aus nur auf dreissig Jahre entstünde und durch jede Zinszahlung als durch einen rechtsbegründenden Akt für je weitere dreissig Jahre immer neu erzeugt würde, dürfte wohl jedermann davon abhalten, dergleichen ernstlich zu versuchen.

Die herrschende Lehre hat, um auf der einen Seite das

Wesen der Verjährung als Aufhebung der Rechte durch dauernde Nichtausübung definiren, und doch andererseits die eben angedeuteten unhaltbaren Consequenzen aus dieser Definition vermeiden zu können, ein scheinbar ebenso einfaches wie treffliches Auskunftsmittel darin gefunden, dass sie alle jene Bethätigungen von Seite des Berechtigten, welche das Gesetz als Unterbrechungsgründe der Verjährung aufstellt, kurzweg als Akte der Rechtsausübung auffasst[20]). Indem nun auf diese Art dem Berechtigten ein Mittel an die Hand gegeben wird, den Anspruch auf der einen Seite wiederholt auszuüben und auf der andern Seite gleichzeitig das Recht in seiner vollen Integrität fortbestehen zu lassen, ist mit einem Schlage auch jenes fatale Dilemma[21]) beseitigt, welches die Verjährung der Ansprüche als eine zeitliche Beschränkung derselben erscheinen lässt. Nichtsdestoweniger glaube ich doch dieses Auskunftsmittel als ein schlecht gewähltes bezeichnen zu müssen. Fürs erste halte ich es für juristisch höchst unelegant, einer schlecht formu-

---

20) Man vergl. Windscheid Pandekten B. I §. 108: „Die zweite Bedingung der Anspruchsverjährung ist Nichtausübung des Anspruches. Durch die Ausübung des Anspruches wird die Verjährung unterbrochen. Zur Unterbrechung ist aber nicht die volle Ausübung des Anspruches, d. h. die Verwirklichung des dem Anspruche entsprechenden Verhaltens des Verpflichteten erforderlich; es genügt, dass kraft des Anspruches irgend etwas von dem Verpflichteten erlangt wird, z. B. Zinsen, Abschlagszahlung, Pfand, Bürgschaft, neue Schuldurkunde, oder dass dem Verpflichteten etwas ihm Gebührendes vorenthalten wird. Ja noch mehr, schon das genügt zum Ausschluss der Verjährung, dass der Berechtigte das Seinige thut, um sich die Befriedigung seines Anspruches zu sichern, d. h. dass er Klage gegen den Verpflichteten erhebt.“ Beinahe bis aufs Wort hiemit übereinstimmend äussern sich in diesem Punkte alle übrigen Lehrbücher und die einschlägigen Monographien.

21) Entweder Ausübung des Anspruches während der Verjährungszeit und Untergang durch Consumtion, — oder Nichtausübung und Untergang durch Verjährung. Vergl. diese Abhandlung S. 46.

lirten Definition zu Liebe zu einer ganz ungehörigen Ausdehnung des Terminus Rechtsausübung die Zuflucht zu nehmen und eine Reihe von Akten zu Rechtsausübungen zu stempeln, die an sich niemand für solche halten kann. Ist es denn auch nur eine partielle Ausübung meiner Darlehensforderung, wenn mir der Schuldner Zinsen zahlt, einen Bürgen stellt, oder gar wenn er mir aus Gefälligkeit für den verlorenen Schuldschein einen neuen gibt? Fürs zweite, und dies ist viel wichtiger, scheint es mir auch zu grossen praktischen Irrthümern die Veranlassung zu bieten, wenn man die vom Gesetze mit unterbrechender Kraft ausgestatteten Akte als Ausübungshandlungen des Rechtes auffasst und demzufolge das unthätige Verhalten des Berechtigten als Nichtausübung des Anspruches charakterisirt. Wer die auf dieser Auffassung aufgebaute Begriffsbestimmung der Verjährung vor Augen hat, der wird in jeder Bestimmung des Gesetzes, die da lautet: „Dieser Anspruch geht nach dieser Frist unter, wenn er während derselben nicht ausgeübt wurde“, bis aufs Wort die Elemente des Verjährungsbegriffes enthalten sehen und dieselbe demgemäss ohne den geringsten Zweifel zu hegen, als Verjährungsfall behandeln. Und doch kann, wie wir uns eben überzeugt haben, der Gesetzgeber mit einer derart formulirten Bestimmung auch eben so gut einen Befristungsfall haben statuiren wollen.

Alle die im Vorstehenden angedeuteten unhaltbaren Constructionen werden vermieden, und der Gegensatz zwischen der Verjährung zeitlich uneingeschränkter Ansprüche und ihrer Befristung zeigt sich in voller begrifflicher Schärfe, sobald man den Terminus „Ausübung“ in seiner allein wahren Bedeutung nimmt und es demzufolge vermeidet, als Ursache der Verjährung die „Nichtausübung“ des Anspruches anzugeben. Denn wie bereits oben bemerkt wurde, nicht auf die Vornahme der Ausübung des Anspruches selbst bezieht sich bei der Verjährung die den Rechtsuntergang bewirkende Unthätigkeit des Berechtigten, sondern auf die Vornahme derjenigen Akte, welche das Gesetz als Unterbrechungsgründe der Verjährung statuirt. Es ist allerdings nicht leicht, das Requisit des Nichteintrittes eines Unterbrechungsgrundes in der Begriffsbestimmung der Verjährung mit einem kurzen Worte prägnant zu bezeichnen. Es ist aber auch nicht nothwendig. Die Wissenschaft kann ganz gut so definiren: Verjährung ist die Aufhebung eines Anspruches in Folge der während eines gewissen Zeitraumes unterbliebenen Vornahme jener Akte, welche die Rechtsordnung als Unterbrechungsgründe der Verjährung bezeichnet. Damit ist zugleich aufs Klarste angedeutet, dass dort, wo die Möglichkeit fehlt, den Fristenlauf zu unterbrechen und hiedurch den Bestand des Rechtes über die Dauer seiner Verjährungszeit hinaus zu erhalten, ein zu unbegrenzter Dauer befähigtes, verjährbares Recht eigentlich gar nicht vorliegt, sondern ein zeitlich eingeschränktes, ein befristetes Recht. Das Gesetz braucht die Verjährung entweder gar nicht zu definiren, wie z. B. der *Code Napoléon*[22]), oder es kann anstatt des unrichtigen Ausdruckes „Nichtausübung" des Anspruches den Ausdruck „Stillschweigen" des Berechtigten gebrauchen, wie z. B. das römische Recht[23]), und sagen: Verjährung ist die Aufhebung eines Anspruches, welche eintritt, wenn der Berechtigte während eines gewissen Zeitraumes Stillschweigen beobachtet hat.

---

22) Der Code Napoléon enthält in dem von der Verjährung handelnden Tit. XX livre III nirgends eine allgemeine Begriffsbestimmung der Verjährung.

23) In der bekannten *l. un. Cod. Theod. de actionibus certo tempore finiendis* 4. 14 = *l. 3 C. de praescr.* XXX 7 39 wird die Ursache der

Bei dieser Formulirung der Begriffsbestimmung der Verjährung verschwindet sofort jene Congruenz der äusseren thatsächlichen Voraussetzungen (Fristablauf und Nichtausübung), zu welcher wir früher, von der unrichtigen Definition der Verjährung ausgehend, gelangten, und welche auf den ersten Blick hin die Aufrechterhaltung des principiellen Unterschiedes zwischen der Verjährbarkeit und der Befristung eines Anspruches als unmöglich erscheinen liess. Bei dieser Formulirung verwandelt sich die scheinbare Congruenz in eine wesentliche Differenz. Nur das positive Moment des Fristablaufes bleibt gemeinsam; das negative Moment der Unthätigkeit des Berechtigten hingegen, welche während der Frist continuirlich angedauert haben muss, ist seinem Inhalte nach vollständig verschieden. Bei der Verjährung besteht es in der Nichtvornahme der den Lauf der Verjährungszeit unterbrechenden Schutzmassregeln, in jener vollständigen Passivität des Berechtigten, welche die römischen Quellen mit *juge silentium* bezeichnen. Hat dieses letztere nicht während der ganzen Frist obgewaltet, ist das Schweigen gebrochen worden, dann tritt auch der an den

---

Klagverjährung ganz richtig mit *juge silentium* — *diuturnum silentium* — *jugis taciturnitas* des Berechtigten bezeichnet. Von einem *nonusus* des Rechtes reden die Quellen nur bei der Aufhebung der Servituten, wo die Unthätigkeit des Berechtigten, welche die Ursache des Rechtsunterganges bildet, auch in der That in der Nichtausübung des Rechtes besteht. —

Auch im öst. a. b. G. B. findet sich an einer Stelle dieser Unterschied richtig angedeutet. Während das Gesetz in den §§. 1451 und 1478 als Ursache der Verjährung fälschlich den Nichtgebrauch des Rechtes anführt, wird im §. 1479 ganz richtig unterschieden: „Alle Rechte erlöschen in der Regel längstens durch einen dreissigjährigen Nichtgebrauch, oder durch ein so lange beobachtetes Stillschweigen." Nichtgebrauch scheint sich auf die Aufhebung der Servituten durch *nonusus*, Stillschweigen auf die Verjährung der Klagen zu beziehen.

Ablauf der Verjährungszeit geknüpfte Effekt nicht ein, mag auch während der ganzen Frist die Ausübung des Rechtes dauernd unterblieben sein. Bei der Befristung hingegen besteht die Unthätigkeit des Berechtigten, welche als Bedingung des Rechtsunterganges in Betracht kommt, in der Nichtausübung des Anspruches selbst, in dem wirklichen *nonusus* des Rechtes. Ein Thätigwerden anderer Art, welches lediglich als Bruch des Stillschweigens sich darstellt, hindert hier den Untergang des befristeten Anspruches nach Ablauf der Frist in keiner Weise.

Aber nicht blos ihrem Inhalte nach ist die Unthätigkeit des Berechtigten je nach Verjährung und Befristung verschieden, sondern dieselbe tritt auch bei beiden in völlig verschiedenen logischen Functionen auf. Bei der Verjährung bildet das Stillschweigen die Ursache des Rechtsunterganges, dasselbe ist *causa efficiens* der Rechtsaufhebung im Sinne einer von aussen her an das Recht mit vernichtender Kraft herantretenden Thatsache. Bei der Befristung hingegen bildet die Nichtausübung des Anspruches nur die negative Bedingung, unter welcher die Beschränktheit der Lebenskraft des Rechtes, welche hier den Grund seines Unterganges bildet, zur Bethätigung gelangen kann.

III. Nachdem wir im Vorstehenden den Unterschied in der Structur der beiden Rechtsbegriffe Verjährung und Befristung im Allgemeinen kennen gelernt haben, erhebt sich nun die Frage, ob uns diese Kenntniss schon ohne weiters in Stand setzt, auch in concreten Fällen die Subsumtion einzelner Fristbestimmungen mit Sicherheit vorzunehmen? Diese Frage ist zu bejahen, aber nur unter einer doppelten Voraussetzung; wenn wir nemlich mit Sicherheit annehmen dürfen, erstens dass der Gesetzgeber die volle Kenntniss des principiellen Unterschiedes der beiden Rechtsbegriffe im Allgemeinen besessen hat, und zweitens, dass derselbe auch in jedem einzelnen Falle sich dessen klar bewusst gewesen ist, ob er mit der betreffenden Bestimmung einen Verjährungsfall oder eine Befristung statuiren wollte. Unter dieser zweifachen Voraussetzung wäre die angestrebte Subsumtion ohne weiteres möglich. Denn da nach dem Ergebnisse der begrifflichen Analyse sich der Unterschied zwischen Verjährung und Befristung eines Anspruches schon äusserlich in einer Verschiedenheit des Thatbestandes manifestirt, welcher die Voraussetzung des Rechtsunterganges bildet, und da weiters das Gesetz in jedem Falle die thatsächlichen Voraussetzungen zu statuiren hat, unter denen Entstehung wie Untergang der Rechte einzutreten hat, so erscheint es auch als möglich, die Scheidung der einzelnen Verjährungs- und Befristungsfälle direkt auf Grund der Erkenntniss des allgemeinen begrifflichen Unterschiedes vorzunehmen. Würde nemlich die zu subsumirende Bestimmung lauten: „Dieser Anspruch geht nach zehn Jahren unter, wenn der Berechtigte während dieses Zeitraumes dauerndes Stillschweigen beobachtet hat“, dann wäre sofort klar, dass der betreffende Anspruch durch Bruch des Stillschweigens für alle Zeiten aufrecht bleiben und nur durch die rechtsaufhebende Thatsache continuirlichen Stillschweigens zu Fall gebracht werden kann: es läge demnach Verjährung vor. Würde die zu subsumirende Bestimmung hingegen lauten: „Dieser Anspruch geht nach zehn Jahren unter, wenn er nicht schon während dieses Zeitraumes ausgeübt wurde“, dann stände dem Berechtigten kein Mittel zu Gebote, seinen Anspruch über die statuirte Frist hinaus aufrecht zu erhalten: es läge ein temporales Recht vor.

Leider können wir aber eine so klare Formulirung einem Gesetze so lange nicht zumuthen, als dasselbe im Banne der oben kritisirten falschen Begriffsbestimmung der Verjährung steht. Ein Gesetz, welches die Verjährung als Aufhebung der Rechte in Folge ihrer dauernden Nichtausübung definirt, wird nemlich die Unthätigkeit des Berechtigten während der Frist, welche, wie wir wissen, als *juge silentium* bei der Verjährung, hingegen als *nonusus* bei der Befristung in Betracht kommt, unterschiedslos als Nichtausübung des Anspruches bezeichnen und wird, es mag Verjährung oder Befristung im Auge haben, sich in beiden Fällen derselben Ausdrucksweise bedienen und bestimmen: „Dieser Anspruch geht nach zehn Jahren unter, wenn er während dieses Zeitraumes nicht ausgeübt wurde“. Hat man bei der Interpretation einer in dieser Weise formulirten Fristbestimmung unter „ausüben“ die Vornahme eines der das Stillschweigen unterbrechende Akte zu verstehen, dann liegt Verjährung vor. Ist hingegen dieser Ausdruck in seiner wahren, eigentlichen Bedeutung zu nehmen, dann liegt Befristung vor. Wer kann aber ohne weiters entscheiden, ob die erste oder die zweite Auslegung die richtige ist? Es scheitert also an der Doppelsinnigkeit, in welcher das Gesetz den Ausdruck „ausüben“ beziehungsweise „nichtausüben“ gebraucht, jeder Subsumtionsversuch, welchem kein anderer Behelf zu Gebote steht, als die allgemeine Erkenntniss von dem begrifflichen Unterschiede zwischen Verjährung und Befristung.

Es könnte vielleicht mancher der Ansicht sein, man habe die Subsumtion einer zweifelhaften Fristbestimmung darauf zu stellen, ob das Gesetz bei der Statuirung derselben den Ausdruck „Verjährung“ gebraucht oder nicht gebraucht. Es gibt aber der Gründe mehrere, warum die Bezeichnung durch das Gesetz selbst für den wahren Charakter einer Fristbestimmung noch nicht entscheidend ist, und warum wir weder dort, wo das Gesetz sagt: „Dieser

Anspruch verjährt nach zehn Jahren, wenn er während dieses Zeitraumes nicht ausgeübt wurde“, ohne weiters eine Verjährung, noch dort, wo das Gesetz sagt: „Dieser Anspruch geht nach zehn Jahren unter, wenn er während dieses Zeitraumes nicht ausgeübt wurde“, ohne weiters eine Befristung erblicken dürfen. Erstens kann der Ausdruck „Verjährung“ von dem Gesetzgeber im Sinne des allgemeinen Sprachgebrauches als „Untergang mit dem Verstreichen einer gewissen Zeit“ genommen sein und passt dann auch im Falle einer Befristung. Aber auch angenommen, dass ein gesetzlicher Terminus immer im juristisch-technischen Sinne des Wortes zu nehmen sei, so ist zweitens zu bedenken, dass alle modernen Gesetzbücher gerade im Capitel von der Verjährung noch mehr oder weniger im Banne der Terminologie jener generalisirenden Doktrin stehen, welche den Ausdruck Verjährung auch in seinem technischen Sinne so weit fasste, dass neben allen übrigen Fällen, in welchen mit dem Ende eines Zeitraumes ein Recht untergeht, auch die Befristung darunter verstanden war. Und wenn wir schliesslich selbst annehmen wollten, dass das Gesetz den Terminus „Verjährung“ durchwegs im Sinne der von ihm selbst gegebenen Begriffsbestimmung nimmt, so wäre es noch immerhin sehr gut denkbar, dass der Gesetzgeber, irregeführt gerade durch seine eigene unrichtige Definition der Verjährung als „Aufhebung der Rechte durch dauernde Nichtausübung“, den Fall der Befristung eines Anspruches, wo ja die Nichtausübung während der Frist gleichfalls die Voraussetzung des Rechtsunterganges *die veniente* bildet, irrthümlich für einen Verjährungsfall angesehen und auf diese Weise selbst eine falsche Subsumtion vorgenommen hat, an welche die auf Ermittlung des wahren Willens des Gesetzgebers gerichtete wissenschaftliche Auslegung bekanntlich durchaus nicht gebunden ist[24]). Aus diesen Gründen ist, trotzdem die a. W. O. selbst von einer „Verjährung" der Wechselforderung spricht, auch speciell dieser Untersuchung die Aussicht auf die Erbringung des Nachweises noch nicht benommen, dass die betreffenden Bestimmungen der a. W. O. nicht eine technische Verjährung, sondern eine Rechtsbefristung zum Inhalte haben.

Es erübrigt uns bei der Erörterung der Frage, ob der Einblick in den begrifflichen Unterschied allein schon die Scheidung der einzelnen Verjährungs- und Befristungsfälle möglich macht, nun nur noch, in Erwägung zu ziehen, ob nicht vielleicht die Verschiedenheit in der logischen Function des negativen Momentes der Unthätigkeit des Berechtigten, welche wir oben bei der begrifflichen Analyse kennen gelernt haben[25]), einen Anhaltspunkt für die Subsumtion abzugeben im Stande wäre. Auch dies ist zu verneinen. Denn ganz abgesehen davon, dass, wenn das Gesetz das negative Moment der Unthätigkeit nicht einmal nach seiner verschiedenen inhaltlichen Bedeutung zu erfassen vermag, ihm noch viel weniger die Erkenntniss und das Festhalten der verschiedenen logischen Function dieses Momentes in jedem einzelnen Falle zugemuthet werden kann, — wäre es schon sprachlich ganz unthunlich, die Verschiedenheit der Function als Ursache und Bedingung durch den Gebrauch von „weil" und „wenn" in jedem einzelnen Falle an-

24) Dass der Umstand, dass der Schöpfer der Fristbestimmung selbst dieselbe als Verjährungsfrist bezeichnet, für die Auffassung des Wesens derselben durchaus nicht bindend sei, hat auch das Leipziger Reichsoberhandels-Gericht bezüglich der vertragsmässigen Befristung ausgesprochen in der Entscheidung vom 10. Januar 1874 (Sammlung B. XII No. 65): „Auch ist im Gebrauche des Wortes Verjährung an sich noch kein genügender Grund zur Annahme jener Absicht zu finden", nemlich der Absicht eine Verjährung im technischen Sinne des Wortes zu begründen.

25) Vergl. S. 57.

zudeuten. Man könnte in dieser Beziehung den Unterschied zwischen Verjährung und Befristung wohl im Allgemeinen sprachlich andeuten, indem man sagt: Verjährung besteht in der Aufhebung eines Anspruches, weil er während eines gewissen Zeitraumes nicht ausgeübt wurde [26]), und Befristung ist Untergang eines Anspruches, wenn er nicht schon während eines gewissen Zeitraumes ausgeübt wurde. Ein Aehnliches wäre aber der Sprache des Gesetzes bei der Statuirung der einzelnen Fälle unmöglich. Hier muss, weil nach den Regeln der Syntax die Möglichkeit eines künftigen Erfolges unter Voraussetzung des Eintrittes seiner Ursache nur durch die Partikel „wenn“ ausgedrückt werden kann, die Nothwendigkeit des Vorhandenseins des negativen Moments sowol in der Rolle als Ursache, wie auch in der Rolle als negative Bedingung in Form einer conditionalen Fassung der gesetzlichen Bestimmung ausgedrückt werden, und es mag daher Verjährung oder es mag Befristung zu statuiren sein, in beiden Fällen wird der Gesetzgeber sagen müssen: Dieser Anspruch geht nach zehn Jahren unter, wenn u. s. w. Es bietet demnach auch diese Seite des begrifflichen Unterschiedes in Folge der Unmöglichkeit sprachlicher Differenzirung keine Handhabe, um die Erkenntniss desselben zu Subsumtionszwecken in einzelnen Fällen direkt verwenden zu können.

Dass angesichts der sich herausstellenden Unmöglichkeit, auf Grund des Einblickes in den principiellen Unterschied zwischen Verjährung und Befristung die Scheidung der einzelnen Fälle vorzunehmen, die angestellte begriffliche Untersuchung ein müssiges oder zu keinem praktischen Resultate führendes Unternehmen war, wird kaum jemand behaupten. In erster

---

26) „Ausüben“ im vagen Sinne der herrschenden Begriffsbestimmung der Verjährung genommen.

Linie nemlich ist schon das negative Resultat von der grössten praktischen Wichtigkeit, dass das Moment der Nichtausübung eines Anspruches während einer bestimmten Frist, wenn dasselbe in einer gesetzlichen Bestimmung als Voraussetzung des Rechtsunterganges nach Ablauf der Frist statuirt erscheint, noch keinen sicheren Schluss dahin zulässt, dass diese gesetzliche Bestimmung einen Verjährungsfall zum Gegenstande hat: ein Gesichtspunkt, welcher uns in vielen Fällen davor zu bewahren geeignet ist, temporale Ansprüche fälschlich der Verjährung zu unterstellen. Aber nicht allein in negativer Beziehung, nemlich um falsche Subsumtionen zu vermeiden, sondern auch in positiver Hinsicht, um richtige zu ermöglichen, wird sich die Erkenntniss des begrifflichen Unterschiedes verwerthen lassen. Allerdings nicht unmittelbar, sondern nur mittelbar. Wir sind nemlich im Stande, aus dem principiellen Unterschiede auf dem Wege der Synthese eine Reihe von weiteren und zwar praktischen Verschiedenheiten abzuleiten, welche sich bei der Behandlung einer Fristbestimmung, je nachdem dieselbe als Verjährungs- oder als Befristungsfall angesehen wird, als wichtig erweisen. Gelangen wir auf diesem Wege zur Kenntniss der einzelnen Rechtssätze, welche einen Unterschied in der praktischen Behandlung begründen, dann besitzen wir in denselben auch zugleich die verlässlichsten Subsumtionskriterien für alle zweifelhaften Fristbestimmungen. Wir brauchen nemlich nur zu eruiren, ob diejenigen Rechtssätze, welche das Gesetz in den für den Unterschied relevanten Punkten ausdrücklich statuirt, oder [wenn das Gesetz in diesen Punkten schweigt] ob diejenigen Rechtssätze, welche mit Rücksicht auf die Bedürfnisse des Lebens als stillschweigend im Willen des Gesetzgebers gelegen angenommen werden müssen, sich als Ausflüsse des Verjährungs- oder als solche des Befristungs-begriffes darstellen, und wir wissen damit auch zugleich, ob wir es mit einem Verjährungs- oder mit einem Befristungsfalle zu thun haben. Ist auf diesem Wege die Subsumtion einer zweifelhaften Fristbestimmung vollzogen, dann kann man auch in solchen Punkten, in welchen weder das Gesetz eine ausdrückliche Bestimmung enthält, noch das Lebensbedürfniss ein so lebhaftes ist, dass es das Zünglein der Subsumtionswage mit ausschlaggebender Kraft beeinflussen könnte, die Entscheidung aus demjenigen Rechtsbegriffe ableiten, unter welchen die betreffende Fristbestimmung auf Grund der vorhandenen Kriterien subsumirt wurde. Auf diese Art wird sich also die richtige Vorstellung von dem begrifflichen Unterschiede zwischen Verjährung und Befristung *in abstracto* auch im einzelnen Falle zwar indirekt, aber nichtsdestoweniger in höchst massgebender Weise auch nach der positiven Seite hin zu bewähren haben, und es war demnach als allererster Schritt auf dem Wege zur Lösung unseres Problemes die Vornahme der Untersuchung des begrifflichen Unterschiedes *in abstracto* nicht nur nicht müssig, sondern im Interesse der sicheren Lösung des Problemes geradezu geboten.

Auf Grund der bisher beobachteten Methode der Untersuchung wird nunmehr, nach Erledigung der grundlegenden constructiven Seite der Frage die allgemeine Erörterung des Unterschiedes zwischen Verjährung und Befristung weiter fortzuführen sein, und zwar von jetzt ab nach der praktischen Seite dieses Unterschiedes hin. Wir wenden uns daher im Nachfolgenden der Untersuchung der Frage zu, ob überhaupt und in welchen Punkten es von praktischem Belange ist, ob ein Anspruch als verjährbar oder als befristet angesehen wird?

IV. Bevor jedoch in die Erörterung dieser Frage eingegangen wird, soll noch angedeutet werden, in welchen Punkten sich das Ergebniss der bisher angestellten begrifflichen Untersuchung auf die Meinungen anderer Schriftsteller zu stützen vermag, und in welchen Punkten wieder meine Ansichten von jenen Anderer abweichen, und mir daher diese letzteren verwerflich scheinen. Sowohl diese polemischen Bemerkungen wie die Verweisung auf überstimmende Meinungen werden sich auf Weniges zu beschränken haben; denn in beiderlei Hinsicht sind nur wenig Beziehungspunkte zur bisherigen Lehre vorhanden, weil, wie bereits in der Einleitung bemerkt wurde, sich dieselbe mit der Erörterung des principiellen Unterschiedes zwischen der Verjährung und der gesetzlichen Befristung der Rechte in eingehenderer Weise noch nicht beschäftigt hat.

Was zunächst die Unterstützung meiner Ansichten betrifft, glaube ich mich hinsichtlich der von mir behaupteten Unrichtigkeit der von der herrschenden Lehre aufgestellten Begriffsbestimmung der Verjährung als „Untergang der Rechte in Folge ihrer dauernden Nichtausübung“ auf Demelius und Unger berufen zu können. Diese beiden Schriftsteller definiren die Verjährung zwar gleichfalls in der hergebrachten Weise, sie legen aber dem Ausdrucke „Nichtausübung“ in der Verjährungsdefinition einen besonderen Sinn unter. Man vergl. Demelius Untersuchungen S. 4: „Zunächst ist es vollkommen logisch unmöglich, den positiven juristischen Grund der Klagverjährung in das objektive Moment der Nichtausübung des Klagrechtes zu setzen, als eine besondere, von der Existenz des Klagrechtes zu scheidende, selbständig hinzutretende Thatsache. Denn das hat jedes Klagrecht mit der Obligation gemein, dass Ausübung desselben gleich Auflösung ist. Bestehen und ausgeübt werden sind für dasselbe zwei sich ausschliessende Begriffe; Existenz ist eben dauernde Nichtausübung. Wer also sagt: ein Klagrecht geht unter, wenn es dreissig Jahre hindurch nicht ausgeübt wird — und wer: ein Klagrecht hört auf, nachdem es dreissig Jahre bestanden hat, — die sagen beide ganz dasselbe, keiner mehr, als der andere. Allein liegt nicht der Grund des Unterganges durch Verjährung in dem subjektiven Elemente des Unterlassens, der Klaganstellung, in dem Verhalten des Berechtigten, seiner Unthätigkeit?" Und Unger System B. II §. 104 II *in fine:* „Es gibt Fälle, in welchen ein binnen einer gewissen Frist nicht ausgeübtes Recht erlischt: allein in diesen Fällen[27]) geht das Recht nicht deshalb unter, weil man es eine gewisse Zeit hindurch nicht ausgeübt hat (Nichtausübung im subjektiven Sinne), sondern deshalb, weil die Zeit verstrichen ist, während dessen allein es hätte ausgeübt werden können und nicht ausgeübt worden ist (Nichtausübung im objektiven Sinne). Bei der Verjährung ist die Nichtausübung des Rechtes im subjektiven Sinne (das heisst die Nichtgeltendmachung des Rechtsstoffes, die Nichtanstellung der Klage) das Primäre, und der Zeitablauf das Secundäre, in jenen Fällen dagegen ist der Ablauf der Frist, innerhalb dessen das Recht auszuüben ist, das Primäre und die Nichtausübung im objektiven Sinne (das heisst das Nichtausgeübtwordensein) das Secundäre."

Darin stimmen also die Ansichten dieser Schriftsteller mit der von mir dargelegten überein, dass das negative Moment der während der Frist obwaltenden continuirlichen Unthätigkeit des Berechtigten, welches bei Verjährung wiebei Befristung eines Anspruches eine Rolle spielt, doch bei beiden etwas Verschiedenes zu bedeuten hat. Die Frage aber, worin diese Verschiedenheit besteht,

27) Unger hat hier jene Fälle der zeitlichen Beschränkung von Rechten im Auge, welche er später als Präclusivfristen bezeichnet.

wird abweichend beantwortet. Während nemlich nach meiner Ansicht der Unterschied in diesem Punkte darin liegt, dass die Unthätigkeit des Berechtigten nur bei der Befristung wirklich in der Nichtausübung des Anspruches besteht, bei der Verjährung hingegen in der Nichtvornahme von anderweitigen Handlungen, welche sich als Akte der Rechtsausübung durchaus nicht auffassen lassen, — erblicken die genannten beiden Schriftsteller den Unterschied im negativen Momente nicht in der Verschiedenheit des Objektes der Bethätigung, sondern in einer, mir nicht völlig einleuchtenden formalen Unterscheidung zwischen einer subjektiven und einer objektiven Ausübung der Rechte. Mir erscheint diese, von der Verschiedenheit des Inhaltes der Bethätigung völlig abstrahirende Distinction mehr als ein Spiel mit Worten, denn als die Aufdeckung eines fassbaren, zur Ableitung praktischer Rechtssätze geeigneten sachlichen Unterschiedes. Nach meinem Dafürhalten ist nemlich wie jede Ausübung, beziehungsweise jede Nichtausübung eines Vermögens überhaupt, so auch die eines Rechtes, wenn man schon den Unterschied machen will, doch immer subjektiv und objektiv zugleich, indem stets mit derselben logischen Nothwendigkeit ein thätiges, respektive unthätiges Subjekt, und ein in Bewegung versetztes oder in Ruhe verbliebenes Objekt der Bethätigung vorhanden sein muss. Mir erscheint demzufolge die ganze Distinction als werthlos, und ich halte es daher für unzulässig, auf Grund derselben mit Hilfe des abwechselnden Gebrauches vom Aktivum und Passivum des Verbums „ausüben" allein schon einen Unterschied im Wesen des mit diesem Ausdrucke verbundenen Begriffes statuiren zu wollen [28]).

28) Es gibt bei Unger eine Stelle, welche wenigstens mit dem ersten Schritte der richtigen Begriffsbestimmung der Verjährung zustrebt. Er

Ebenso unhaltbar wie dieser Dualismus in der Nichtausübung der Rechte erscheint mir in der Ungerschen Formulirung des begrifflichen Unterschiedes zwischen Verjährung und gesetzlicher Zeitbeschränkung das abwechselnde Verlegen des Accentes (primär und secundär) auf Nichtausübung und Zeitablauf, so frappirend und scharf auch dieser Gegensatz auf den ersten Blick sich ausnehmen mag. Zunächst ist schon nicht recht klar, in welchem Sinne der Unterschied von Primär und Secundär zu nehmen ist. Gewöhnlich gebraucht man diese beiden Worte zur Andeutung eines Causalnexus zwischen zwei Vorgängen, und bezeichnet die Ursache als das Primäre und die Wirkung als das Secundäre. In diesem Sinne können aber die beiden Ausdrücke bei Unger offenbar nicht genommen werden. Man nimmt weiters die Worte Primär und Secundär im Sinne von Haupt- und Nebensächlich, oder Principal und Accidental. Auch so können dieselben bei Unger nicht verstanden werden; denn der Zeitablauf ist bei der Verjährung ebensowenig etwas Nebensächliches wie das unthätige Verhalten des Berechtigten bei der Befristung. Bei beiden ist auch dieses „secundäre" Moment absolut erforderlich, um den Rechtsuntergang zu ermöglichen.

---

bemerkt nemlich im Eingange des §. 119 im II. B. seines Systems: „Die juristische Causa (der Verjährung) ist das Stillschweigen durch die gesetzlich bestimmte Zeit hindurch (*juge silentium*)." Indem aber Unger gleich fortfährt: „wer eine gewisse gesetzlich bestimmte Zeit hindurch verabsäumt hat, seine Klage anzustellen, der hat sich dadurch seines Klagrechtes für immer verschwiegen" irrt er vom richtigen Wege wieder ab. Denn indem als Inhalt der Säumniss die Nichtanstellung der Klage angegeben wird, läuft das Stillschweigen wieder ganz und gar auf die Nichtausübung des Klagerechtes hinaus. Hätte Unger gesagt: „wer eine gewisse Zeit hindurch verabsäumt hat, einen oder den anderen jener Akte zu setzen, welche das Gesetz als Unterbrechungsgründe der Verjährung aufstellt, der hat sich dadurch seines Rechtes für immer verschwiegen", dann hätte er das Richtige getroffen.

In einer dritten Bedeutung nimmt man die fraglichen Ausdrücke zur Bezeichnung von nächster und entfernter Ursache, *causa proxima* und *causa remota;* und so scheint sie auch Unger an der in Rede stehenden Stelle zu gebrauchen. Aber auch in diesem Sinne genommen ist die Antithese bei Unger unhaltbar. Denn bei der Verjährung bildet wohl das unthätige Verhalten des Berechtigten die nächste Ursache des Rechtsunterganges, nicht aber der Zeitablauf die entfernte. Dieser fungirt logisch überhaupt nicht als ursächliches Moment, sondern nur als Mass für den zeitlichen Umfang des Stillschweigens des Berechtigten, welch letzteres allein die *causa efficiens* der Rechtsaufhebung bildet. Bei der Befristung eines Anspruches hinwieder ist weder der Zeitablauf die *causa proxima*, noch die Nichtausübung die *causa remota* des Rechtsunterganges, und zwar aus dem einfachen Grunde, weil das Aufhören eines befristeten Rechtes mit dem Causalitätsgesetze gar nichts zu schaffen hat. Dieser Punkt wird erst weiter unten bei der Feststellung der praktischen Unterschiede zwischen Verjährung und Befristung, und zwar insbesondere bei der Frage zu erörtern sein, ob, wenn der Beklagte den Ablauf der Frist einwendet, dieser Umstand von ihm zu beweisen ist, oder ob der Kläger zu beweisen hat, dass er noch innerhalb der Frist stehe. Hier sei gegen Unger nur so viel bemerkt, dass das Verstreichen der prädestinirten Lebenszeit ebensowenig die Ursache des Aufhörens eines befristeten Rechtes bildet, als man das Enden eines räumlich eingeschränkten Verhältnisses als die Wirkung der Applikation seines Längenmasses auffassen kann. In beiden Fällen nemlich liegt der Grund der Endigung nicht darin, dass der Eintritt einer nach dem Causalitätsgesetze wirkenden *causa efficiens* die weitere Extension des betreffenden Verhältnisses aufhebt, sondern darin, dass die räumliche oder zeitliche Existenz des Verhältnisses an und für sich eingeschränkt ist, und über diese Schranke hinaus für die weitere Extension desselben *causa deficiens* ist. Oder, wie schon an einer früheren Stelle der Untersuchung festgestellt wurde: nicht in Folge des Eintrittes einer von Aussen her auf das Recht einwirkenden Ursache geht ein befristeter Anspruch unter, sondern in Folge immanenter Unkraft, über eine gewisse zeitliche Schranke hinaus fortzubestehen [29]. Diese Bemerkungen dürften vorläufig genügen, um darzuthun, dass bei der Befristung der Zeitablauf durchaus nicht als primäre Ursache des Rechtsunterganges anzusehen ist. Ebensowenig bildet, wie nach der Ungerschen Formel anzunehmen wäre, die Nichtausübung des betagten Anspruches während der Frist die secundäre Ursache seines Unterganges *die veniente.* Es ist in dieser Beziehung schon früher ausgeführt worden, dass die Nichtausübung des Anspruches bis zum Eintritte des Endtermines keineswegs der Grund seines Unterganges, sondern dass dieselbe als Conservirungsmittel nur die negative Voraussetzung bildet, unter welcher sich die Beschränktheit in der Lebensdauer wirksam zeigen kann [30].

So erweist sich also die Formulirung des principiellen Unterschiedes zwischen Verjährung und gesetzlicher Befristung der Rechte bei Unger nicht allein hinsichtlich der Distinction der Nichtausübung der Rechte in eine subjektive und eine objektive, sondern auch darin als unhaltbar, dass man bei keinem der Versuche, den Ausdrücken Primär und Sekundär einen festen Sinn unterzulegen, zu einem plausiblen Resultate gelangt.

---

29) Vergl. S. 24 dieser Abhandlung.
30) Vergl. S. 57 dieser Abhandlung.

Noch in einem anderen Punkte glaube ich Unger eine begriffliche Unklarheit nachweisen zu können. Er vermengt nemlich die gesetzliche Rechtsbefristung mit der Präclusivfrist und wird in Folge dessen zur Aufstellung eines falschen Kriteriums für die Scheidung der Verjährungsfälle von den übrigen Fristbestimmungen verleitet. Man wird sich daran erinnern, dass oben bei der Gruppirung der verschiedenen Kategorien von Fristbestimmungen, welche auf dem Gebiete des Privatrechtes vorkommen können, unterschieden wurde zwischen jenen Fällen, in welchen ein bereits fertiges, actuelles Recht innerhalb einer vom Gesetze statuirten Frist auszuüben ist (Rechtsbefristung)[31]), und anderen Fällen, in welchen die gesetzliche Frist nicht zur Verfolgung eines vorhandenen Anspruches gesetzt erscheint, sondern durch dieselbe nur eine Schranke aufgestellt wird, innerhalb welcher gewisse Handlungen einer Person mit bestimmter Rechtswirkung ausgestattet sein sollen (Präclusivfrist)[32]). Unger erblickt auch in dieser zweiten Art von Fällen eine Rechtsbefristung, indem er die während der Dauer der Frist einer Person gebotene Möglichkeit, eine Handlung mit gewissen Rechtsfolgen vorzunehmen, als befristete Befugniss zur Vornahme dieser Handlung auffasst. Man vergl. sein System B. II §. 103, 2: „In Ansehung mancher Rechte, Willenserklärungen und Handlungen ist ein gewisser Zeitraum bestimmt, innerhalb dessen das Recht auszuüben, die Erklärung abzugeben, die Handlung vorzunehmen ist, häufig mit der Wirkung, dass nach Ablauf der Frist das Recht erlöschen, die Befugniss zur rechtswirksamen Abgabe der Erklärung, resp. zur rechtswirksamen Vornahme der Handlung verloren ist (Fall- oder Präklusivfristen).“ Dass in

31) Siehe §. 2 I. 1. dieser Abhandlung.

32) Siehe §. 2 I. 5. insbesondere S. 37 und 38 dieser Abhandlung.

jenen Fällen, wo der innerhalb der Frist vorzunehmende Akt einen noch incompleten rechtserzeugenden Thatbestand zu vervollständigen hat, wie z. B. nach §. 1290 des a. b. G. B. die Notification des Versicherers, oder nach A. 41 der a. W. O. die Protestlevirung, die der Ergänzung des constitutiven Thatbestandes vorhergehenden prodromalen Rechtsverhältnisse im Sinne des Vorhandenseins eines durch *conditio juris* bedingten, befristeten Rechtes nicht aufgefasst werden können, und dass daher die Structur eines solchen Verhältnisses sich von jener eines befristeten Rechtes wesentlich unterscheidet, mag auch die versäumte Gelegenheit zur Begründung eines Rechtes mit dem Verluste eines bereits begründeten Rechtes ökonomisch äquivalent sein, ist bereits an einer früheren Stelle bemerkt worden. Aber auch die Art und Weise, wie Unger diese Gattung von Fristbestimmungen mit der gesetzlichen Rechtsbefristung unter einen gemeinsamen Begriff zu bringen sucht, scheint mir nicht plausibel zu sein. Dass die durch die Rechtsordnung einer Person eingeräumte Möglichkeit, durch gewisse Handlungen Rechtswirkungen ins Dasein zu rufen, im Allgemeinen nicht als subjektives Recht oder als Befugniss dieser Person zur wirksamen Vornahme der betreffenden juristischen Akte construirt werden kann, darüber ist man heute wol nicht mehr im Zweifel [33]). Es gibt keine Befugnisse zu kaufen, zu occupiren u. s. w., sondern die betreffenden Akte sind lediglich Bethätigungen der *mera facultas* einer rechts- und handlungsfähigen Person. Diese Auffassung der Sache muss aber nicht blos dann Platz greifen, wenn die durch die Rechtsordnung einer Person eingeräumte Möchlichkeit zur wirk-

33) Selbst zu den sog. Rechten an der eigenen Person (cf. Windscheid Pand. B. I §. 39) könnte die fragliche Erscheinung kaum gezählt werden.

samen Vornahme von juristischen Handlungen zeitlich unbeschränkt ist, sondern offenbar auch in jenen Fällen, wo diese Möglichkeit auf einen bestimmten Zeitraum eingeschränkt ist. Denn es ist nicht einzusehen, warum und wie dasjenige, was in seiner zeitlichen Unbegrenztheit kein subjektives Recht war, lediglich durch die zeitliche Einschränkung zu einer besonderen Befugniss werden sollte? Wenn z. B. der wechselrechtliche Regress auf Zahlung zwar an die vorausgegangene Protestlevirung gebunden, eine Frist zu letzterer aber nicht statuirt wäre, würde da von einer Befugniss oder von einem Rechte zur Protestlevirung die Rede sein? Gewiss nicht. Aber ebensowenig kann dies dann der Fall sein, wenn die Möglichkeit der wirksamen Protestlevirung auf eine gewisse Frist eingeschränkt ist.

Es ist deshalb zum Mindesten eine juristische Ineleganz, wenn Unger in solchen Fällen von einer Befugniss zur Vornahme der betreffenden Handlungen spricht, und dieselben mit den temporalen Rechten als ein einheitliches juristisches Phänomen auffasst. Von unmittelbaren praktischen Folgen ist dieser Irrthum allerdings nicht, denn die eigenthümlichen Grundsätze der Verjährung sind ja auf die beiden confundirten Kategorien von Fristbestimmungen im gleichen Masse unanwendbar; mittelbar führt jedoch die begriffliche Unklarheit bei Unger auch zu einem praktischen Irrthume, nemlich zur Aufstellung eines unrichtigen Subsumtionskriteriums. Ein solches glaubt Unger aus seiner, vorhin kritisirten, Formulirung des begrifflichen Unterschiedes zwischen Verjährung und Präclusivfrist (in dem weiteren Sinne bei Unger, nach welchem dieser Terminus auch die Fälle der Rechtsbefristung umfasst) direkt ableiten zu können. Man vergl. Note 79 §. 104 II. B. seines Systems: „Behufs der Entscheidung der Frage, ob eine gegebene Frist als Fall-

oder Verjährungsfrist anzusehen sei, hat man blos darauf zu sehen, ob die Nichtausübung des Rechtes, welches mit dem Ablauf einer gewissen Zeit verloren gehen soll, in der Unterlassung der Anstellung der zur Geltendmachung jenes Rechtes dienenden Klage besteht oder nicht: im ersten Falle ist ein Fall der Klagverjährung somit ein Fall der Extinctivverjährung überhaupt gegeben, während im zweiten Falle blos eine Fallfrist vorhanden ist. (Die Frage, um deren Lösung es sich handelt, ist also die: ist dem Recht von vornherein eine bestimmte Zeitgrenze gesetzt, innerhalb deren es ausgeübt werden muss [*terminus intra ad quem, dies ad quem*]? oder ist das Recht an sich zeitlich unbeschränkt, es geht aber wegen Nichtausübung innerhalb einer gewissen Zeit unter [Extinctivverjährung]?)" Unger meint also so: wenn der juristische Akt, um dessen Vornahme innerhalb der Frist es sich handelt, in der Anstellung der sofort möglichen Klage besteht, dann liege Verjährung; wenn er hingegen in einer anderen Handlung besteht, wie z. B. in der Ablehnung der Vormundschaft nach §. 201, in der Rügung einer übertriebenen Abnützung der *res commodata* nach §. 982, in der Notification des Versicherers nach §. 1296 des a. b. G. B., oder in der Protestlevirung nach Art. 41 der a. W. O., dann liege eine Fallfrist vor.

In diesen Sätzen liegt zwar etwas Wahres, dem Hauptgedanken nach sind sie jedoch unrichtig. Wahr ist nur das Eine, dass überall dort, wo es sich innerhalb der Frist nicht um die Realisirung eines Anspruches, eventuell um die klagbare Verfolgung desselben handelt, sondern um die wirksame Vornahme gewisser juristischer Akte, welche mit den bestimmten Rechtsfolgen nur dann verknüpft sind, wenn sie *intra terminum* gesetzt werden, — nicht eine Verjährung, sondern eine Präclusivfrist vorliegt, und zwar eine

Präclusivfrist in dem oben[34]) präcisirten engeren Sinne, wonach dieser juristische Begriff nicht allein von der Verjährung, sondern auch von der Temporalität eines Rechtes zu unterscheiden ist. Eine Fristbestimmung auch im concreten Falle als Präclusivfrist zu erkennen, macht daher keine Schwierigkeit, und bedarf es zu diesem Zwecke keiner eingehenden Untersuchung. Das andere aber ist nicht leicht, nemlich zu bestimmen, ob eine concrete Fristbestimmung Verjährung oder Temporalität eines Anspruches statuire. Um diese Frage zu entscheiden, würde man sich vergeblich an das von Unger aufgestellte Subsumtionskriterium wenden. Denn nicht allein dann, wenn der Anspruch ein verjährbarer ist, besteht der innerhalb der Frist vorzunehmende Akt in der klagbaren Verfolgung desselben, sondern auch dann, wenn der Anspruch ein befristeter ist, und zwar aus dem Grunde, weil auch im letzteren Falle sofort, d. h. ohne vorausgehenden anderweitigen Akt von Seite des Berechtigten, die *actio*, wenn auch nur als *temporalis actio*, gegeben ist. Aber nicht allein untauglich zur Scheidung von Verjährung und Temporalität ist das Ungersche Kriterium, sondern seine Anwendung muss überdies nothwendig geradezu zu falschen Subsumtionen führen. Denn da nach Unger das charakteristische und untrügliche Merkmal für das Vorhandensein eines Verjährungsfalles darin zu suchen ist, dass der innerhalb der Frist vorzunehmende Akt in der Klaganstellung zu bestehen hat, und da, wie wir wissen, auch bei der Temporalität eines Anspruches der Berechtigte innerhalb der Frist zur Klaganstellung zu schreiten hat, so wird unter Anwendung des Ungerschen Kriteriums jeder Fall von gesetzlicher Rechtsbefristung sich

34) Vergl. §. 2 I. 5. dieser Abhandlung.

irrthümlich als ein Fall technischer Verjährnng darstellen. Unger selbst bietet uns den triftigsten Beweis für diesen Einwand gegen die Richtigkeit seines Kriteriums. Er wirft in der Note 78 zum §. 104 im II. B. seines Systems die Frage auf, ob die in dem §. 158 des a. b. G. B. zur Einbringung der Klage auf Bestreitung der ehelichen Geburt eines Kindes normirte dreimonatliche Frist als eine wahre Verjährungs- oder eine Präclusivfrist aufzufassen sei, und beantwortet diese Frage in consequenter Anwendung seines Subsumtionskriterium dahin, dass „allerdings eine Verjährung vorhanden sei, da hier ein Forderungsrecht oder ein Klagrecht durch Nichtanstellung der Klage erlischt, also ein Fall der Klagverjährung gegeben sei.“ An einer späteren Stelle seines Systems, nemlich in der Note 18 *in fine* zum §. 130 *eod. l.* erklärt jedoch Unger hinsichtlich des Charakters der im §. 158 des a. b. G. B. aufgestellten Fristbestimmung ausdrücklich das Gegentheil: „dass in der dreimonatlichen Frist (des §. 158) nicht eine Verjährungsfrist, sondern vielmehr eine Präclusivfrist zu sehen ist.“ Was erklärt aber hiemit Unger stillschweigend? Dass sein früher aufgestelltes Kriterium unrichtig sei; denn wer zugibt, dass ein einziges Subsumtionsresultat, zu welchem man bei consequenter Anwendung jenes Kriteriums gelangt, unrichtig sei, der bricht damit zugleich den Stab über die Richtigkeit des Kriteriums selbst.

Worauf beruht aber im letzten Grunde dieser praktische Irrthum bei Unger? Er beruht, wie bereits angedeutet wurde, in einer begrifflichen Ungenauigkeit, nemlich in der Nichtunterscheidung von Rechtstemporalität und Präclusivfrist. Hätte Unger in denjenigen Fällen, welche in dieser Abhandlung unter dem Terminus „materiellrechtliche Präclusivfristen“ als ein eigenartiges juristisches Phänomen hingestellt wurden, anstatt eine befristete Befugniss zur Vornahme von gewissen Willenserklärungen und Handlungen anzunehmen und demzufolge als wesensgleiche Erscheinung mit der eigentlichen Rechtsbefristung zu behandeln, diese beiden Begriffe genau auseinandergehalten, so hätte er auch zu der Erkenntniss gelangen müssen, dass es sich nicht blos im Falle der Verjährung, sondern auch im Falle der gesetzlichen Befristung eines Forderungs- oder Klagrechtes innerhalb der Frist um die Anstellung der Klage handelt, und dass in Folge dessen nicht überall dort, wo die Saumsal des Berechtigten in der Unterlassung der Klaganstellung besteht, auch nothwendig eine Verjährung vorzuliegen braucht. So aber fasste Unger die Rechtsbefristung mit der Präclusivfrist unter einen gemeinsamen Begriff zusammen, und stellte der Verjährung die Gruppe der „übrigen Fristbestimmungen" unter der Bezeichnung Fallfristen als etwas Eintheitliches, Homogenes gegenüber[35]. Es erscheint nun leicht begreiflich, dass in Folge dieser Zweitheilung anstatt Dreitheilung bei dem Aufsuchen eines allen übrigen, der Verjährung gegenüberstehenden, Fristbestimmungen gemeinsamen Unterscheidungsmerkmales dasjenige Moment, welches in Wahrheit nur einem Theile dieser übrigen Fristbestimmungen charakteristisch ist, wegen seiner Augenfälligkeit von Unger irrthümlich als ein gemeinsames Merkmal für alle von der Verjährung zu unterscheidenden Fristbestimmungen hingestellt wird, das Moment nemlich, dass der innerhalb der Frist vorzunehmende Akt nicht in der Klaganstellung, sondern in der Vornahme einer anderweitigen juristischen Handlung besteht. Wo dieses Merkmal vorhanden ist, dort kann allerdings mit Sicherheit angenommen

35) Vergl. Unger System B. II §. 104 II *in fine.*

werden, dass kein Verjährungsfall sondern eine Fallfrist vorliegt; nicht aber kann umgekehrt überall dort, wo dieses Merkmal nicht vorhanden ist und der *intra terminum* vorzunehmende Akt in der Klaganstellung besteht, ohne weiters das Vorhandensein eines Verjährungsfalles angenommen werden. Denn mit Hilfe dieses Merkmales lassen sich allerdings die eigentlichen Präclusivfristen ausscheiden, Verjährung und Temporalität der Rechte bleiben aber ungeschieden zurück. Gerade diese beiden Phänomene aber sind es, für welche wegen ihrer grossen äusserlichen Aehnlichkeit die Eruirung eines zuverlässigen Subsumtionskriteriums ganz besonders geboten erscheint [36].

36) Ich habe der Kritik der Unger'schen Auffassung deshalb eine verhältnissmässig grosse Breite gegeben, weil ich anlässlich derselben meine eigenen Ansichten dem Verständnisse des Lesers näher bringen zu können erachtete. Was sich ausser bei Demelius und Unger bei anderen Schriftstellern an kargen Bemerkungen über den principiellen Unterschied von Verjährung und gesetzlicher Befristung oder Präclusivfrist vorfindet, verlohnt meines Erachtens nicht der Mühe einer Kritik. Einschlägige Bemerkungen finden sich zwar in den meisten Lehrbüchern des Civilrechtes, dieselben umfassen jedoch durchwegs nicht mehr als einige Zeilen. Die neueren Schriftsteller verweisen übrigens meist ausdrücklich auf Unger, und insofern ist die gegen den letzteren Schriftsteller gerichtete Polemik gegen die herrschende Lehre überhaupt gerichtet.

§ 3.

DIE PRAKTISCHEN UNTERSCHIEDE ZWISCHEN VERJÄHRUNG UND GESETZLICHER BEFRISTUNG DER RECHTE.

1. HINSICHTLICH DES BEGINNES DES FRISTENLAUFES.

I. Von welchem Momente an die gesetzliche Frist bei der Verjährung, und von welchem Augenblicke an dieselbe im Falle der Temporalität eines Anspruches zu laufen beginnt, und dass schon in diesem Punkte ein praktischer Unterschied besteht, das lässt sich aus der Function, in welcher die Zeit bei den Erscheinungen auftritt, leicht feststellen.

Da die Zeit bei der Befristung eines Rechtes die Dauer seiner Existenz umgrenzt, so muss auch die Frist eben in dieser ihrer Eigenschaft als Existenzfrist nothwendig schon von jenem Momente an zu laufen beginnen, in welchem das befristete Recht ins Dasein tritt; dieses kann also nicht einen Augenblick lang bestehen, ohne mit demselben einen Schritt seinem prädestinirten Ende näher zu thun.

Bei der Verjährung hingegen bildet, wie wir früher gesehen haben, die Zeit nicht das Mass für das Recht selbst, sondern nur das Mass für den Umfang einer in zeitlicher Extension sich vollziehenden, rechtsvernichtenden Thatsache. Es ist daher für den Beginn der Verjährung auch nicht schon der erste Moment der Existenz des verjährbaren Rechtes, sondern erst derjenige Zeitpunkt massgebend, in welchem der durch die Frist ausgemessene rechtsaufhebende Thatbestand seinen Anfang nimmt. Da nun aber dieser Thatbestand in dem Stillschweigen des Berechtigten besteht, und dieses als etwas rein Negatives schon mit der Existenz des verjährbaren Rechtes ohne weiters von selbst sich einzustellen scheint, so droht uns der eben constatirte Unterschied wieder zu entschwinden; die Sache scheint sich nemlich auf den ersten Blick so darzustellen, als ob in Folge der Beschaffenheit der der Verjährung zu Grunde liegenden rechtsvernichtenden Thatsache ihr Anfang mit dem des Rechtes nothwendig zusammenfallen müsse, und daher mittelbar auch für die Verjährung dieselbe Coincidenz von Rechts- und Fristbeginn herbeigeführt werde, wie bei der Temporalität der Rechte[37]). Bei näherer Betrachtung zeigt es sich jedoch, dass das der Verjährung unterworfene Recht bereits vorhanden sein kann, und dennoch die Verjährungszeit nicht zu laufen beginnt, und zwar aus dem Grunde, weil dem Be-

---

37) Demelius, welcher, wie bereits bemerkt wurde (S. 7), die *actiones temporales* der vortheodosianischen Zeit als Fälle der Rechtsbefristung auffasst, wirft gleichfalls die Frage auf, ob nicht vielleicht im Punkte des Beginnes der Frist ein solcher Unterschied von der Verjährung zu constatiren sei, welcher als Merkmal für die Befristungsqualität angenommen werden könnte. Er verneint die Frage und hält dafür, dass in diesem Punkte ein Unterschied nicht bestehe. Man vergl. seine Untersuchungen S. 51: „Ein direkter Beweis für die Richtigkeit meiner Auffassung lässt sich zunächst aus dem über den Anfang des Laufs der älteren Verjährung Geltenden freilich nicht entnehmen. Denn ebensowenig, als von einer Unthätigkeit des Berechtigten, kann von einem Laufen einer dem Rechte gesetzten Zeitfrist die Rede sein, ehe dasselbe existirt, ein Klagerecht erwachsen, die *actio nata* ist. Der *annus utilis* muss vielmehr in beiden Fällen, was den *dies cedens* betrifft, ganz auf gleiche Weise berechnet werden; für beide ist der Begriff der *actio nata* gleicherweise brauchbar und von Entscheidung.“ Dass dem doch nicht so ist, wird sich aus der folgenden Darstellung im Texte ergeben.

rechtigten ein säumiges Stillschweigen noch nicht zur Last gelegt werden kann.

Von dem naheliegendsten Falle, wo dieses stattfindet, wenn nemlich zur Zeit der Entstehung des verjährbaren Rechtes einer der sogenannten Hemmungsgründe der Verjährung obwaltet, soll nicht hier, sondern erst später die Rede sein, wo die Verschiedenheit des Einflusses dieser Hemmungsgründe auf den Lauf der Frist bei Verjährung und Temporalität der Rechte zusammenhängend erörtert wird. Selbstverständlich kann auch als Beleg für das zeitliche Auseinanderfallen von Rechts- und Verjährungsbeginn nicht angeführt werden, dass ein dingliches Recht, wie z. B. Eigenthum lange vorher bestehen kann, ehe dem Eigenthümer eine Verjährung seines dinglichen Anspruches zu laufen beginnt. Denn das Eigenthumsrecht als solches ist ja der Verjährung völlig entzogen und nur die einzelnen aus einer Störung resultirenden Klageansprüche sind verjährbar; für diese aber beginnt die Verjährungsfrist sofort mit ihrer Entstehung zu laufen. Auch das gehört nicht hieher, dass eine Servitut lange bestehen kann, ehe die in ihrer Nichtausübung bestehende rechtsvernichtende Thatsache ihren Anfang nimmt; denn dies ist kein Fall echter Verjährung, sondern Nonusus, welcher unter anderen Rechtssätzen steht.

Wohl aber kann als Beleg für das Auseinanderfallen von Rechtsexistenz und Beginn des Laufes der Verjährungsfrist herangezogen werden, dass ein obligatorisches Recht auf ein dauerndes negatives Verhalten des Verpflichteten lange bestehen kann, ohne dass dasselbe zu verjähren beginnt; so lange nemlich, bis der Schuldner der ihm obliegenden negativen Verpflichtung entgegenhandelt. Wäre aber ein solches obligatorisches Recht befristet anstatt verjährbar, dann käme es auf das Benehmen des Verpflichteten gar nicht an, sondern die Frist würde ganz nothwendig schon von dem ersten Augenblicke des Daseins des Rechtes an zu laufen beginnen. Bei denjenigen obligatorischen Ansprüchen, welche auf ein positives Thun des Verpflichteten gehen, ist allerdings der Berechtigte schon im Augenblicke der Begründung seines Anspruches in der Lage, zu reden oder zu schweigen, und es läuft in solchen Fällen demzufolge auch schon von diesem Augenblicke an die Verjährungszeit. Aber nur in der Regel. Es gibt nemlich Ausnahmen, in welchen der Berechtigte trotz der Begründung seines Anspruches mittelst Klage redend noch nicht oder wenigstens nicht erfolgreich auftreten und daher auch nicht mit den nachtheiligen Folgen seines Stillschweigens heimgesucht werden kann. Es herrscht zwar noch Streit darüber, wann dieses der Fall sei. Hierauf bezieht sich die bekannte Controverse über das Dogma von der *actio nata* und über die Richtigkeit des Satzes: *Agere non valenti non currit praescriptio.* In eine Discussion dieser weitläufigen Streitfrage kann selbstverständlich im Rahmen dieser Abhandlung nicht eingetreten werden. Nur so viel möchte ich bemerken, dass die Analyse der im vorigen Paragraphen aufgestellten Begriffsbestimmung der Verjährung als Aufhebung der Ansprüche in Folge dauernden Stillschweigens des Berechtigten, auch in dieser Streitfrage zu befriedigenden Resultaten führt und dadurch wieder die Richtigkeit der begrifflichen Auffassung derselben bekräftigt. Da nemlich nach meiner Auffassung der Verjährung der Inhalt der ihr zu Grunde liegenden rechtsaufhebenden Thatsache nicht in der Unterlassung der Ausübung des Anspruches, sondern in dem Stillschweigen besteht, welches der Berechtigte, der in der Lage ist, im Interesse seines Anspruches aufzutreten, beobachtet, so kann selbstverständlich die Verjährungszeit erst dann [und dann muss sie auch nothwendig beginnen], wenn der Berechtigte redend aufzutreten in der Lage ist, mag nun dieses Reden unmittelbar in der Klaganstellung bestehen, oder nur in einem, diese letztere ermöglichenden, in der Willkür des Berechtigten gelegenen anderweitigen Reden, wie z. B. in der Kündigung. Ich halte demnach das früher angeführte, von der neueren Lehre verworfene Axiom für richtig, wenn man unter *agere* nicht blos das Klagen versteht, sondern jedes, dieses vorbereitende Reden, dessen Unterlassung als Stillschweigen angerechnet werden kann. Dieses sei jedoch nur nebenbei bemerkt, denn für den Zweck dieser Untersuchung ist die Lösung der berührten Streitfrage nicht entscheidend. Für unseren Zweck handelt es sich vielmehr nur darum, festzustellen, dass wenigstens in gewissen Fällen nach Begründung eines Anspruches die gesetzliche Frist als Verjährungszeit noch nicht zu laufen beginnt, während sie als Existenzfrist aufgefasst [auch in solchen Fällen] sofort ihren Anfang nimmt.

II. Einem Anspruche, dessen Geltendmachung durch das Ausstehen einer aufschiebenden Bedingung suspendirt ist, läuft bekanntlich die Verjährungszeit erst von jenem Momente an, in welchem sich die Bedingung verwirklicht hat. Es gilt also im Punkte der Verjährung der Satz von der Retrotraction der erfüllten Bedingung nicht; denn es wäre offenbar gegen Recht und Billigkeit, dem Berechtigten Stillschweigen mit nachtheiligen Folgen für einen Zeitraum zur Last zu legen, wo er redend aufzutreten nicht in der Lage war.

Ganz anders steht aber die Sache bei der Befristung. Ist eine rechtserzeugende Thatsache mit Wirkung nur bis zu einem bestimmten Tage ausgestattet, dann ist es vollständig gleichgiltig, ob diese Wirkungen in sofortige Aktualität treten, oder ob die letztere noch von dem Eintritte eines ungewissen Umstandes abhängig gemacht wird: der dem Rechtsverhältnisse von Vornherein gesetzte Endtermin kann durch eine Verspätung des Eintrittes der Bedingung nicht hinausgeschoben werden, d. h. die Existenzfrist läuft schon von dem Tage der Begründung des bedingten Rechtes an und nicht erst vom Tage des Eintrittes der Bedingung. Wenn ich mich z. B. jemandem durch *pactum de mutuo dando* für drei Jahre von heute an verpflichte, ein Darlehen zu geben, aber nur unter der Bedingung, dass ich meinen Vetter beerbe, so läuft meinem Contrahenten die festgesetzte Frist nicht erst vom Todestage des zu Beerbenden an, sondern sofort. Was aber von dem vertragsmässig befristeten Rechte hinsichtlich der den Beginn des Fristenlaufes suspendirenden Kraft einer ausstehenden Bedingung gilt, das gilt selbstverständlich auch von dem *ex lege* befristeten Rechte; denn in der inneren Structur des Verhältnisses wird durch die Quelle der Temporalität kein Unterschied begründet.

Dieser Unterschied im Zeitpunkte des Beginnes des Fristenlaufes bei suspensiver Bedingtheit des Rechtes wird sich bei der von uns bezweckten Feststellung des Wesens der sogenannten Wechselverjährung als ein werthvolles Subsumtionskriterium erweisen. Bekanntlich kann sich nach Art. 21 Abs. 2 und Art. 22 Abs. 2 der a. W. O. der Bezogene auch unter einer Suspensivbedingung giltig durch Accept obligiren. Könnte nun, wovon später näher die Rede sein wird, nachgewiesen werden, dass auch in einem solchen Falle bedingten Acceptes die dreijährige Frist des Art. 77 der a. W. O., wie es eben dieser Artikel schlechtweg bestimmt, vom Verfallstage des Wechsels an läuft, und nicht erst vom Tage der Erfüllung der Bedingung an, dann wäre zweifelsohne eine wesentliche Hilfe zur Erkenntniss des wahren Wesens der betreffenden Fristbestimmung gewonnen.

III. Ein zweiter Fall, in welchem die Verjährungsfrist

nicht schon im Momente der Begründung des Anspruches, sondern erst von einem späteren Zeitpunkte an zu laufen beginnt, liegt dann vor, wenn dem betreffenden Anspruche von der Gegenseite Einreden entgegenstehen. Welche Einreden diese hinausschiebende Kraft haben, und welche nicht, ist bekanntlich controvers[38]); es kommt aber auf die Entscheidung dieser Streitfrage für unsere Untersuchung glücklicher Weise nichts an. Für die Lösung unseres Problemes genügt es nemlich, mit Sicherheit zu wissen, dass zum Mindesten die aus einem *pactum de non petendo intra certum tempus* zustehende Einrede den Beginn der Verjährungszeit auf den Zeitpunkt des Ablaufes dieses *certum tempus* hinausschiebt.

Ist nun dasselbe auch der Fall, wenn ein temporales Recht in Rede steht? Bei der Beantwortung dieser Frage ist davon auszugehen, dass ein Verschieben des Beginnes der Existenzfrist über den Tag des Rechtsbeginnes hinaus gleichbedeutend wäre mit dem Hinausrücken des prädestinirten Endtermines; und dass ein solches Hinausrücken der zeitlichen Schranke wieder identisch ist mit einer zeitlichen Vergrösserung des befristeten Rechtes. Da aber eine Vermehrung der Rechtswirkungen wieder nichts Anderes ist, als eine Erzeugung von Rechtswirkungen, so kann ein Hinausschieben des Endtermines, respective ein Verlegen des Fristbeginnes auf einen späteren Zeitpunkt als den des Rechtsbeginnes offenbar nur durch den Eintritt eines rechtserzeugenden Aktes herbeigeführt werden. Es läuft somit die Frage, ob die *exceptio non petendi intra certum tempus* den Fristbeginn bei Temporalität des Rechtes ebenso hinausschiebt, wie bei der Verjährung, darauf hinaus, ob ein *pactum de non petendo intra certum tempus* für den befristeten Anspruch

38) Vergl. Windscheid Pandekten B. I §. 109 Note 3.

rechtserzeugende Kraft besitzt? Diese Frage ist zu verneinen. Denn ein solches *pactum* ist zwar allerdings ein constitutiver Akt, aber nicht für das Recht des dasselbe concedirenden Gläubigers, sondern nur für den Schuldner, zu dessen Gunsten es die *exceptio pacti* erzeugt. Da nemlich in dem Stundungsvertrage nichts Anderes liegt, als die Erklärung, auf die Realisirung des Rechtes während des *certum tempus* verzichten zu wollen, so kann auch von einer durch Rechtserzeugung herbeigeführten Vermehrung des klägerischen Rechtes nicht die Rede sein. Es beginnt also im Falle der Temporalität eines Anspruches zum Unterschiede von der Verjährung eines solchen der Fristenlauf selbst dann schon im Momente der Begründung des Rechtes, wenn der Geltendmachung desselben auch vorderhand die *exceptio non petendi intra certum tempus* entgegensteht.

Damit aber das Vorstehende nicht missverstanden werde, muss demselben noch folgendes hinzugefügt werden. Ein Hinausrücken des Endtermines oder, was damit gleichbedeutend ist, eine Mehrung des *ex lege* befristeten Anspruches seiner zeitlichen Dauer nach ist, wo derselben nicht besondere Gründe entgegenstehen, im Wege der Parteienverabredung gewiss möglich. Hievon wird weiter unten näher die Rede sein, wo die Frage nach der Zulässigkeit der Beseitigung oder Verlängerung der Frist bei Verjährung und Befristung im Wege der Parteienberedung untersucht werden soll. Es wird sich zeigen, was auch schon hier einleuchten dürfte, dass in der Regel ein hierauf gerichteter Vertrag bei der Befristung giltig ist. Wie aber Verträge überhaupt, so kann auch ein solcher Vertrag sowohl ausdrücklich, wie auch durch concludente Handlungen geschlossen werden. Es steht nun ausser Zweifel, dass eine solche concludente Handlung auch in dem Abschlusse eines *pactum de non petendo intra certum tempus* gelegen sein kann. Es können nemlich die Parteien beim Abschlusse des Stundungsvertrages als selbstverständlich voraussetzen, dass das in Folge der Concession des Gläubigers vorne abgetrennte *certum tempus* an die Existenxfrist rückwärts anzufügen sei. Ein solcher übereinstimmender Wille wird insbesondere dann anzunehmen sein, wenn das gewährte *certum tempus* der Existenzfrist gleichkommt, oder dieselbe gar übersteigt. In einem solchen Falle wird dann allerdings durch das betreffende *pactum* der Fristbeginn hinausgeschoben, aber nur scheinbar. Denn in Wahrheit beginnt der Fristenlauf schon früher, und es liegt ein, allerdings nur durch concludente Handlung gesetzter, aber immerhin völlig selbständiger constitutiver Akt vor, durch welchen an die Stelle des kürzeren, *ex lege* befristeten Rechtes ein längerlebendes, vertragsmässig befristetes Recht gesetzt wird. Dass es aber auch in einem solchen Falle nicht das *pactum de non petendo* an sich ist, welches bei dem temporalen Rechte äusserlich dieselbe Wirkung hervorbringt, wie bei der Verjährung, dieses einzusehen und festzuhalten ist von grosser praktischer Bedeutung nach mehr als einer Seite hin. Die Thatsache des Abschlusses eines solchen *pactum* allein schiebt erstens den Fristbeginn noch nicht hinaus, sondern es muss von dem befristet Berechtigten, welcher sich der exceptivischen Geltendmachung des Fristablaufes gegenüber *replicando* auf den Abschluss eines *pactum de non petendo* beruft, noch besonders dargethan werden, dass anlässlich dieses *pactum* stillschweigend eine correspondirende, vertragsmässige Verlängerung des Rechtes stattgefunden habe. Wäre aber die eingewendete Frist als Verjährungsfrist zu behandeln, dann genügte schon der Nachweis des nackten Stundungsvertrages allein.

Zweitens: wenn der Schuldner, mit welchem das betreffende *pactum* abgeschlossen wurde, dispositionsunfähig war und nur erwerben, sich aber nicht verpflichten konnte, dann hat das *pactum* auch unter der Voraussetzung, dass die Parteien stillschweigend eine zeitliche Vermehrung des gestundeten Rechtes im Auge hatten, die angegebene Wirkung nicht, aus dem einfachen Grunde, weil der Schuldner einen ihn belastenden Vertrag nicht abschliessen konnte. In einem solchen Falle bleibt daher trotz des Prolongationsvertrages der ursprüngliche *dies ad quem* völlig unverrückt stehen. Im Falle aber, dass eine Verjährungsfrist in Frage steht, gereicht auch ein solcher Prolongationsvertrag, welcher mit einem dispositionsunfähigen Schuldner geschlossen wurde, dem Gläubiger insoferne zu Gunsten, als dadurch der Beginn der Verjährungszeit hinausgeschoben wird. Wenn drittens das befristete Recht nur durch Formalakt ins Leben gerufen werden kann (wie z. B. die Wechselobligation), dann kann auch der auf Verlängerung des Rechtes gerichtete Akt nur dann rechtswirksam sein, wenn die betreffende Form auch bei ihm beobachtet wurde, und es kann daher von einer Einkleidung dieses Aktes in ein formloses *pactum de non petendo* nicht die Rede sein. Ist endlich viertens das *ex lege* befristete Recht ein solches, dessen vertragsmässige Verlängerung durch besondere Gründe ausgeschlossen erscheint, (dass es solche Rechte gibt, wird sich weiter unten zeigen) dann hat bei der Unzulässigkeit jedes Augmentationsvertrages auch der in ein *pactum de non petendo* gekleidete keine Wirkung. In allen diesen Punkten stünde die Sache ganz anders, wenn das *pactum de non petendo* auf die Berechnung des Fristenlaufes bei der Temporalität denselben Einfluss hätte, wie bei der Verjährung.

Welch' grossen Dienst der im Vorstehenden aufgezeigte Unterschied bezüglich der Wirkung eines *pactum de non petendo* bei der Feststellung des wahren Wesens der sogenannten Wechselverjährung zu leisten vermag, liegt auf der Hand. Wenn sich nemlich nachweisen lässt, dass die betreffenden Fristen der a. W. O. durch ein *pactum de non petendo intra certum tempus* oder, wie man es beim Wechsel nennt, durch eine Prolongation in ihrem Beginne nicht gehindert werden, dann wird dieser Umstand sehr gewichtig zu Gunsten der Annahme der Befristung der Wechselobligation in die Wagschale fallen.

§ 4.

2. DER UNTERSCHIED ZWISCHEN VERJÄHRUNG UND GESETZLICHER BEFRISTUNG HINSICHTLICH DER HEMMBARKEIT DES FRISTENLAUFES.

I. Es kann bekanntlich vorkommen, dass schon zu Anfang oder erst im Verlaufe der Verjährung trotz des Vorhandenseins aller Bedingungen derselben dennoch gewisse Zeiträume in die Verjährungsfrist nicht eingerechnet werden, so dass, wenn endlich der Effekt der Verjährung eintritt, das normale Mass der Dauer der rechtsaufhebenden Thatsache weit überschritten ist, oder dass der Effekt der Verjährung ausbleibt, obwohl das regelmässige gesetzliche Mass bereits erfüllt ist. Die Sache kann sich nemlich so verhalten, dass dem Berechtigten, sei es in Folge individueller Hindernisse, wie z. B. seiner Minderjährigkeit, sei es in Folge eines allgemeinen Hindernisses, wie z. B. des Stillstandes der Rechtspflege, ein Bruch des Stillschweigens nicht wohl zugemuthet werden kann, und dass es demzufolge auch eine kaum zu rechtfertigende Härte des Gesetzes wäre, wenn ihm sein Stillschweigen während des Vorhandenseins des Hemmnisses mit nachtheiligen Folgen zugerechnet würde. Aus diesem Grunde wird nun auch das Stillschweigen des Berechtigten während gewisser Zeiträume seiner rechtsvernichtenden Kraft dadurch entkleidet, dass das Gesetz bestimmt, es sei jener Zeitraum, während dessen gewisse, den Bruch des Schweigens erschwerende oder völlig verhindernde Umstände obwalten, in die Verjährungszeit nicht einzurechnen. Bekanntlich bezeichnet man diese Erscheinug ganz passend als Ruhen oder Schlafen der Verjährung.

Es erhebt sich nun die Frage, ob dieselbe Erscheinung auch bei der Temporalität der Rechte vorkommt? D. h. ob aus den nemlichen Grunden, welche eine Hemmung des Laufes der Verjährungszeit herbeiführen, ein Aehnliches auch im Laufe der Existenzfrist eines terminlich beschränkten Rechtes eintreten kann? Diese Frage ist ohne Zweifel zu verneinen. Denn da das Wesen der Hemmung der Verjährung, wie bereits bemerkt wurde, darin besteht, dass eine in zeitlicher Extension sich vollziehende rechtsaufhebende Thatsache partiell ihrer vernichtenden Kraft entkleidet wird, und da es sich bei Temporalität des Rechtes, wie durch die vorausgegangene begriffliche Untersuchung festgestellt wurde, während des Laufes der Frist durchaus nicht um das Existentwerden einer rechtsaufhebenden Thatsache handelt, so kann auch von einem theilweisen Lahmlegen einer von Aussen her auf das Recht einwirkenden vernichtenden Kraft. d. h. von einem Ruhen im Laufe der Existenzfrist nicht die Rede sein. Zu diesem Resultate gelangt man auch noch auf einem anderen Wege. Wie die Verjährung im Allgemeinen zum guten Theile auf dem rechtspolitischen Gedanken beruht, dass dem continuirlich unthätigen Berechtigten kein schweres Unrecht widerfährt, wenn er in Berücksichtigung anderer Interessen seines Rechtes verlustig erklärt wird, so liegt auch im Besonderen dem Ruhen der Verjährung derselbe Gedanke nur in einer anderen Auffassung zu Grunde, dass nemlich Zeiträume des völlig unverschuldeten Unthätigseins nicht zum Nachtheile des Berechtigten in die Verjährungszeit einzurechnen seien. Da nun aber bei der Befristung eines Rechtes, wie sich aus der begrifflichen Untersuchung ergeben hat, die Unthätigkeit des Berechtigten zwar auch eine Rolle spielt, aber nicht als *causa efficiens* des Rechtsunterganges, sondern nur im Sinne des Unterbleibens der Consumtion des Anspruches als Conservirungsmittel, welches das befristete Recht bis zu seinem Todestage aufrecht erhält; und da es für den Fortbestand des Rechtes bis zu seinem Endtermine völlig gleichgiltig ist, durch welche Veranlassung derselbe ermöglicht wurde, ob durch entschuldbare oder nicht entschuldbare Säumniss des Berechtigten, so hat auch diese ganze Unterscheidung und mit ihr die auf derselben beruhende Hemmung des Fristenlaufes auf die Fälle der Rechtstemporalität keine Anwendung. Es gibt noch einen dritten Gesichtspunkt, welcher für das letztere spricht. Die Hemmung des Laufes der Existenzfrist eines temporalen Rechtes wäre gleichbedeutend mit einem Hinausrücken des Endtermines, und dieses wieder identisch mit einer Erstreckung der zeitlichen Extension des Rechtes oder mit einer nachträglichen Vermehrung jener Rechtswirkungen, welche durch die das betagte Recht erzeugende Thatsache nur in streng limitirtem Masse ins Dasein gerufen wurden. Vermehrtes Recht ist aber neues Recht, und solches kann lediglich durch eine neue rechtsbegründende Thatsache hervorgebracht werden. Da nun jene hindernden Umstände, welche eine Hemmung des Laufes der Verjährung bewirken, als rechtserzeugende Thatsachen unmöglich angesehen werden können, so sind sie auch unfähig in Form einer Hemmung des Laufes der Existenzfrist eines betagten Rechtes den Endtermin desselben hinauszuschieben. Es ist somit von verschiedenen Gesichtspunkten aus einleuchtend, dass ein Hinausrücken der zeitlichen Schranke, welche gewissen Rechten von ihrem Anbeginne an gesetzt ist, dadurch nicht herbeigeführt wird, dass der Berechtigte wegen gewisser Umstände in der Realisirung seines Anspruches behindert ist [39]).

Auch dieser praktische Unterschied zwischen Verjährung und Befristung eines Rechtes eignet sich als Prüfstein für das Wesen einer zweifelhaften Fristbestimmung. Wenn nemlich, sei es vermöge ausdrücklicher Bestimmung des Gesetzes, sei es in Berücksichtigung des Lebensbedürfnisses, bei der Sumsumtion einer Fristbestimmung zu constatiren ist, dass die bei der Verjährung als Hemmungsgründe wirkenden Umstände den Beginn oder Weiterlauf der betreffenden Frist nicht zu suspendiren vermögen, dann werden wir hierin ein deutliches Zeichen für das wahre Wesen der zu subsumirenden Fristbestimmung zu erblicken haben. Auch in diesem Punkte bietet uns bei der Eruirung der eigentlichen Natur der sogenannten Wechselverjährung das Gesetz selbst einen leicht fassbaren Anhaltspunkt, indem durch Art. 80 der a. W. O. jedwede Hemmung im Laufe der Frist als ausgeschlossen erscheint.

II. Im Vorstehenden ist der Versuch gemacht worden, auf rein logischem Wege aus der Analyse der beiden in Rede stehenden Rechtsbegriffe eine Verschiedenheit des Einflusses der Hemmungsgründe auf den Lauf der Frist abzu-

---

39) Dass die Bestimmungen des Gesetzes über Hemmung des Fristenlaufes auf den Fall zeitlicher Einschränkung der Rechte keine Anwendung finden, ist schon von verschiedenen Schriftstellern angedeutet worden, jedoch ohne nähere Begründung geblieben. Man vergl. Nippel Erläuterung B. IX S. 124, Winiwarter Commentar B. V S. 130, Perthaler Zeitschrift f. öst. Rechtsgelehrs. Jg. 1842 B. II S. 52, Unger System B. II §. 104 Note 77, Kirchstetter Commentar S. 699, Heydemann Einleitung in das preuss. Privatrecht II B. S. 96, Dernburg Preuss. Privatrecht B. I §. 165, Vazeille *Traité des prescriptions* No. 258 und Troplong *De la prescriptions* B. I No. 27 und 1038.

leiten. Es lässt sich aber auch vom materiellen Gesichtspunkte des Verkehrsbedürfnisses aus darthun, dass die Anwendung der Grundsätze über die Hemmung der Verjährung auf den Lauf der Legalfrist eines betagten Rechtes deshalb ausgeschlossen werden muss, weil dadurch diejenigen rechtspolitischen Zwecke vereitelt würden, welche den Gesetzgeber bewegen, in manchen Fällen anstatt der Verjährung eines Rechtes Befristung desselben zu statuiren. Von dem Unterschiede im rechtspolitischen Grunde wird erst weiter unten zusammenhängend die Rede sein. Hier sei nur so viel bemerkt, dass die uneingeschränkte Dauer mancher juristischen Situation für den Verpflichteten ganz unerträglich wäre[40]), und dass es, um ihn aus seiner ungewissen Rechtslage zu befreien, zweckentsprechender erscheint, derselben von Vornherein einen festen Endtermin zu setzen anstatt ihr Ende auf dem Wege der Verjährung vom subjektiven Verhalten des Berechtigten abhängig zu machen. Aus diesem Grunde könnte auch ein Hinausrücken des praedestinirten Endtermines in Folge der in der Regel in persönlichen Verhältnissen des Berechtigten beruhenden Hemmungsgründe nur auf Kosten des ganzen rechtspolitischen Zweckes der gesetzlichen Befristung eines Rechtes möglich sein, und muss daher im Allgemeinen als ausgeschlossen hingestellt werden. Dieser grundsätzliche Standpunkt braucht jedoch den Gesetzgeber nicht zu hindern, das Interesse des an der Realisirung seines

---

40) Man denke beispielsweise an den Fall des Zweifels an der ehelichen Geburt eines Kindes [§. 156—158 des a. b. G. B.], oder an die verschiedenen Fälle, wo an die scheinbar erledigte Geschäftsobligation, ohne Willen und Wissen der Parteien, *ex lege* gewisse verborgene Rechtsbeziehungen sich ballastartig anhängen, wie Gewährsleistungs- und Evictionspflicht [§. 933], Ersatzpflicht wegen Beschädigung der restituirten *res deposita* [§. 967], *res commodata* [§. 982], *res locata* [§. 1111 des a. b. G. B.] und dergl.

temporalen Anspruches gehinderten Berechtigten ausnahmsweise vor demjenigen des in einer ungewissen Rechtslage schwebenden Schuldners zu berücksichtigen. Denn es lässt sich nicht ignoriren, dass das strikte Festhalten an dem temporalen Charakter eines Rechtes, welches zur Ausschliesung der Hemmungsgrundsätze führt, ohne Frage den Berechtigten unter Umständen sehr hart treffen kann. Die Rechtsordnung tritt gewissermassen mit sich selbst in Widerspruch, wenn sie einerseits ein Recht nur unter der Voraussetzung gibt, dass dasselbe innerhalb einer bestimmten Frist realisirt wird, und andererseits in diese Frist auch einen Zeitraum einrechnet, während dessen das Recht absolut nicht geltend gemacht werden kann, wie im Falle eines allgemeinen Justitiums. In einer derartigen Situation wird die rechtspolitische Erwägung Platz zu greifen haben, ob es billiger sei, diejenigen Interessen ausnahmsweise hintanzusetzen, deren Berücksichtigung die *ratio juris* der gesetzlichen Befristung eines Rechtes bildet, oder ob es angemessen erscheint, auch unter diesen abnormalen Umständen an der Unverrückbarkeit des zeitlichen Limitos feslzuhalten und das Risico allgemeiner Calamitäten dem Berechtigten aufzuladen. Sollte das gegenseitige Abwägen zu Gunsten des befristet Berechtigten ausschlagen, dann stehen drei Wege zur Wahrnehmung seines Interesses offen.

Der Gesetzgeber kann von Fall zu Fall helfen, indem er vor oder kurz nach Eintritt der allgemeinen Verkehrsstörung ein Gesetz erlässt, welches den Lauf aller Fristen bis auf Weiteres suspendirt. Von diesem Mittel ist bekanntlich in unserer Zeit wiederholt Gebrauch gemacht worden, und es scheint mir dasselbe als das zweckdienlichste von allen. Der Gesetzgeber kann zweitens in einem allgemeinen Rechtssatze schon im Vorhinein feststellen, in welchen Fällen dem

Berechtigten durch eine *Restitutio in integrum* geholfen werden soll, und es im einzelnen Falle der richterlichen Cognition überlassen, in gegenseitiger Abschätzung der collidirenden Interessen die Wiedereinsetzung zuzulassen oder auszuschliessen. Drittens endlich kann dem Berechtigten dadurch geholfen werden, dass kraft allgemeinen Rechtssatzes die Existenzfrist seines Anspruches nicht als *tempus continuum*, sondern nur als *tempus utile* berechnet wird. So war es bekanntlich bei den *actiones temporales* des älteren römischen Rechtes, und ist es heute bei manchen Processfristen wie bei manchen materiellrechtlichen Präclusivfristen, so z. B. bei Berechnung der Protestfristen nach Art. 92 der a. W. O.

§. 5.

3. DER UNTERSCHIED ZWISCHEN VERJAHRUNG UND GESETZLICHER BEFRISTUNG HINSICHTLICH DER UNTERBRECHBARKEIT DES FRISTENLAUFES.

I. Was man unter Unterbrechung im Gegensatze zur blossen Hemmung der Verjährung zu verstehen hat, ist bekannt. Während beim Eintritte eines Hemmungsgrundes der bis dahin verstrichene Theil der Frist seine, vorderhand noch unzureichende rechtsvernichtende Kraft behält, so dass nach Wegfall des Hindernisses nur mehr der Rest der Frist abzulaufen braucht, wirkt ein Unterbrechungsgrund viel durchgreifender. Es wird nemlich der bis zu seinem Eintritte abgelaufene Theil der Frist seiner vernichtenden Kraft völlig entkleidet, so dass die ganze Frist in ihrer ursprünglichen Länge aufs Neue zu laufen beginnen muss. Wir stehen nun vor der Frage, ob bezüglich einer solchen Interruption ein Unterschied zwischen Verjährung und Temporalität der Rechte besteht, oder ob dieselben Thatsachen, welche bei der ersteren in der eben angegebenen Weise auf den Fristenlauf einwirken, denselben Einfluss auch bei der letzteren ausüben? Bevor in Beantwortung dieser Frage der Einfluss der einzelnen Unterbrechungsgründe auf den Lauf der Legalfrist eines betagten Rechtes in Untersuchung gezogen wird, müssen vorerst einige principielle Gesichtspunkte festgestellt werden über den Zusammenhang zwischen der Unterbrechbarkeit des Fristenlaufes und dem Wesen der in Rede stehenden beiden Rechtsbegriffe.

Dass bei der Verjährung die Möglichkeit einer Unterbrechung nicht etwas Zufälliges ist, was gegeben, aber auch nicht gegeben sein kann, sondern dass die Unterbrechbarkeit des Fristenlaufes mit dem Wesen der Verjährung in so innigem Zusammenhange steht, dass ohne dieselbe die Verjährung ihren eigentlichen Charakter völlig einbüssen und in eine zeitliche Beschränkung der Rechte sich umwandeln würde, das ist bereits anlässlich der Untersuchung des begrifflichen Unterschiedes zwischen Verjährung und Befristung dargelegt worden[41]. Wir haben nemlich gesehen, dass im Falle der Unmöglichkeit, die Verjährungsfrist zu unterbrechen, kein Mittel vorhanden wäre, den drohenden Effekt des Fristablaufes abzuwenden; dass in Folge dessen dem Rechte mit dem Ende der Verjährungszeit ein sicherer Untergang vorherbestimmt, und daher in der Länge der Verjährungsfrist immer zugleich auch das Mass für die Existenzfähigkeit des Rechtes selbst zu erblicken wäre. Nur dadurch, dass der Gesetzgeber in einer Reihe von sogenannten Unterbrechungsgründen dem Berechtigten Mittel an die Hand gibt, durch deren rechtzeitig wiederholten Gebrauch er den Bestand seines Rechtes für alle Zeiten erhalten kann, nur dadurch wird es möglich, das verjährbare Recht an sich als zeitlich uneingeschränkt aufzufassen, und in der continuirlichen Nichtvornahme der betreffenden Schutzmassregeln eine besondere Aufhebungsart der Rechte, nemlich die Verjährung zu erblicken.

Es dürfte nun ohne weiters einleuchten, dass dieser *in*

41) Vergl. S. 46, 47 und 52 dieser Abhandlung.

abstracto obwaltende innige Zusammenhang zwischen Verjährung und Unterbrechbarkeit derselben auch in concreten Fällen zum Ausdrucke gelangen und als Grundlage für die Subsumtion einer zweifelhaften Fristbestimmung zu fungiren geeignet sein muss. Geht nemlich nach Ablauf einer fraglichen Frist das Recht nicht in jedem Falle, sondern nur unter der Voraussetzung unter, dass der Berechtigte die Frist ohne die Herbeiführung eines Unterbrechungsgrundes hat verstreichen lassen, dann ist damit zugleich offenbar, dass das betreffende Recht in seiner Existenzfähigkeit von Natur aus unbeschränkt, und die Ursache seines Unterganges ausserhalb desselben, nemlich in der Thatsache der beharrlichen Unthätigkeit des Berechtigten gelegen ist. Nicht das Recht selbst erscheint als Gegenstand des zeitlichen Masses, sondern nur die Unthätigkeit, das Schweigen des Berechtigten. Es bildet sonach die Unterbrechbarkeit des Fristenlaufes auch *in concreto* ein Erkennungsmerkmal für das Vorhandensein eines Verjährungsfalles.

Was wir soeben über den innigen Zusammenhang zwischen dem Wesen der Verjährung und der Unterbrechbarkeit ihrer Frist erfahren haben, legt uns die Frage nahe, ob umgekehrt bei der Befristung eines Rechtes ein ebenso inniger Zusammenhang besteht zwischen dem Wesen derselben und der Nichtunterbrechbarkeit des Laufes der Existenzfrist? Bei der Beantwortung dieser Frage wird vor Allem festzustellen sein, was die Unterbrechung der Frist im Falle der Temporalität des Rechtes eigentlich zu bedeuten hätte. Es ist nach all dem, was über das Wesen der Rechtsbefristung bereits gesagt wurde, ohne weiters klar, dass, wenn die Existenzfrist einmal zu laufen begonnen hat, jeder spätere Neubeginn der Frist identisch wäre mit einem Hinausrücken der terminlichen Schranke. Ebenso einleuchtend ist es, dass jede

Erweiterung des Termines gleichbedeutend ist mit einer Vermehrung jener Rechtswirkungen, welche der den betagten Anspruch begründende Thatbestand nur in streng limitirtem Masse hervorzurufen die Kraft hatte. Eine Vermehrung von Rechtswirkungen aber ist wieder nichts Anderes als eine Erzeugung von solchen, und es wäre demnach jedes Hinausrücken des Endtermines auf dem Wege der Unterbrechung des Fristenlaufes mit dem Eintritte einer neuen rechtsbegründenden Thatsache vollständig gleichbedeutend. Dass während des Laufes der Lebenszeit eines befristeten Rechtes eine rechtsbegründende Thatsache eintritt, welche, wie z. B, ein Constitutum, neben dem alten ein elektiv concurrirendes neues Recht, oder, wie z. B. die Novation, an Stelle des alten Rechtes ein neues ins Dasein ruft, ist nun allerdings möglich; es ist auch ferner möglich, dass in einem solchen Falle der Begründung eines neuen Rechtes neben oder an Stelle des alten auch die alte Temporalität auf das neue Recht übertragen wird, und dass in Folge dessen vom Datum des constitutiven Aktes an auch die alte Frist von Neuem zu laufen beginnt, ähnlich wie im Falle der unterbrochenen Verjährung. Dass aber auch in einem solchen Falle trotz der äusserlichen Aehnlichkeit eine mit der Unterbrechung der Verjährung identische oder auch nur analoge Erscheinung nicht vorliegt, lässt sich leicht beweisen. Es besteht nemlich zwischen den beiden äusserlich verwandten Erscheinungen ein fundamentaler Unterschied darin, dass diejenigen Akte, welche bei Temporalität des Rechtes den neuen Fristenlauf hervorrufen, rechtsbegründender Natur sind, während denjenigen Akten, welche die Verjährung unterbrechen, in ihrer Function als Unterbrechungsgründe jedwede rechtserzeugende Kraft mangelt. Schon eine flüchtige Musterung derjenigen Gründe, aus welchen eine Unterbrechung der Verjährung stattfindet, vermag zu zeigen, dass, um eine solche herbeizuführen, eine rechtserzeugende Thatsache durchaus nicht nothwendig ist. Bewirken doch z. B. Abschlagszahlung und Zinsenzahlung, bei denen der Mangel rechtsbegründender Kraft offen liegt [42]), nichtsdestoweniger eine Interruption der Verjährung. Aber auch z. B. Constitutum, Bürgen- und Pfandbestellung, welche ihrer Natur nach zwar rechtsbegründende Akte sind, kommen bei der Unterbrechung der Verjährung doch nicht als solche in Betracht; denn sie führen die Interruption vollwirksam auch dann herbei, wenn ihnen wegen eines Nichtigkeitsgrundes die eigene rechtserzeugende Kraft vollständig mangelt. Es wird sonach bei der Unterbrechung der Verjährung nicht das Mindeste an neuen Rechtswirkungen erzeugt. Eine Vermehrung der Wirkungen des Aktes, welcher das verjährbare Recht begründete, in ihrer zeitlichen Extension wäre auch vollständig überflüssig, denn dieselben sind ja ohnedies zeitlich uneingeschränkt. Die Unterbrechungsgründe der Verjährung sind also nicht rechts*erzeugender*, sondern nur rechts*schützender* oder *erhaltender* Natur; sie verhindern nemlich den Eintritt der im continuirlichen Stillschweigen des Berechtigten bestehenden rechtsaufhebenden Thatsache. Etwas an sich zu immerwährendem Bestande Kräftiges gegen einen vernichtenden Einfluss von Aussen schützen ist aber offenbar etwas ganz Anderes, als die Neubegründung desselben.

II. Nachdem im Vorstehenden die allgemeinen Gesichtspunkte aufgezeigt worden sind, von denen aus die Unter-

---

42) Es ist hier selbstverständlich nur von dem Mangel rechtserzeugender Kraft hinsichtlich des verjährbaren Rechtes die Rede. Dass Abschlags- und Zinsenzahlung nach einer anderen Seite hin, wie hinsichtlich der Begründung des Eigenthums an dem *solvendi causa* Hingegebenen, auch rechtserzeugender Natur sind, bleibt natürlich unbezweifelt.

brechbarkeit des Fristenlaufes bei Verjährung und Rechtstemporalität principiell beurtheilt werden muss, und nachdem wir insbesondere klar gelegt haben, wie nur in ganz uneigentlichem Sinne von einer Unterbrechung des Laufes der Existenzfrist eines betagten Rechtes die Rede sein könne, ist nunmehr die Frage in nähere Erörterung zu ziehen, ob diejenigen Thatsachen, welche den Lauf der Verjährung unterbrechen, eine wenigstens äusserlich ähnliche Wirkung [im angedeuteten uneigentlichen Sinne] auch auf den Lauf der Existenzfrist eines betagten Rechtes hervorbringen. Diese Frage ist nach dem Einblicke, welchen wir auf Grund des *sub* I Gesagten in die Sache gewonnen haben, richtiger so zu formuliren: Haben diejenigen Thatsachen, welchen das Gesetz für die Verjährung interrumpirende Wirkung beilegt, die nöthige rechtsbegründende Kraft, um neben oder an Stelle des befristeten Rechtes ein neues Recht ins Dasein zu rufen? Und wenn dies der Fall ist, wodurch unterscheidet sich dann praktisch der Neubeginn der Existenzfrist von jenem der unterbrochenen Verjährungsfrist? In dieser Richtung sollen nun die einzelnen Unterbrechungsgründe der Reihe nach untersucht werden. Bekanntlich theilt man dieselben in zwei grössere Gruppen ein: die erste umfasst eine Reihe von aussergerichtlichen Akten, welche man als Fälle der Anerkennung des in Verjährung begriffenen Rechtes zu bezeichnen pflegt; die zweite dagegen gewisse gerichtliche Akte, nemlich die Klagbarmachung des Rechtes und einige Surrogate der Klaganstellung. Es soll nun zunächst von den verschiedenen, in die erste Gruppe gehörigen Fällen der sogenannten Anerkennung die Rede sein.

1. Wenn der Schuldner ein erneutes Zahlungsversprechen abgibt, ein Constitutum vorliegt, so wird durch dasselbe, wenn alle gesetzlichen Erfordernisse eines solchen

Rechtsgeschäftes vorhanden sind, und anlässlich desselben eine ausdrückliche oder mittelst desselben eine stillschweigende Anerkennung des constituirten, bereits in Verjährung begriffenen Rechtes stattfindet, nicht allein der Lauf der Verjährung unterbrochen, sondern es wird auch noch neben dem alten Rechte, welchem die Verjährungsfrist neu zu laufen beginnt, ein mit demselben concurrirendes neues Recht hervorgerufen. Das Constitutum hat demnach nicht blos die Bedeutung eines Unterbrechungsgrundes, sondern es ist auch an und für sich ein rechtserzeugender Akt[43]). Aus diesem Grunde nun hat ein Constitutum mit Rücksicht auf das früher Ausgeführte auch auf den Lauf der Existenzfrist eines betagten Rechtes scheinbar interrumpirenden Einfluss. Aber eben nur scheinbar. In Wahrheit beginnt nemlich für das ältere Recht die zum Theile schon verstrichene Frist nicht von Neuem zu laufen, sondern der prädestinirte Todestag desselben bleibt völlig unverrückt; nur kann der Berechtigte in Folge des Constitutums dem Herannahen dieses Tages in der Regel mit Ruhe entgegen sehen, da er ja aus dem erneuten Zahlungsversprechen ein zweites Recht erworben hat, welches den Todestag des älteren Rechtes überlebt[44]). Ich sage aber nur: in der Regel; denn es sind Fälle denkbar, in welchen trotz des Constitutums der alte *dies supremus* für das Interesse des Berechtigten noch immer von Bedeutung bleibt. Die Betrachtung dieser Fälle wird uns zugleich die

43) Dass auch ein nichtiges Constitutum, welchem die eigene rechtsbegründende Kraft gänzlich fehlt, in Folge der anlässlich der Abgabe desselben ausdrücklich oder stillschweigend geleisteten Anerkennung der bestehenden Schuld dennoch interrumpirende Kraft besitzt, ist bereits oben bemerkt worden, wo davon die Rede war, dass die von der Rechtsordnung als Unterbrechungsgründe der Verjährung statuirten Thatsachen in dieser Function der rechtserzeugenden Kraft vollständig entbehren.

44) Vergl. l. 18 §. 1 D. 13, 5. Von dieser Quellenstelle wird noch weiter unten näher die Rede sein.

Gelegenheit bieten, auf die praktischen Unterschiede hinzuweisen, die trotz des Beginns des Laufes einer neuen Existenzfrist zwischen diesem Falle und der Unterbrechung der Verjährung bestehen.

Der erste Fall, in welchem trotz des Constitutes der alte *dies* von Bedeutung bleibt, ist dann vorhanden, wenn mit dem älteren, dem sogenannten constituirten Rechte, accessorische Rechte aus Bürgen- und Pfandbestellung verbunden waren. Da diese durch den Constituenten allein nicht ohne weiters zur Sicherung des Constitutsanspruches auf diesen übertragen, resp. neu bestellt werden können, so entbehrt dieser letztere in der Regel der accessorischen Rechte. Diese gehen daher als solche schon mit dem alten *dies* unter, und nicht erst mit dem Ablaufe der neueröffneten Frist, welche dem Constitutsanspruche läuft. Der Berechtigte hat daher ungeachtet des ihm geleisteten Constitutums noch immer grosses Interesse daran, den ursprünglichen *dies ad quem* nicht zu versäumen. Wäre hingegen das constituirte Recht nicht befristet, sondern verjährbar, so wäre es auch mit den accessorischen Rechten ganz anders. In diesem Falle würde auch dem älteren Rechte die ganze ursprüngliche Frist neu zu laufen beginnen, und die mit ihm verbundenen accessorischen Rechte würden in Folge dessen ebenso lange dauern wie der neue Constitutsanspruch, obwohl sie nicht für diesen, sondern nur für den constituirten Anspruch bestehen. Die praktische Tragweite dieses Unterschiedes lässt sich an einem Beispiele leicht demonstriren. Der §. 1111 des öst. a. b. G. B. bestimmt folgendes: „Wird das Mieth- oder Pachtstück beschädigt, oder durch Missbrauch abgenützt, so haften Miether und Pächter. Doch muss der Bestandgeber den Ersatz aus dieser Haftung längstens binnen Einem Jahre nach Zurückstellung des Bestandstückes gerichtlich fordern, sonst ist das Recht erloschen.“ Ob diese Bestimmung eine einjährige Verjährung oder eine einjährige Befristung zum Inhalte hat, darauf kommt unter Umständen sehr viel an. Nehmen wir an, es hätte sich X für den Miether schon bei Abschluss des Miethvertrages wegen einer allfälligen Ersatzpflicht verbürgt. Ein halbes Jahr nach Endigung der Miethe und Rückgabe des Miethobjektes constituirt der Miether ohne Intervention des X seine Schuld aus einer mittlerweile entdeckten Beschädigung. Drei Viertel Jahr nach dem Constitutum tritt der Vermiether klagbar gegen den Bürgen X auf. Erfolg oder Abweisung dieser Klage hängt nun, unter der Voraussetzung, dass das Begehren sonst gehörig begründet ist, einzig und allein davon ab, ob man die Bestimmung des §. 1111 als Verjährungs- oder als Befristungsfall auffasst.

Die Darstellung des zweiten Falles, in welchem trotz eines Constitutums der *dies* des älteren befristeten Rechtes von Wichtigkeit bleibt, macht ein etwas weiteres Ausholen nothwendig. Einer der Hauptsätze hinsichtlich der Beurtheilung eines Constitutums geht bekanntlich dahin, dass, falls die Parteien nicht etwas Anderes besonders bereden, die Constitutsschuld völlig denselben Inhalt habe, wie die constituirte Schuld. Gilt nun dieser Satz nur bezüglich des Schuldobjectes, der Zeit und des Ortes der Erfüllung u. s. w., oder gilt er auch hinsichtlich der zeitlichen Extension des älteren Schuldverhältnisses, so dass, wenn dieses durch gesetzlichen *dies ad quem* beschränkt war, auch die Constitutsschuld den befristeten Charakter an sich trägt? Diese Frage wird in der bekannten *l. 18 §. 1 D. 13, 5* verneint: „*Quod adicitur: ‚eamque pecuniam cum constituebatur debitam fuisse‘, interpretationem pleniorem e igit. Nam primum illud efficit, ut, si quid tunc debitum fuit cum constitueretur, nunc non sit, nihilo minus teneat constitutum, quia retrorsum se actio refert.*

Proinde temporali actione obligatum constituendo Celsus et Julianus scribunt teneri debere, licet post constitutum dies temporalis actionis exierit. Quare et si post tempus obligationis se soluturum constituerit, adhuc idem Julianus putat, quoniam eo tempore constituit, quo erat obligatio, licet in id tempus quo non tenebatur." Die „ausdehnende Interpretation", welche Ulpian in dieser Stelle den von ihm citirten Edictsworten [45]) angedeihen lässt, besteht darin, dass er meint, aus denselben folge nicht allein, es müsse zur Zeit des Abschlusses des Constitutum ein Debitum existirt haben, sondern auch, es genüge für die Giltigkeit des Constitutum, wenn auch nur beim Abschlusse, und nicht auch bei der Geltendmachung des Anspruches aus dem Constitute jenes Requisit vorhanden war [46]). Aus dieser Interpretation und aus dem Umstande, dass Ulpian von einer Befristung der Constitutsschuld mit keinem Worte Erwähnung thut, ergibt sich, dass nach der Ansicht dieses Juristen die *actio constitutoria* eine *perpetua actio* auch dann ist, wenn sie eine *actio temporalis* zur Grundlage hat, und dass die erstere *die temporalis actionis exeunte* nicht mit untergeht. Ich halte diese Ansicht nur als Regel für richtig, nicht aber als Axiom, und betrachte die ganze Frage, wie sich die Constitutsschuld hinsichtlich ihrer zeitlichen Dauer zur constituirten Schuld verhalte, als eine Sache der Interpretation des Parteienwillens und glaube, dass dieses Verhältniss von dreifacher Art sein kann. Zu Gunsten der Ansicht, dass die Constitutsschuld in der Regel als unbefristet anzusehen sei, spricht folgendes. Der Constituts-Vertrag ist erstens, wie jeder Vertrag, wenn die Contrahenten nicht einen *dies ad quem*

45) Nach Schlesinger Formalcontracte S. 143 wären dies Formelworte.

46) Vergl. Demelius Untersuchungen S. 74.

besonders festsetzen, ein, zeitlich unbeschränkte Rechtswirkungen erzeugender, constitutiver Akt, und es trägt daher das erneute Zahlungsversprechen die Unkraft der die befristete constituirte Schuld begründenden Thatsache nicht an sich. Zweitens ist anzunehmen, dass das erneute Zahlungsversprechen in der Regel nicht so auszulegen sein wird, der Schuldner wolle nur so lange zahlen, als die Existenz der Hauptschuld reicht; sondern dass der Schuldner, wenn ein anderer Wille nicht ausdrücklich erklärt oder aus den Umständen zu subintelligiren ist, sein Versprechen schlechthin abgibt dahin, das zahlen zu wollen, was er zur Zeit des Constitutsabschlusses schuldig ist. Eine stillschweigende Herübernahme der zeitlichen Schranke wird nemlich in der Regel nicht anzunehmen sein, weil es dem Parteienwillen wohl ferne liegt, Rechtswirkungen, welche sich schon in einer einmaligen Ausübung erschöpfen und deren zeitliches Limito daher den ökonomischen Werth des Rechtes nicht beeinflusst, von vornherein ein Ende zu setzen[47]. Aus diesen Gründen erscheint es daher als Regel richtig, dass die auf Grund einer gesetzlich befristeten Hauptschuld errichtete Constitutsschuld zeitlich uneingeschränkt ist.

Ausnahmsweise kann es aber auch vorkommen, dass die Parteien die zeitliche Schranke, welche dem constituirten Anspruche anhaftet, zwar nicht ausdrücklich auf den Constitutsanspruch herübernehmen, jedoch eine solche Herübernahme des alten *dies* als stillschweigend im Willen der Parteien gelegen subintelligirt werden muss. Die Befristung des neuen Anspruches auf diesem Wege ist

---

47) Welche Gründe den Gesetzgeber hiezu veranlassen können, davon wird weiter unten bei der Erörterung des Unterschiedes im rechtspolitischen Grunde der Verjährung und der gesetzlichen Befristung die Rede sein.

wieder in doppelter Weise möglich: das neue Recht entsteht entweder nur für die Dauer des Restes der Lebenszeit des alten Rechtes, so dass der alte legale *dies* und der neue pactirte *dies* in demselben Zeitpunkte eintreten, und demzufolge das alte und das neue Recht zugleich erlöschen; oder der Constitutsanspruch entsteht für die ganze Dauer der ursprünglichen Legalfrist, so dass der neue pactirte *dies* um ebensoviel später fällt wie der gesetzliche *dies*, als von der Legalfrist im Momente des Abschlusses des Constitutums an Zeit bereits verstrichen war.

Wann nun die früher als Regel bezeichnete Perpetuation des Anspruches, und wann die eine oder die andere der beiden Ausnahmen als im Willen der Parteien gelegen anzunehmen sei, kann im Allgemeinen nicht mit Bestimmtheit angegeben werden; es kommt eben auf die concreten Umstände an, welche als Grundlage für die Interpretation oder Ergänzung des Parteienwillens zu benützen sind. Eines lässt sich jedoch als Richtschnur mit ziemlicher Sicherheit schon im Allgemeinen sagen, nemlich, dass darauf sehr viel ankommen wird, ob die Schuld bei ihrer Constituirung liquid gestellt wird oder nicht. Ein Beispiel möge veranschaulichen was ich hiemit meine. Nehmen wir an, die Frist des §. 1111 des a. b. G. B., welche schon früher einmal erwähnt wurde [48]), statuire einen Fall von Rechtstemporalität, und setzen wir den Fall, es habe innerhalb eines Jahres nach Zurückstellung des Miethsobjektes ein auf Erfüllung der Schadensersatzpflicht gerichtetes Constitutum unter genauer Fixirung der Ziffer des Ersatzbetrages stattgefunden. Ist in einem solchen Falle ein *dies ad quem* nicht ausdrücklich pactirt worden, dann dürfte er als stillschweigend gewollt wohl kaum supponirt werden. Denn es ist nicht einzusehen, warum die

48) Siehe oben S. 104.

vertragsmässig übernommene und genau fixirte Zahlungspflicht eine zeitliche Schranke tragen soll. Wenn wir aber den Fall so setzen, dass der Miether ohne Liquidstellung seiner Schuld in folgender Weise constituirt: „Ich werde allen denjenigen Schaden begleichen, welcher aus der angeblichen Beschädigung erwachsen sein sollte", dann wäre nicht einzusehen, warum er in Folge dieser Erklärung *in aeternum* in dem ungewissen Schwebezustande erhalten bleiben soll, welchen der Gesetzgeber aus guten Gründen durch den §. 1111 zeitlich eingeschränkt hat. Der Wille des Promittenten ist sicherlich nicht darauf gerichtet, und auf diesen kommt es ja an. Wenn nun stillschweigende Befristung des Constitutsanspruches billiger Weise anzunehmen ist, so erhebt sich wieder die Frage, ob die ganze Legalfrist von Neuem zu laufen beginne, oder ob die Constitutsschuld nur für den Rest der gesetzlichen Frist entstehe. Ich halte das Letztere für das Richtige. Denn wenn man es auf die Billigkeit und auf den wahrscheinlichen Willen der Constituenten stellt, und auf diese Weise eine stillschweigende Herübernahme des alten *dies* überhaupt annimmt, dann muss man consequenter Weise auch die zeitliche Congruenz des pactirten mit dem legalen *dies* annehmen, weil nicht einzusehen ist, warum ein Constitutum, welches nach keiner Seite hin Klarheit und Gewissheit in die zweifelhafte Situation bringt, den ehemaligen Miether von Neuem ein volles Jahr lang in dem peinlichen Schwebezusand erhalten soll. Es wird also gerade derjenige Fall, in welchem in Folge des Constitutums die ganze Frist aufs Neue zu laufen beginnt, und wo wenigstens dem äusseren Anscheine nach eine der Unterbrechung der Verjährung analoge Erscheinung vorläge, in Wirklichkeit kaum je vorkommen; es bleibt vielmehr trotz des Constitutes der alte legale *dies* entweder unverrückt stehen, oder es erfolgt eine Perpetuation des Anspruches, welche ihn von jeder zeitlichen Fessel vollständig befreit. Da sich demnach im Falle der Temporalität eines Rechtes an ein erneutes Zahlungsversprechen ein neuer Fristenlauf entweder gar nicht knüpft, oder nur der Lauf der allgemeinen dreissigjährigen Verjährung, [denn der perpetuirte Anspruch unterliegt von nun an nur mehr der allgemeinen Verjährung,] so bringt ein Constitut nicht einmal dem äusseren Scheine nach auf den Lauf der Existenzfrist eines betagten Rechtes eine der Unterbrechung der Verjährung vergleichbare Wirkung hervor[49]. — Auch das im Vorstehenden gewonnene Resultat bietet Aussicht auf die Verwendbarkeit desselben als Subsumtionskriterium. Könnte nemlich nachgewiesen werden, dass der Lauf der sogenannten Wechselverjährung durch die Abgabe eines Erfüllungsversprechens von Seite des Wechselschuldners nicht unterbrochen wird, dann wäre dieser Umstand nicht blos ein gewichtiges Argument gegen das Vorhandensein echter Verjährung, sondern er spräche zugleich deutlich für die Temporalität der Wechselobligation.

2. Völlig in derselben Weise wie das Constitutum wirkt die accessorische Stipulation, unter welcher man bekanntlich den mit dem erneuten Erfüllungsversprechen sehr verwandten Fall versteht, wenn der Schuldner dasjenige wiederholt verspricht, was er bereits schuldig ist. Ist ja dieses Geschäft dem Constitutum so sehr ähnlich, dass man es erst in neuerer Zeit von demselben zu unterscheiden begonnen hat, und dass manche Schriftsteller einen Unterschied zwischen

49) Dass bei einer *actio temporalis* das Constitutum nicht fristunterbrechende Wirkung hat, sondern nur neben dem unverändert fortbestehenden temporalen Recht eine *actio perpetua* erzeugt, findet sich ausgesprochen bei Demelius a. a. O. S. 63: „Für das alte Recht wirkt das Geschäft nicht unterbrechend. Es setzt an die Stelle (soll wohl heissen neben) der hinfälligen *actio temporalis* ein neues dauerndes Verhältniss.“

dem Constitutum und der sogenannten accessorischen Stipulation gar nicht zugeben wollen [50]).

3. Was nun den eigentlichen, reinen Anerkennungsvertrag anbetrifft, so ist die Tragweite eines solchen in der hier zu erörternden Frage, so sehr dieselbe im Allgemeinen auch streitig ist, leicht zu beurtheilen; denn man gelangt zu demselben Resultate, mag man nach der älteren Ansicht im Anerkennungsvertrage nur ein aussergerichtliches Geständniss, oder nach der neueren Ansicht einen dispositiven, rechtsgeschäftlichen Akt erblicken [51]), nach beiden Ansichten wird durch den Anerkennungsvertrag nur die processualische Seite des Rechtsverhältnisses, nicht aber dessen materielle Seite tangirt; stofflicher Inhalt wie zeitlicher Umfang des anerkannten Rechtes bleiben nach beiden Auffassungen vom Wesen der Anerkennung gleich unberührt. Denn Anerkennung als solche ist weder Novation, noch Constitutum, noch accessorische Stipulation [52]). Da somit dem Anerkennungsvertrage rechtserzeugende Kraft in dem Sinne, auf welchen es hier ankommt, vollständig fehlt, so vermag auch derselbe den vom Hause aus gegebenen Umfang eines temporalen Rechtes nicht vermehrend abzuändern, oder mit

50) Vergl. ausser den bei Windscheid Pandekten B. II §. 301 Note 2 angeführten Schriftstellern noch insbesonders Unger Jahrb. f, Dogm. B. VIII S. 188 und Römer Abhandlungen 1. Heft S. 1—3 49—60.

51) Man vergl. Windscheid Pandekten B. II §. 412a und die dor citirte Literatur.

52) Gegen Bähr Anerkennung S. 232 und 235 („ein Beweismittel für die Schuld geben wollen, heisst die Schuld wollen, und die Schuld wollen, heisst die Schuld versprechen") hat schon Bruns Zeitschrift für Rechtsgeschichte B. I S. 93—96, 118—124 ausgeführt, dass die Anerkennung als solche nicht nothwendig auch die Wirkungen eines Schuld- oder Erfüllungsversprechens nach sich ziehe. Wenn diese eintreten, dann liegt eben Anerkennung und Constitutum oder accessorische Stipulation vor.

anderen Worten, wenn während des Laufes der Existenzfrist eines betagten Rechtes eine Anerkennung desselben stattgefunden hat, so wird dadurch ein Neubeginn des Laufes seiner Lebensfrist nicht hervorgerufen, sondern die terminliche Schranke bleibt auf dem alten Zeitpunkte unverändert stehen. Dass die Anerkennung eines verjährbaren Rechtes fristunterbrechende Wirkung hat, kann nicht etwa als Argument gegen die von mir aufgestellte Behauptung, es mangle der Anerkennung rechtsbegründende Kraft nach der materiellen Seite des Rechtes hin, vorgebracht werden; denn es wirken, wie bereits oben dargethan wurde, die Unterbrechungsgründe der Verjährung als solche nicht in rechtserzeugender Function, sondern nur in rechtserhaltender, indem sie das continuirliche Stillschweigen brechen und dadurch den Eintritt der der Verjährung zu Grunde liegenden rechtsaufhebenden Thatsache verhindern. Dies gilt auch speciell von der Anerkennung, welche trotz des Mangels an rechtserzeugender Kraft in dem früher angedeuteten Sinne doch als ein ganz vorzügliches Mittel erscheint, um den Verjährungsthatbestand unterbrechend zu zerstören; denn durch sie wird sowohl die Nachlässigkeit des Berechtigten, als auch die Wahrscheinlichkeit der Tilgung, die aus dem bisherigen Stillschweigen erwuchs, beseitigt.

Wir haben im Vorstehenden in der verschiedenen Wirkung des Anerkenntnisses auf den Lauf der Frist ein neues Subsumtionskriterium gewonnen: je nachdem nemlich dasselbe unterbrechend wirkt oder nicht, liegt einer zweifelhaften Fristbestimmung Verjährung oder Temporalität des Rechtes zu Grunde. Wäre also z. B. nachweisbar, dass der Lauf der sogenannten Wechselverjährung selbst durch eine ausdrückliche Anerkennung der Wechselschuld nicht unterbrochen wird, dann spräche dieses deutlich gegen das

Vorhandensein wahrer Verjährung, und fiele gewichtig zu Gunsten der Temporalität der Wechselobligation in die Wagschale.

4. Was endlich die noch übrigen Fälle der sogenannten stillschweigenden Anerkennung betrifft, wie Zinsen- und Abschlagszahlung, Pfand- und Bürgenstellung, so ist bereits oben [53]) bemerkt worden, dass alle diese Akte, wenn sie auch nach einer anderen Seite hin rechtserzeugend wirken, eine solche Kraft doch nicht entfalten hinsichtlich des Rechtes selbst, dem die zu unterbrechende Frist läuft. Sie sind daher auch nicht im Stande, neben dem befristeten Rechte, wenn sie während des Laufes der Existenzfrist eines solchen eintreten, ein neues Recht ins Dasein zu rufen und hiedurch den Neubeginn der ursprünglichen Frist herbeizuführen. Nur dann wäre ein solches der Fall, wenn anlässlich der genannten Akte ein Constitutum stattfände, was allerdings leicht vorkommen kann. In einem solchen Falle geht aber die Wirkung nur auf Rechnung des Constitutes, und es gilt dann das oben sub 1. Gesagte.

Schliesslich noch einige Worte über die Wirkung eines *pactum de non petendo intra certum tempus* auf den Lauf der Frist. Bei der Verjährung ist ein solches bekanntlich Hemmungs- und Unterbrechungsgrund zugleich; es wird nemlich erstens die Verjährung, wenn sie schon zu laufen begonnen hat, unterbrochen, und zweitens der Neubeginn derselben überdies auf jenen Zeitpunkt hinausgeschoben, in welchem das *certum tempus* endigt. Dass ein solches *pactum* bei der Befristung eines Rechtes keine hemmende Wirkung hat, würde bereits oben dargethan [54]). Derselbe Grund nun,

---

53) Siehe S. 100 und 101.
54) Siehe S. 85 fg.

welcher oben gegen die Hemmung des Beginnes des Fristenlaufes angeführt wurde, spricht auch hier gegen den Neubeginn der schon zum Theil abgelaufenen Existenzfrist; nemlich der Umstand, dass einem *pactum de non petendo* als solchem nur Rechtswirkungen zu Gunsten des Schuldners entspringen, nicht aber zu Gunsten des befristet Berechtigten. Aus diesem Grunde kann aus der Erklärung des letzteren, innerhalb einer gewissen Frist auf die Realisirung seines Rechtes verzichten zu wollen, ein neues Recht neben dem bereits vorhandenen nicht entstehen und daher auch von einem Neubeginne des Laufes der Existenzfrist nicht die Rede sein. Selbstverständlich ist die Sache anders dann, wenn anlässlich des Abschlusses des *pactum de non petendo*, sei es ausdrücklich oder stillschweigend, ein Constitutum stattgefunden hat. In diesem Falle gilt dann dasjenige, was oben sub 1. über die Wirkungen dieses letztgenannten Geschäftes gesagt wurde [55].

Auch hieraus ergibt sich wieder ein recht taugliches Kriterium für die Entscheidung der zu lösenden Frage, ob die Wechselverjährung wirklich eine solche oder eine Rechtsbefristung sei. Entschieden zu Gunsten der letzteren wird es nemlich sprechen, wenn sich zeigen sollte, dass der Lauf der begonnenen Frist ununterbrochen bleibt, mag auch während derselben eine Zinsen- oder Abschlagszahlung

---

55) Manchmal wird auch die Novation unter die Unterbrechungsgründe der Verjährung gezählt; man vergl. z. B. §. 169 des sächsischen bürgl. Gesetzbuches. Selbstverständlich ganz mit Unrecht. Denn das alte Recht, welches in Verjährung begriffen war, geht in einem solchen Falle vollständig unter, und für das neue Recht beginnt eine völlig selbständige Verjährung. Aehnlich ist es auch im Falle einer Befristung. Mit dem betagten Rechte selbst fällt auch sein *dies* selbverständlich weg. Ob der neue Anspruch unbetagt ist, oder ob er das alte Limito an sich trägt, ist ebenso als *quaestio facti* aus dem Parteienwillen zu beantworten, wie im Falle eines Constitutes. Siehe oben S. 106 fg..

geleistet, ein Pfandrecht oder eine Bürgschaft bestellt, oder eine Prolongation ertheilt worden sein.

III. Nachdem wir im Vorstehenden die Wirkung derjenigen Unterbrechungsgründe erörtert haben, welche unter dem Gesichtspunkte der Anerkennung in die erste Gruppe fallen, wenden wir uns nun der Untersuchung der Frage zu, welchen Einfluss auf den Fristenlauf die von dem Berechtigten in Verfolgung seines Anspruches vorgenommenen gerichtlichen Schritte hervorbringen. Es soll zunächst von der Klagbarmachung des Rechtes und hierauf von den Surrogaten derselben die Rede sein.

1. Nach gemeinem Rechte wird die Verjährung durch die Insinuation der bei dem competenten Richter eingebrachten Klage an den Beklagten unterbrochen. Zur Entscheidung des provocirten Prozesses braucht es nicht zu kommen, sondern es ist die Verjährung auch dann als unterbrochen anzusehen, wenn der Kläger seine Klage vor dem Erkenntnisse wieder zurückzieht. Ebenso auch dann, wenn der Rechtsstreit zu Ungunsten des Klägers endigt, dieser aber seinen Anspruch ein zweites Mal vor den Richter bringt und zwar unter Umständen, welche die *exceptio rei judicatae* ausschliessen. Das Stillschweigen ist eben gebrochen, der Berechtigte thätig geworden, und damit der Eintritt der rechtsaufhebenden Thatsache verhindert. Von diesem Rechtszustande ist das öst. a. b. G. B. in zwei Punkten abgewichen. Einmal darin, dass nicht erst die Zustellung der Klage an den Gegner, sondern schon die Anstellung vor dem Richter, also die Erklärung derselben zu Protocoll oder die Einreichung der Klagschrift, die Unterbrechung herbeiführt[56]);

56) In diesem Punkte stimmt das a. b. G. B. überein mit dem preuss. allg. L. R. (I. 9 §. 551), dem hessischen Gesetze (Art. 23) und dem sächsischen bürgl. G. B. (§. 163).

und zweitens darin, dass die durch die Klaganstellung herbeigeführte Unterbrechung der Verjährung nur in dem nemlichen Rechtsstreite berücksichtigt wird, der sich an die interrumpirende Klaganstellung knüpft, nicht aber in einem späteren. Wird nemlich die angestellte Klage *ex primo decreto* zurückgewiesen, oder vom Kläger freiwillig zurückgenommen oder mittelst Sentenz, sei es nun dilatorisch oder peremtorisch, abgewiesen dann ist in einem späteren Rechtsstreite, welcher durch abermalige Anstellung derselben Klage provocirt wird[57]), der Lauf der Verjährung als durch die erste Klaganstellung nicht unterbrochen anzusehen[58]). Während nun die Abweichung vom gemeinen Rechte im ersten Punkte im Wesen der Sache nichts ändert, wird durch die Abweichung im zweiten Punkte die Klaganstellung in ihrer unterbrechenden Kraft nicht etwa blós 'beschränkt, sondern

57) Ein neuer Prozess ist, ausgenommen den Fall der peremtorischen Abweisung der Klage mittelst Schlusserkenntnisses, ohne weiters, und selbst in diesem Ausnahmsfalle, jedoch nur unter Voraussetzung der erwirkten *restitutio in integrum,* möglich.

58) Dies ist nach österreichischem Rechte auf Grund des §. 1497 des a. b. G. B. herrschende Lehre: „Die Verjährung wird unterbrochen, wenn derjenige, welcher sich auf dieselbe berufen will, vor dem Verlaufe der Verjährungszeit von dem Berechtigten belangt, und die Klage gehörig fortgesetzt wird. Wird aber die Klage durch einen rechtskräftigen Spruch für unstatthaft erklärt, so ist die Verjährung für ununterbrochen zu halten." Auf die verschiedenen Streitfragen, welche sich an diesen Paragraph knüpfen, kann hier nicht eingegangen werden. Man vergl. darüber Zrodlowski Verjährung nach österr. Recht S. 95 bis 115.

Das französische Recht stimmt in der nur bedingt wirkenden Interruptionskraft der klagbaren Verfolgung des verjährbaren Anspruches mit dem öst. R. überein. Vergl. Zachariä franz. Civilrecht B. I S. 569 (der 6. Aufl.).

Von dem Falle, dass auf Grund des §. 1497 des a. b. G. B. selbst in dem nemlichen Prozesse, welcher sich an die interrumpirende Klage knüpft, wegen Liegenlassung des Prozesses die eingetretene Unterbrechung als nicht geschehen angesehen wird, soll weiter unten die Rede sein.

sie wird derselben vollständig entkleidet, sodass nach österreichischem Rechte die Klaganstellung gar uicht mehr unter die Unterbrechungsgründe der Verjährung gezählt werden darf. Dies mag manchem auf den ersten Blick so unplausibel erscheinen, dass eine nähere Begründung meiner Auffassung geboten erscheint. Ein Eingehen auf diese Frage ist übrigens schon deshalb nothwendig, weil sich dieselbe für die weitere Untersuchung als wichtig erweisen wird.

Im Hinblicke auf die im §. 1497 des a. b. G. B. enthaltene Bestimmung, es sei eine Unterbrechung der Verjährung durch Klaganstellung nur dann anzunehmen, wenn es sich um jene Klage handelt, durch welche der gegenwärtige Rechtsstreit provocirt wurde, dann hingegen nicht, wenn eine Klaganstellung älteren Datums angerufen wird, mag der durch sie hervorgerufene frühere Prozess durch die Parteien abgebrochen, oder durch richterlichen Spruch eingestellt oder entschieden worden sein, — hat es zunächst den Anschein, als sei die Klaganstellung auch nach österreichischem Rechte ein Unterbrechungsgrund der Verjährung nur mit der Beschränkung, dass ihre interrumpirende Kraft über den Rechtsstreit nicht hinausreicht, welcher unmittelbar auf dieselbe folgt. Sieht man jedoch näher zu, so zeigt es sich, dass der Rechtssatz von dieser also beschränkten Unterbrechungskraft der Klaganstellung vollständig identisch ist mit dem Satze, dass dem Kläger der in der Zeit zwischen dem Momente der Klaganstellung und jenem der Urtheilsschöpfung eingetretene Ablauf der Verjährung nicht zum Nachtheil gereichen, vielmehr angenommen werden soll, es sei die im Zeitpunkte des Prozessbeginnes noch unvollendete Verjährungsfrist ungeachtet der einstweilen eingetretenen Vollendung auch bei der Urtheilsschöpfung noch immer incomplet. Ist dieses aber ein specifisch verjährungsrechtlicher Satz? Wurzelt er wirklich in dem Grundgedanken der Unterbrechung der Verjährung, dass ein Bruch des Stillschweigens den Vollzug der, der Verjährung zu Grunde liegenden, rechtsaufhebenden Thatsache verhindert? Die zweite Frage ist gewiss zu verneinen; denn wenn nach österreichischem Rechte die Klaganstellung, gerade so wie nach gemeinem Rechte die Klagbehändigung an den Gegner, als ein den Verjährungsthatbestand zerstörender Akt, m. a. W. als Unterbrechungsgrund, anzusehen wäre, so müsste sie diese Wirkung in jedem Falle haben, und nicht blos in dem durch sie hervorgerufenen Prozesse. In gleicher Weise ist die erste der beiden Fragen zu verneinen; denn der Satz, dass eine erst nach dem Beginne des Prozesses eingetretene rechtsvernichtende Thatsache dem Kläger nicht zum Nachtheil gereiche, ist gar nichts der Verjährung Charakteristisches, sondern nur ein Fall der Anwendung des allgemeinen Rechtssatzes, dass durch die Retrotraction des Urtheiles auf den Moment des Streitbeginnes das im Streite verfangene Recht dem Einflusse solcher Thatsachen entzogen ist, welche sonst den Untergang oder eine Veränderung des Rechtes herbeiführen würden[59]). Es erscheint also der §. 1497 des a. b. G. B., insoweit er von dem Einflusse der Klaganstellung auf den Lauf der Verjährungsfrist handelt, lediglich als eine Consequenz und als ein Fall specieller Anwendung dieses allgemeinen Rechtsgrundsatzes, und nicht als eine Consequenz des specifisch verjährungsrechtlichen Gedankens der Unterbrechung. Denn so weit die Bestimmung dieses Paragraphen reicht, nemlich nur für den Bereich des jeweiligen Rechtsstreites, deckt sich dieselbe vollständig mit dem Satze von der Retrotraction des Urtheiles; wohin sich aber die Be-

59) Vergl. Savigny System B. VI S. 53 und 55.

stimmuug des §. 1497 nicht erstreckt, nemlich auf den Bereich jedes zukünftigen Rechtsstreites, dort erst könnte sich der Unterbrechungsgedanke bethätigen. So weit also der Einfluss der Klaganstellung auf den Lauf der Verjährungsfrist nach §. 1497 reicht, so weit wirkt dieselbe nicht als Unterbrechungsgrund; und wo die Klaganstellung erst als Unterbrechungsgrund wirken könnte, dort entzieht ihr der §. 1497 jede Wirkung.

Dass der Einfluss, welchen die Klaganstellung nach §. 1497 auf den Lauf der Verjährungsfrist hervorbringt, nicht aus dem verjährungsmässigen Gesichtspunkte der Unterbrechung, sondern aus einem allgemeinen juristischen Gesichtspunkte zu erklären ist, geht indirekt auch daraus hervor, dass die Klaganstellung den im §. 1497 umschriebenen Einfluss auch auf den Lauf der Existenzfrist eines temporalen Rechtes hervorbringt, obgleich, wie oben unter I. sich ergeben hat, von einer Unterbrechung des Laufes der Existenzfrist ihrem Wesen nach gar nicht die Rede sein kann. Auf den Fall der Rechtsbefristung angewendet, führt nemlich der Satz von der Retrotraction des Urtheiles auf den Moment des Streitbeginnes zu dem Resultate, dass es dem Kläger nicht zum Nachtheil gereichen kann, wenn er vor Eintritt des *dies* die Klage eingebracht hat, und in der Zwischenzeit bis zur Urtheilsschöpfung die Existenzfrist abgelaufen ist[60]).

---

60) Sehr schön wird von Demelius Untersuchungen S. 62 und 63 nachgewiesen, dass es nicht als eine mit der nachtheodosianischen *interruptio praescriptionis* vergleichbare Unterbrechung des Laufes der den *actiones temporales* des älteren römischen Rechtes gesetzten Fristen anzusehen sei, wenn der erst nach der Litiscontestation eintretende *dies* dem Kläger nicht mehr zum Schaden gereicht, sondern uur als ein Einfluss der perpetuirenden Wirkungen der Litiscontestation überhaupt, in Folge dessen die *in judicium* deducirte *actio temporalis* zur *perpetua* wurde.

Es besteht also nach österreichischem Rechte, was den Einfluss der Klaganstellung auf den Lauf der Frist anbetrifft, kein Unterschied zwischen Verjährung und Befristung, und es wird demnach bei der Subsumtion einer zweifelhaften Fristbestimmung nicht etwa als ein für das Vorhandensein eines Verjährungsfalles sprechendes Merkmal anzusehen sein, wenn der Klaganstellung die im §. 1497 des a. b. G. B. umschriebene „unterbrechende“ Wirkung zugesprochen werden muss [61]).

Es bleiben uns nun bezüglich der Frage nach der unterbrechenden Wirkung der Klaganstellung noch zwei Punkte zur Erörterung übrig. Der erste bezieht sich auf Folgendes. Wenn der Kläger aus einem verjährbaren Rechte ein condemnatorisches Urtheil erlangt hat, so läuft ihm bezüglich des aus diesem Urtheile erwachsenden Judicatsanspruches aufs Neue die Verjährung. Es könnte nun meiner Auffassung, dass die Klaganstellung nach österreichischem Rechte keine unterbrechende Wirkung besitzt, möglicherweise entgegengehalten werden, dass mit Rücksicht auf den erwähnten Neubeginn der Verjährung im Falle einer Condemnation doch eine Unterbrechung der Verjährung durch Klaganstellung stattfinde. Dieser mögliche Einwand ist jedoch leicht zu beseitigen. Erstens läuft die neue Verjährung in einem solchen Falle nicht vom Zeitpunkte der Klaganstellung an, sondern erst von jenem der Executionsfähigkeit des Urtheiles; wenn also überhaupt von einer Unterbrechung der Verjährung geredet werden könnte, so wäre der Unterbrechungsgrund nicht in der Klaganstellung, sondern nur in

61) Für das gemeine Recht besteht aber im Punkte der Interruptionskraft der Klagsbehändigung zwischen Verjährung und Befristung allerdings ein sehr relevanter Unterschied. Bei der ersteren nemlich ist der betreffende Akt ein Unterbrechungsgrund im technischen Sinne, bei der letzteren hingegen nicht.

dem condemnatorischen Urtheile zu suchen. Dass aber auch dieses letztere nicht der Fall ist, und dass der neue Lauf der Verjährung, welche sich an ein condemnatorisches Urtheil knüpft, gar nicht auf einer Interruption der alten Verjährung beruht, hat bereits Unger nachgewiesen[62]: „durch das Urtheil wird die frühere Klage consumirt; der Sieger hat nicht mehr die alte Klage, sondern die neue Urtheilsklage: der Wiederbeginn der ursprünglichen Verjährung ist daher wegen Mangels des Objekts geradezu unmöglich. Was nach der Rechtskraft [soll wohl besser heissen: nach Eintritt der Executionsfähigkeit[63]] des condemnatorischen Urtheils noch verjähren kann, ist nur die neue Klage." Gegen die Annahme einer Unterbrechung der Verjährung der alten Klage spricht auch der Umstand, dass nicht die Länge der alten Frist für die neue Verjährung massgebend ist, sondern in allen Fällen die regelmässige dreissigjährige Frist des §. 1479 des a. b. G. B. (Justizministerial-Verordnung vom 21. Juli 1858 R. G. Bl. Nr. 105). Läge Unterbrechung vor, dann könnte immer nur die alte, möglicher Weise kürzere Frist neu zu laufen beginnen. Schliesslich geht die Unhaltbarkeit der Annahme einer Interruption der Verjährung durch condemnatorisches Urtheil indirekt auch daraus hervor, dass eine selbständige dreissigjährige Verjährung dem Judicatsanspruche auch dann zu laufen beginnt, wenn das in dem betreffenden Urtheile dem Kläger zugesprochene Recht nicht ein verjährbares, sondern ein befristetes

---

62) Vergl. sein System B. II letzte Anmerkung zu §. 133.

63) Da nemlich diese erst einige Zeit nach Rechtskraft des Urtheiles eintreten kann, und nach Verjährungsgrundsätzen die Unthätigkeit dem Berechtigten erst von jenem Augenblicke an zugerechnet werden kann, in welchem er redend auftreten konnte, so ist nicht der Zeitpunkt der Rechtskraft sondern der der Executionsfähigkeit des Urtheils massgebend.

war. Dass einem temporalen Rechte auf dem Wege seiner Umwandlung in eine *actio judicati* die zeitliche Schranke genommen werde, daran ist nemlich nicht zu zweifeln. Denn der obsiegende Kläger stützt von nun an seinen Anspruch nicht mehr auf den ursprünglichen, nur zeitlich limitirte Rechtswirkungen begründenden Thatbestand, sondern auf das Urtheil [64]). Da nun der Beginn einer selbständigen Verjährung auch in einem solchen Falle Platz greift, wo von einer Unterbrechung des Fristenlaufes unmöglich die Rede sein kann, so braucht und kann auch in demjenigen Falle, wo ein verjährbares Recht in Frage steht, der Neubeginn der Verjährung durchaus nicht auf eine Interruption der alten Verjährung zurückgeführt zu werden.

Die vorstehende Erörterung der Frage, wie sich im Falle einer Condemnation der klägerische Anspruch gegenüber dem Zeitenlaufe verhalte, ergibt ausser dem, dass sie klar stellt, dass auch in diesem Falle von einer Interruptionskraft der Klaganstellung nicht die Rede sein könne, noch insbesondere für die beabsichtigte Lösung des wechselrechtlichen Problemes das bemerkenswerthe Resultat, dass deshalb, weil sich der auf ein verurtheilendes Erkenntniss stützende wechselrechtliche Anspruch allfällig als der Verjährung unterliegend erweisen sollte, noch durchaus nicht anzunehmen sei, es liege eine Unterbrechung der Verjährung und demzufolge auch in der ursprünglichen wechselrechtlichen Frist eine Verjährungsfrist vor.

Der zweite der oben erwähnten, einer Erörterung bedürftigen beiden Punkte bezieht sich auf Folgendes. Nach

64) Auch nach vortheodosianischem Rechte war die auf Grund einer *actio temporalis* beruhende *actio judicati* zweifellos eine *perpetua actio.* Vergl. das in der Note 60 auf S. 119 bezüglich der Litiscontestation Gesagte.

§. 1497 des a. b. G. B. ist selbst für den jeweiligen Rechtsstreit eine „Unterbrechung“ der Verjährung durch die ihn eröffnende Klaganstellung nur dann anzunehmen, „wenn die Klage gehörig fortgesetzt wird“. Lässt also der Kläger den Prozess liegen [65]), und wird derselbe erst später wieder aufgenommen, dann ist bei Schöpfung des Enderkenntnisses die einstweilen eingetretene Verjährung zu Ungunsten des Klägers zu berücksichtigen, obwohl zur Zeit des Prozessbeginnes sein Recht noch unverjährt war. Durch diese Bestimmung erscheint im österreichischen Rechte jenes Compelle ersetzt, welches auf dem Gebiete des gemeinen Rechtes in Form der sogenannten Prozessverjährung den Kläger vor ungebührlicher Verschleppung der Streitangelegenheit abhalten soll. Es erhebt sich nun die Frage, ob ebendasselbe auch für den Fall gilt, wenn das *in judicium* deducirte Recht ein temporales war, der Prozess liegen gelassen wurde, und bei der endlichen Entscheidung des wiederaufgenommenen Prozesses mittlerweile die Existenzfrist als verstrichen erscheint? Wenn die Antwort hierauf zunächst der Rücksichtnahme auf das Lebensbedürfniss entnommen wird, so ist dasselbe entschieden zu bejahen. Denn ebenso wie die für die Verjährung massgebenden rechtspolitischen Zwecke vereitelt würden, wenn der Kläger straflos den Streit verschleppen könnte, ebenso und in noch höherem Masse wäre dies bei einem befristeten Rechte der Fall; denn wie sich weiter unten bei der Erörterung des Unterschiedes in dem rechtspolitischen Grunde zeigen wird, ist es gerade das Bedürfniss nach rascher Erledigung einer peinlichen ungewissen Rechtslage,

---

65) Unter welchen Voraussetzungen man sagen kann, der Prozess sei liegen gelassen worden, darüber vergl. man Unger System B. II §. 121 Note 26.

was den Gesetzgeber dazu bewegt, in gewissen Fällen Temporalität anstatt Verjährung des Anspruches zu statuiren. Juristisch-technische Bedenken stehen aber der durch die Natur der Sache gebotenen analogen Anwendung der in Frage stehenden Bestimmung des §. 1497 auf den Fall der Rechtstemporalität nicht entgegen. Denn die betreffende Bestimmung hat durchaus nichts specifisch Verjährungsmässiges an sich, was der Anwendung auf die begrifflich verschiedene Befristung widerstreben würde. Sie enthält ja nur eine Ausnahme von dem bereits erwähnten allgemeinen Rechtssatze von der Retrotraction des Urtheils, und ebenso wie dieser Rechtssatz in der im §. 1497 für die Verjährung statuirten Form in gleicher Weise auch für die Befristung gilt, ebenso kann auch die Ausnahme von demselben im Falle der Rechtsbefristung in analoge Anwendung gebracht werden, ohne dem begrifflichen Wesen der letzteren irgend nahe zu treten. Es besteht also auch in diesem Punkte zwischen Verjährung und Temporalität kein Unterschied, und wir werden durch diese Erkenntniss davor gewarnt, bei der Subsumtion einer zweifelhaften Fristbestimmung darin etwa ein Merkmal zu Gunsten der Verjährung zu erblicken, dass das Liegenlassen des Prozesses für den Kläger mit dem im §. 1497 des a. b. G. B. statuirten Nachtheil ausgestattet ist.

2. Es erübrigen uns nunmehr bezüglich der Verschiedenheit des Einflusses der Unterbrechungsgründe nur mehr einige Worte hinsichtlich jener rechtsverfolgenden Akte, welche ich früher mit dem Ausdrucke Surrogate der Klaganstellung bezeichnet habe.

Bezüglich der Anmeldung im Concurse bestimmt §. 8 der Concursordnung vom 25. Dezember 1868: „Durch die Anmeldung im Concurse wird der Lauf der Verjährung ebenso wie durch eine gerichtliche Klage unterbrochen

(§. 1497 des a. b. G. B)[66].“ Aus den früher angegebenen Gründen muss dies auch von der Anmeldung eines befristeten Rechtes angenommen werden, sodass es dem Berechtigten nicht schadet, wenn zur Zeit der Liquidirungsverhandlungen die Existenzfrist bereits verstrichen ist, wenn nur die Anmeldung noch innerhalb derselben stattgefunden hat; denn §. 8 der C. O. ist auch nichts Anderes als ein Fall der Anwendung des Rechtssatzes von der Retrotraction des Urtheiles. Es besteht also auch bezüglich dieses Aktes kein Unterschied zwischen Verjährung und Befristung, und es darf daher nicht als Zeichen einer Verjährung angesehen werden, wenn z. B. die Wechselforderung durch die Anmeldung im Concurse des Wechselschuldners gewissermassen perpetuirt wird.

Nach österreichischem Rechte hat ausser der Anmeldung im Concurse kein anderer Schritt die im §. 1497 statuirte Wirkung der Klaganstellung[67]. Nach gemeinem Rechte wird bekanntlich die Verjährung in gewissen Fällen auch durch die gerichtliche oder aussergerichtliche Protestation, nach der älteren Auffassung selbst durch blose Mahnung unterbrochen[68]. Da es sich bei der Vornahme dieser Akte nur um den Bruch des rechtsvernichtenden Stillschweigens handelt, und nicht um den perpetuirenden Prozessbeginn, und da es bei der Befristung auf den Bruch des Schweigens gar nicht ankommt, so berühren diese Akte den Lauf der Existenzfrist eines temporalen Rechtes nicht im Mindesten.

---

66) Uebereinstimmend §. 13 der deutschen Concursordnung und §. 3 des Einführungsgesetzes zu derselben.

67) Dass ein bloses Fristgesuch zur Einbringung einer Klage diese Wirkung nicht habe, wird durch ein Hofdecret v. 30. Jänner 1819 ausdrücklich bestimmt.

68) Vergl. Windscheid Pandekten B. I §. 108 *in fine.*

IV. Wir können das Ergebniss der vorstehenden Erörterung in ihren wichtigsten Zügen folgendermassen zusammenfassen:

Die Unterbrechbarkeit der Frist gehört zum Wesen der Verjährung, die Nichtunterbrechbarkeit derselben zum Wesen der Befristung. Diejenigen Akte, welche als Unterbrechungsgründe einen Neubeginn der Verjährungszeit herbeiführen, haben diese Wirkung hinsichtlich der Existenzfrist eines temporalen Rechtes nicht. Einige von diesen Akten, denen rechtserzeugende Kraft innewohnt, bringen nur scheinbar eine Unterbrechung des Fristenlaufes dadurch hervor, dass sie neben dem alten betagten Rechte ein neues erzeugen. Die Klaganstellung und ihre Surrogate sind nach österreichischem Rechte als Unterbrechungsgründe der Verjährung nicht anzusehen, sondern es ist ihre, von der nach gemeinem Rechte abweichende, Wirkung auf den Lauf der Frist aus dem Satze von der perpetuirenden Wirkung des Prozessbeginnes und der Retrotraction des Urtheiles auf diesen Zeitpunkt zu erklären; weshalb die Klaganstellung denselben Einfluss auch im Falle der Temporalität des eingeklagten Rechtes hervorbringt, und daher in diesem Punkte zwischen Verjährung und Befristung ein praktischer Unterschied nicht besteht.

§. 6.

4. DER UNTERSCHIED ZWISCHEN VERJÄHRUNG UND GESETZLICHER BEFRISTUNG HINSICHTLICH DER ZULÄSSIGKEIT EINER VERTRAGSMÄSSIGEN VERÄNDERUNG DER DAUER DER FRIST.

Die Frage ist die: Können die Parteien an die Stelle der vom Gesetze ausgemessenen Verjährungs- und Existenzfrist eines Rechtes eine solche von anderer Dauer setzen?

I. Bezüglich der Verjährung finden wir auf diese Frage eine ausdrückliche Antwort im §. 1502 des a. b. G. B.: „Es kann eine längere Verjährungsfrist, als durch die Gesetze bestimmt ist, nicht bedungen werden.“ Hiemit ist zugleich auch entschieden, dass der Ausbedingung einer kürzeren Frist nichts entgegensteht. Wir wollen aber diese positive Entscheidung der Frage nicht ohne weiters hinnehmen, sondern untersuchen, ob dieselbe eine willkührliche ist, d. h. ob sie so und anders sein könnte, ohne dem Grundgedanken der Verjährung untreu zu werden; oder ob diese Bestimmung des Gesetzes durch das Wesen der Verjährung geboten erscheint. Das Resultat dieser auf die Natur der Sache gehenden Untersuchung hat übrigens auch unmittelbar praktische Bedeutung für das gemeine Recht, da hier eine ausdrückliche

Bestimmung in dem fraglichen Punkte fehlt, und die Meinungen der Schriftsteller bedeutend divergiren [69]).

Dass bei einem im allgemeinen Interesse eingeführten Rechtsinstitute vom Gesetzgeber die Zulässigkeit solcher Veränderungen seiner Normen durch die Parteien als stillschweigend ausgeschlossen angenommen werden muss, welche den Zweck des betreffenden Institutes vereiteln würden, bedarf wohl keines besonderen Beweises. Wenn man nun jede beliebige Verlängerung der Verjährungsfristen durch Privatdispositionen für zulässig erklärte, so würde in vielen Fällen der legislative Zweck der Verjährung vollständig vereitelt. Denn würde dieses Institut noch dem Willen des Gesetzgebers gemäss functioniren, wenn die Parteien anstatt der gewöhnlichen Frist eine mehrhundertjährige festsetzen dürften? Ein Eingehen auf eine solche Nebenverabredung würde aber auf Seiten des Schuldners deshalb in den meisten Fällen auf kein Hinderniss stossen, weil er doch regelmässig die redliche Absicht hat zu zahlen, und nicht schon vom Anfange an seine Hoffnung darauf setzt, durch Verjährung loszukommen. Es wäre also bei Zulässigkeit einer vertragsmässigen Verlängerung der Verjährungsfrist ganz entschieden die Gefahr vorhanden, dass die Verjährung in vielen Fällen so gut wie ausgeschlossen würde. Das im §. 1502 des a. b. G. B. statuirte Verbot einer Verlängerung der gesetzlichen Fristen

69) Während nemlich Kori Verjährung §. 47 und Unterholzner-Schirmer Verjährung B. I §. 28 dem Parteienwillen jede beliebige Verlängerung oder Verkürzung einräumen, stellen sich Rave, *Principia doctrinae de praescriptione* §. 167 und Savigny System B. V S. 411 auf den entgegengesetzten Standpunkt und halten mit allen übrigen Modalitäten der Verjährung auch die Länge der Frist für durch Parteienwillen völlig unabänderlich. Die von jeder positiven Bestimmung absehende Untersuchung im Texte hingegen wird zu einer dritten, mit dem §. 1502 des öst. a. b. G. B. übereinstimmenden Mittelmeinung hinführen, welche ich auch für das gemeine Recht als die richtige ansehe.

erscheint daher als eine Norm, welche mit dem Zwecke des Institutes der Verjährung im innigen Zusammenhange steht[70]).

Es fragt sich nun, ob man dasselbe auch von einer Verkürzung der Verjährungsfrist sagen kann? In dieser Beziehung ist vor Allem festzuhalten, dass man deshalb, weil man das Verbot der Verabredung einer längeren Frist aus der cogenten Natur der gesetzlichen Bestimmungen über die Verjährung ableitet, durchaus nicht gebunden ist, aus demselben Grunde zugleich die Unzulässigkeit einer Abkürzung mit hinzunehmen. Ich halte nemlich den Satz von der Unabänderlichkeit des *jus publicum*[71]), d. h. der im allgemeinen Interesse statuirten privatrechtlichen Normen, in dem Sinne, dass es dem Parteienwillen absolut unmöglich wäre, dieselben zu modificiren, für zu weit gehend. Ist dieser Satz einerseits der Rücksichtnahme auf das allgemeine Interesse entsprungen, so darf auch die in demselben statuirte Beschränkung des individuellen Willens andererseits wieder nicht weiter reichen, als es das allgemeine Interesse gebietet. Ich glaube daher, dass eine und dieselbe Norm *lex cogens* und *lex dispositiva* zu gleicher Zeit sein kann, so dass sie nur jenen

---

70) Deshalb sprechen sich auch die Lehrer des französischen Civilrechtes für die Unzulässigkeit einer Verlängerung aus, obwohl es an einer ausdrücklichen Bestimmung in dieser Beziehung fehlt. Vergl. Troplong *De la presciption* B. I No. 44 und Puchelt in dem Zachariä'schen franz. Civilrecht B. IV S. 582 Note ***) (der 6. Aufl.). Vergl. auch §. 152 des sächsischen b. G. B.: „Die dreissigjährige Verjährung kann durch Privatverfügung nicht verlängert werden.“ Im Gegensatze zu diesen verschiedenen Gesetzgebungen lässt das a. p. L. R (I. 9 §. 565—567) unter gewissen Beschränkungen die Verlängerung der Verjährungszeit zu. Diese Bestimmung kann rechtspolitisch nicht gebilligt werden.

71) *L. 38 D. 2, 14: Jus publicum privatorum pactis mutari non potest,* und *l. 45 §. 1 D. 50, 17: Privatorum conventio juri publico non derogat.*

Modificationen durch Privatdisposition entzogen ist, welche den über das Interesse des Einzelnen hinausreichenden rechtspolitischen Zweck der betreffenden *lex* vereiteln würden; jenen hingegen zugänglich, welche eine derartige Gefahr nicht in sich schliessen. Was nun hinsichtlich der Verjährung, [die zum *jus publicum* in dem Sinne allerdings gehört, als sie im allgemeinen Interesse eingeführt ist,] die Verabredung kürzerer Fristen anbetrifft, so kann in einer solchen eine Vereitlung oder auch nur eine Gefährdung des rechtspolitischen Zweckes derselben nicht erblickt werden. Denn durch eine derartige Verabredung wird nicht, wie durch die Verlängerung der Frist, eine Thatsache, welche im allgemeinen Interesse mit rechtsvernichtender Kraft ausgestattet wurde, dieser Function entkleidet, sondern die Parteien statten umgekehrt schon eine kürzere Dauer des betreffenden Thatbestandes mit rechtsaufhebender Wirkung aus. Dieses kann ihnen aber hier sicher ebensowenig verwehrt sein, als es ihnen im Allgemeinen verwehrt ist, für solche Rechte, über deren Bestand sie überhaupt im Wege der Privatdispostion verfügen dürfen, ausser den vom Gesetze statuirten rechtsaufhebenden Thatsachen noch andere kraft Parteienwillkür zum Range von solchen zu erheben. Das a. b. G. B. ist daher nur allgemeinen Rechtsgrundsätzen treu, wenn es in Abänderung des §. 621 des III. Theiles des westgalizischen Gesetzbuches, welcher die Abänderung der Verjährungsfristen nach beiden Seiten hin verbot, die Kürzung der gesetzlichen Fristen zulässt [72]). Wenn die Parteien von dieser Möglichkeit Gebrauch machen, und es ausser Zweifel steht, dass durch die Verabredung einer kürzeren Frist lediglich das Ausmass der

72) Die Doktrin des französischen Civilrechtes stimmt hiemit überein. Vergl. Troplong *De la prescription* B. I No. 44. An einer ausdrücklichen gesetzlichen Bestimmung fehlt es.

Verjährungszeit abgeändert werden wollte, dann wird an dem Wesen der Sache eigentlich nichts geändert und man kann in einem solchen Falle sicherlich noch immer von einer Verjährung sprechen, [wenn man will auch von einer *praescriptio conventionalis*[73])]; denn es bleiben alle specifischen Verjährungssätze auch in einem solchen Falle massgebend. Ich habe gesagt: wenn es ausser Zweifel steht, dass nur eine Abkürzung der Frist gewollt war. Es ist nemlich möglich, dass die Parteien scheinbar nur eine kürzere Frist verabreden, in Wahrheit aber eine Veränderung im Wesen der Sache im Auge haben, derart nemlich, dass sie das verjährbare Recht in ein betagtes umwandeln, und die kürzere Frist nicht mehr als Verjährungs-, sondern als Existenzfrist functionirt[74]). In einem solchen Falle cessiren

---

73) Winiwarter in den Materialien von Pratobevera B. VIII S. 203 meint [unter Zustimmung von Unger System B. II §. 122 Note 20a)], dass in dem Falle einer Abkürzung der Verjährungszeit keine eigentliche Verjährung mehr vorhanden sei, „da die Zeit, binnen welcher das Recht aufhört, nicht mehr durch das Gesetz bestimmt ist". Was eigentlich vorliegt, und worin das Vorliegende sich von der Verjährung unterscheidet, das wird nicht gesagt. Hätten sich die genannten beiden Schriftsteller diese Frage vorgelegt, so wären sie gewiss zur Erkenntniss gekommen, dass denn doch auch in einem solchen Falle noch immer eine eigentliche Verjährung vorliegt. Das formalistische Argument gegen die Annahme einer Verjährung, das diese Schriftsteller durch Verweisung auf die im §. 1451 des a. b. G. B. aufgestellte Legaldefinition der Verjährung vorbringen, in der es heisst „während der vom Gesetze bestimmten Frist nicht ausgeübt u. s. w.", lässt sich eben so formalistisch dadurch zurückweisen, dass man sagt: da das Gesetz im §. 1502 eine Abkürzung der gewöhnlichen Frist zulässt, so ist auch in einer abgekürzten Frist eine indirekt vom Gesetze bestimmte vorhanden.

74) Vergl. Zrodlowski Verjährung S. 37: „Die von den Parteien festgesetzte (kürzere) Zeit kann eine zweifache Bedeutung haben: entweder dass bis zu einem bestimmten Zeitpunkt das zwischen ihnen begründete Rechtsverhältniss bestehe, oder dass die Nichtausübung des Rechts während der von ihnen bestimmten Frist den Verlust desselben zur Folge habe." Unrichtig meint Puchelt im Zachariä'schen Hand-

dann vollständig die specifischen Sätze der Verjährung, und es treten jene der Rechtstemporalität in Anwendung. Die Untersuchung der praktischen Unterschiede zwischen den beiden Phänomenen hat also auch für diesen, im Verkehre ziemlich häufigen Fall der vertragsmässigen Umwandlung eines verjährbaren Rechtes in ein betagtes in Form der Abänderung der gesetzlichen Frist eminente Wichtigkeit [75]). Allgemeine Anhaltspunkte für die Entscheidung in zweifelhaften Fällen, ob nemlich nur abgekürzte Verjährung oder Temporalität des Rechtes gesetzt werden wollte, sind nicht leicht aufzustellen. Der Parteienwille wird oft nicht blos ungenau erklärt, sondern an und für sich nicht präcis sein; um so schwieriger ist dann seine Interpretation oder Ergänzung. Eine solche lässt sich nur auf Grund einer eingehenden Würdigung der concreten Sachlage mit Erfolg vornehmen. Im Allgemeinen lässt sich nur zweierlei sagen; erstens, dass aus dem Umstande allein, dass die Parteien selbst die abgekürzte Frist als Verjährungszeit bezeichnet haben, bei der Mehrdeutigkeit des Ausdruckes Verjährung [76]) und bei dem dem Laien schwer verständlichen Unterschiede zwischen Verjährung und Temporalität,

---

buche des franz. Civilrechtes B. IV S. 582 Note *** es läge in jedem Falle der vertragsmässigen Abkürzung der Verjährungszeit „eine präjudicielle, kontraktliche Frist zur Geldendmachung der Forderung“, also Temporalität vor.

75) Ein Fall, wo die Abkürzung der gesetzlichen Frist zur Geltendmachung eines Anspruches besonders häufig vorkommt, und wo es oft zweifelhaft ist, ob *praescriptio conventionalis* oder *dies ad quem* vorliegt, ist der Versicherungsvertrag. Das Leipziger Reichs-Oberhandelsgericht hat sich schon wiederholt mit solchen Fällen zu beschäftigen gehabt, ist aber zur vollen Erkenntniss und scharfen Formulirung des Problemes, um das es sich dabei handelt, und insbesondere zur Prüfung der praktischen Unterschiede nicht gelangt. Man vergl. die Entscheidungen B. VIII No. 100 und B. XII No. 65.

76) Vergl. S. 22 dieser Abhandlung.

kein entscheidender Schluss gezogen werden darf[77]). Und zweitens, dass auffallende Abkürzungen der Frist in der Regel zu Gunsten der Umwandlung der Verjährung in eine Befristung sprechen werden. Setzen z. B. die Parteien an Stelle der dreissigjährigen Frist eine dreimonatliche, wie häufig in Versicherungspolizzen, so passt auf eine so kurze Frist der ganze, der Verjährung zu Grunde liegende Gedanke von der Recht und Unrecht verwebenden Macht der Zeit nicht mehr. Anders, wenn die Frist z. B. nur auf zwanzig Jahre abgekürzt würde.

II. Nachdem wir im Vorstehenden festgestellt haben, dass durch Privatdisposition wohl eine Abkürzung der gesetzlichen Verjährungsfrist, nicht aber eine Verlängerung derselben zulässig ist, wenden wir uns nun der Erörterung der Frage zu, wie es in diesem Punkte bezüglich der Existenzfrist eines temporalen Rechtes steht? Auf Grund des Einblickes, welchen wir in das Wesen der Rechtsbefristung bereits gethan haben, wissen wir, dass eine Abkürzung der Frist gleichbedeutend wäre mit einer vermindernden, und eine Verlängerung gleichbedeutend mit einer vermehrenden Umwandlung des Rechtes selbst. Es verwandelt sich daher die Frage nach der Zulässigkeit einer Veränderung der Frist in die Frage, ob die Parteien im Stande sind, durch Vertrag an die Stelle eines Rechtes, welches durch einen gesetzlichen *dies ad quem* beschränkt ist, ein anderes befristetes Recht zu setzen, dessen *dies* näher oder entfernter liegt, als der gesetzliche? Wir finden auch auf diese Frage im Gesetze eine Antwort, und zwar eine bejahende. Das a. b. G. B. bestimmt nemlich im §. 1375, dass es „von dem Willen des Gläubigers und des Schuldners abhängt, ihre gegenseitigen willkürlichen Rechte

77) Vergl. die Entscheidung des Leipz. R. O. H. G. B. VIII No. 65: „Auch ist im Gebrauche des Worts „Verjährung“ noch kein genügender Grund zur Annahme (einer Verjährung) zu finden.“

und Verbindlichkeiten umzuändern". Da nun Privatrechte, insbesondere die Vermögensrechte in der Regel „willkürliche", d. h. der freien Disposition des Parteienwillens zugänglich sind, so steht es auch in der Regel in der Willkür der Betheiligten, auf dem Wege der Novation des betreffenden Rechtes an die Stelle des gesetzlichen *dies* einen näheren oder entfernteren vertragsmässigen zu setzen. Nur wo öffentliche Rücksichten für die Aufstellung der gesetzlichen Zeitschranke massgebend erscheinen, wie z. B. in den Fällen der §§. 156—159 des a. b. G. B., wo zur Bestreitung der ehelichen Geburt eines Kindes ein Termin statuirt wird, erscheint auch eine Abänderung der Frist durch Privatdisposition als ausgeschlossen.

So haben wir also auch in diesem Punkte einen weiteren praktischen Unterschied zwischen Verjährung und Rechtstemporalität kennen gelernt: bei der ersteren ist eine Verlängerung der Frist durch den Parteienwillen unzulässig, bei der letzteren ist sie zulässig. Es gäbe daher bei der Subsumtion einer zweifelhaften Fristbestimmung einen leicht fassbaren Anhaltspunkt zu Gunsten der Befristung ab, wenn constatirt werden könnte, dass eine Verlängerung der vom Gesetze zur Geltendmachung eines Anspruches statuirten Frist zulässig sei. So spricht z. B. neben anderen Momenten, die hier nicht angeführt werden können, dafür, dass die Fristen für die *actio quanti minoris* und die *redhibitoria* (l. 38 pr., l. 19 §. 6, l. 48 §. 2, l. 55 D. 21, 1; §. 933 des a. b. G. B.; Art. 349 Abs. 2 des Hand. G. B.) nicht als Verjährungs-, sondern als Fälle gesetzlicher Rechtsbefristung aufzufassen seien, auch der Umstand, dass diese Fristen vertragsmässig verlängert werden können (Art. 349 Abs. 5 des Hand. G. B.; Entscheidung des österr. oberst. Ger. Hofes vom 3. November 1868, Glaser und Unger'sche Sammlung Nr. 3144).

§. 7.

5. DER UNTERSCHIED ZWISCHEN VERJÄHRUNG UND GESETZLICHER BEFRISTUNG HINSICHTLICH DER ZULÄSSIGKEIT IHRER VERTRAGSMÄSSIGEN AUSSCHLIESSUNG.

Können die Parteien durch Vertrag im Vorhinein diejenigen Wirkungen ausschliessen, welche mit dem Ablaufe der Verjährungszeit und dem Eintritte des *dies* einzutreten drohen?

I. Hinsichtlich der Verjährung ist diese Frage ausdrücklich beantwortet im §. 1502 des a. b. G. B.: „Der Verjährung kann im Voraus nicht entsagt werden" [78]). Diese Bestimmung erscheint mit Rücksicht auf den rechtspolitischen Zweck der Verjährung sehr plausibel. Denn wenn der Gesetzgeber im allgemeinen Interesse das dauernde Stillschwei-

---

78) Uebereinstimmend der *Code Napoléon* Art. 2220 [„*On ne peut, d'avance, renoncer à la prescription.*"], das hessische Gesetz Art. 33, und das sächsische b. G. B. §. 152 [„Durch Privatverfügung kann nicht bestimmt werden, dass ein verjährbares Recht unverjährbar sein soll."]. Im gemeinen Rechte herrschte früher in dieser Frage Streit. Kori Verjährung §. 47 und Unterholzner Verjährung z. B. waren für Zulässigkeit der Ausschliessung; seit Savigny [System B. V S. 411. 412] ist jedoch die herrschende Meinung in Folge der Auffassung der Verjährungssätze als *jus publicum* gegen die Zulässigkeit. Das a. p. L. R. (I, 9 §§. 565—567) lässt unter gewissen Voraussetzungen die Ausschliessung zu, was nicht zu billigen ist.

gen des Berechtigten mit rechtsaufhebender Wirkung ausstattet, so kann er nicht zulassen, dass die betreffende Thatsache dieser ihrer Kraft dunch Privatwillen wieder entkleidet wird. Wäre dieses erlaubt, [dann würde, [da der redliche Schuldner durch Zahlung und nicht durch die Saumsal des Gläubigers loszukommen hofft, und daher auf die Proposition eines Verzichtes auf die Verjährung einzugehen geneigt sein würde,] das Institut der Verjährung bald in grösserem Massstabe lahmgelegt werden.

II. Hinsichtlich der Befristung finden wir auf die oben aufgeworfene Frage eine direkte Entscheidung im Gesetze nicht, wie sie bezüglich der Verjährung im §. 1502 statuirt erscheint. Wir können aber trotzdem die Frage auf indirektem Wege aus dem Gesetze mit der nemlichen Sicherheit beantworten. Hiebei ist vor Allem festzuhalten, dass eine Beseitigung der gesetzlichen Schranke, welche die zeitliche Existenz eines temporalen Rechtes begrenzt, nichts Anderes ist, als die Umwandlung des befristeten Rechtes in ein zu immerwährender Existenz befähigtes, welches von nun an zwar der Verjährung erliegen, aber nicht mehr mit dem prädestinirten Todestage erlöschen kann. Eine solche Umwandlung dadurch vorzunehmen, dass die durch einen nicht vollkräftigen constitutiven Thatbestand nur zeitlich limitirt ins Leben gerufenen Rechtsbeziehungen, zum Inhalte eines Vertrages gemacht werden, welchem der Mangel der ursprünglichen rechtsbegründenden Thatsache nicht mehr anhaftet, — wird den Parteien in der Regel nicht verwehrt werden können; denn §. 1375 des a. b. G. B. stellt es in den freien Willen der Betheiligten, „ihre gegenseitigen willkürlichen Rechte und Verbindlichkeiten umzuändern". Ob nun diese Umänderung in einer Form verabredet wird, welche schon äusserlich eine Novation erkennen lässt, oder ob sich diese letztere in die Form des Verzichtes, die gesetzliche Frist geltend zu machen, kleidet, das ist vollständig gleichgiltig; entscheidend ist nur der Wille der Parteien, dass die zeitliche Schranke hinwegfallen soll. Es bedarf wohl kaum der Bemerkung, dass das in Folge eines solchen Verzichtes nunmehr zu immerwährendem Bestande kräftige Recht über alle und jede Gefahr des Zeitenlaufes nicht erhaben, sondern von nun an der allgemeinen dreissigjährigen Verjährung unterworfen ist.

Es besteht also auch in der eingangs dieses Paragraphen aufgeworfenen Frage zwischen Verjährung und Rechtsbefristung ein weiterer praktischer Unterschied: ist eine Fristbestimmung als Verjährung aufzufassen, dann kann im Vorhinein der Berufung auf dieselbe nicht entsagt werden; ist sie hingegen als Fall von Rechtstemporalität anzusehen, dann kann im Voraus auf ihre Geltendmachung giltig Verzicht geleistet werden. Auch dieser Unterschied kann mit als Subsumtionskriterium in Verwendung kommen [79]). Nehmen wir als Beispiel wieder die bereits früher einmal erwähnte Bestimmung des §. 1111 des a. b. G. B., nach welcher der Bestandgeber den Ersatz für eine Beschädigung oder übermässige Benützung des Bestandobjektes „längstens binnen Einem Jahre nach Zurückstellung desselben gerichtlich fordern muss, sonst ist das Recht erloschen". Wer diese Fristbestimmung als einen Verjährungsfall behandelt wissen will, der müsste in Folge des §. 1502 des a. b. G. B. [Verbot der Entsagung

---

79) Warum trotz des temporalen Charakters der Wechselobligation weder Verlängerung der Frist noch vorausgehender Verzicht auf die Geltendmachung ihres Ablaufes zulässig ist, und dass dieser Umstand für das Vorhandensein echter Verjährung in diesem Falle nichts beweist, davon wird in dem zweiten wechselrechtlichen Theile der Untersuchung die Rede sein.

auf die Verjährung im Voraus] einer Verabredung die Wirksamkeit versagen, welche bei Zurückstellung des Bestandobjektes dahin stattgefunden hat, dass ein allfälliger Ersatzanspruch des Bestandgebers an die kurze Frist des §. 1111 nicht gebunden sein soll. Und doch kann man keinen vernünftigen Grund ausfindig machen, aus welchem man einer solchen Verabredung die Giltigkeit entziehen müsste. Denn nicht derselbe rechtspolitische Gesichtspunkt, welcher der Verjährung zu Grunde liegt und einen vorausgehenden Verzicht auf dieselbe als unzulässig erscheinen lässt, hat den Gesetzgeber zur Statuirung der kurzen Frist des §. 1111 bewogen; sondern der Gedanke, dass gewisse Rechtsbeziehungen, welche nach der vollständigen Abwicklung der geschäftlichen Beziehungen ohne Wissen und Willen der Betheiligten *ex lege* fortbestehen, einer zeitlichen Einschränkung bedürfen, um die Lage des Verpflichteten nicht zu einem Hangen und Bangen werden zu lassen. Will dieser aber in Folge besonderer Umstände seine Haftpflicht vertragsmässig perpetuiren, dann ist nicht einzusehen, warum ihm von Gesetzeswegen dieses verwehrt werden sollte. Sobald man aber auf Grund der Natur der Sache einen Verzicht auf die kurze Frist als giltig erklärt, dann ist dadurch einerseits der Weg verlegt, welcher zur Annahme einer Verjährung führt, und gleichzeitig andererseits der Weg eröffnet, auf welchem man zur Annahme eines Falls von Rechtstemporalität gelangt.

III. Einen sehr interessanten Beleg dafür, dass das praktische Gefühl des Gesetzgebers oft viel weiter reicht, als seine begrifflichen Conceptionen, und ihn aus dem Banne der letzteren wieder befreit, bietet der §. 152 des sächsischen bürgl. Gesetzbuches. Dort heisst es: „Durch Privatverfügung kann nicht bestimmt werden, dass ein verjährbares

Klagrecht unverjährbar sein soll. Die dreissigjährige Verjährung kann durch Privatverfügung nicht verlängert werden. Bei kürzerer Verjährung ist eine Verlängerung bis zu dreissig Jahren zulässig, und ein Verzicht auf die kurze Verjährung hat die Folge, dass die Forderung der dreissigjährigen Verjährung unterliegt.“ Diese Unterscheidung zwischen der dreissigjährigen und der kürzeren Verjährung ist erst bei der Revision des sächsischen Entwurfes statuirt worden; denn der ursprüngliche Entwurf verbot Verlängerung der Frist und Verzicht im Voraus unterschiedslos. Mit dieser Unterscheidung ist wenigstens in einem Punkte der theoretische Irrthum praktisch sanirt, in welchen das sächs. b. G. dadurch verfällt, dass es eine Reihe von gesetzlichen Rechtsbefristungen [so die Fristen zur Geltendmachung eines Gewährleistungs- und Entwährungsanspruches (§§. 923 und 946), oder eines *pactum de commodando* (§. 1174) oder *de deponendo* (§. 1261)] irrthümlich als Fälle der Verjährung bezeichnet. Fasst man in richtiger Weise diese Fristbestimmungen als Fälle der Rechtstemporalität auf, dann erklärt es sich ganz natürlich, warum hier Fristverlängerung zulässig ist, und warum Verzicht auf die Frist dreissigjährige Verjährung herbeiführt, ohne dass man den richtigen Grundsatz zu durchbrechen braucht, dass die Verjährung als ein im öffentlichen Interesse eingeführtes Rechtsinstitut, was Fristverlängerung und Verzicht anbetrifft, der Privatverfügung entzogen ist [80]).

---

80) In ähnlicher Weise hat zwar mit Aufgebung der logischen Consequenz, aber mit instinktivem Gefühl für das praktische Bedürfniss auch Waechter Handbuch des württemb. Privatrechtes §. 119 Note 7 die Ansicht aufgestellt, dass nur die allgemeine dreissigjährige Verjährung in den in Rede stehenden Punkten der Modification durch den Parteienwillen entzogen sei, nicht aber die Fälle der kürzeren Verjährung.

§. 8.

6. DER UNTERSCHIED ZWISCHEN VERJÄHRUNG UND GESETZLICHER BEFRISTUNG HINSICHTLICH DES MIT DEM FRISTABLAUFE EINTRETENDEN ERFOLGES.

In dem bisherigen Theile der Untersuchung ist der mit dem Ablaufe der Verjährungszeit eintretende Erfolg stets als Aufhebung des betreffenden Anspruches, und die an das Verstreichen der Legalfrist sich knüpfende Ereignung als Endigen und Erlöschen des betreffenden Rechtes bezeichnet worden. Der Gebrauch dieser verschiedenen Ausdrücke statuirt jedoch noch keineswegs einen Unterschied im Inhalte der nach dem Zeitverlaufe eintretenden Veränderung der juristischen Situation; denn „Aufheben" wie „Erlöschen" deuten in gleicher Weise auf vollständigen Untergang des betreffenden Rechtsverhältnisses hin. Diese verschiedene Bezeichnung sollte vielmehr nur andeuten, dass bei der Verjährung die Veränderung der Rechtslage durch eine von Aussen her wirkende Ursache, bei der Befristung hingegen ursachlos von Innen aus erfolgt. Nun soll aber des Näheren untersucht werden, ob sowohl bei Verjährung wie bei Temporalität des Rechtes an den Ablauf des vom Gesetze fixirten Zeitraumes wirklich der vollständige Untergang, das gänzliche Dahinschwinden des früher vorhandenen Anspruches sich anknüpft.

I. Was nun zunächst die Wirkung der Verjährung betrifft, so ist bekanntlich zu unterscheiden zwischen dinglichen und persönlichen Rechten. Bei den ersteren ist der verjährbare Klaganspruch nicht identisch mit dem Rechte selbst, aus dessen Verletzung er entspringt, und es gehen die dinglichen Klagen durch Verjährung völlig unter ohne den Fortbestand des dinglichen Rechtes selbst im Geringsten zu beeinträchtigen. Hinsichtlich der obligatorischen Rechte ist es aber bekanntlich sowohl auf dem Gebiete des gemeinen[81]), wie des österreichischen Privatrechts[82]) controvers, ob die vollendete Verjährung dem bis zum Ablaufe der Verjährungszeit vorhandenen Anspruche ein vollständiges Ende bereite [sogenannte stärkere Wirkung], oder ob nur in der Klage das Mittel gerichtlicher Verfolgung und erzwingbarer Realisirung verloren gehe, und die Schuld als naturale Verbindlichkeit fortbestehe [schwächere Wirkung][83]). In eine erschöpfende Erörterung dieser Streitfrage kann im Rahmen dieser Untersuchung selbstverständlich nicht eingetreten werden, sondern ich muss mich damit begnügen, mit kurzer Motivirung in derselben Stellung zu nehmen. Für

81) Man vergl. die bei Windscheid Pandekten B. I §. 112 Note 3 angeführte Literatur.

82) Man vergl. Unger System B. II §. 122, Hasenöhrl österr. Obligationrecht S. 29, Zrodlowski Verjährung S. 8 fg. und die dort citirten Schriftsteller.

83) Die stärkere Wirkung ist unbestritten auf dem Gebiete des preussischen Privatrechtes [cf. a. p. L. R. I, 9, §§. 501, 502, 564 u. 568; Koch Lehrbuch §. 149 u. §. 151, Kommentar [6. Ausg.] S. 535 Note 41, Förster Theorie und Praxis B. I §, 57, 4.], die schwächere zweifellos im englischen Rechte [vergl. Byles *A treatise of the law of bills of exchange* p. 339: „*The Statute of Limitations does not destroy a debt, but only bars the remedy.*“/ Zweifelhaft ist die Frage nach sächsischem [vergl. Unger Der revidirte Entwurf S. 24] und nach französischem Rechte [vergl. die bei Zachariä Handbuch des franz. Civilrechtes B. IV §. 775 Note 2 angeführte Literatur].

das österreichische Recht nun, auf dessen Boden sich die vorliegende Untersuchung vorzüglich bewegt, fällt die Stellungnahme und die Begründung derselben nicht allzu schwer. Bei derselben ist vor Allem festzuhalten, dass die Naturalobligation nur nach der negativen Seite hin unter einer allgemeinen Regel steht: es fehlt ihr die Klagbarkeit. Nach der positiven Seite hin lässt sich ihre rechtliche Bedeutung nicht durch eine allen Fällen gemeinsame Regel bestimmen, sondern es muss vielmehr für jede einzelne natürliche Verbindlichkeit der rechtliche Inhalt besonders festgestellt werden [84]). Es folgt daher aus der Annahme einer Naturalobligation in einem einzelnen Falle noch durchaus nicht, dass dieselbe alle Wirkungen besitze, welche sie überhaupt haben kann; und umgekehrt erscheint die Annahme einer Naturalobligation nicht erst dann gerechtfertigt, wenn alle Wirkungen, welche sie *in abstracto* haben kann, auch im concreten Falle nachgewiesen werden, sondern es genügt hiezu schon der Nachweis der einen oder der anderen dieser Wirkungen. Ausdrücklich wird nun im a. b. G. B. der verjährten Schuld die Wirkung der Naturalobligation in zwei Punkten zugesprochen; es geschieht dies in den §§. 1432 und 1483. Der §. 1432 [„Zahlungen einer verjährten Schuld können nicht zurückgefordert werden"] schliesst nemlich ausdrücklich die *condictio indebiti* aus, wenn der Schuldner in Unkenntniss [85]) der bereits eingetretenen Verjährung gezahlt hat. Man kann daher für das österreichische Recht mit

---

84) Vergl. Windscheid Pandekten B. II §. 288 und die ebendort Note 4 angeführten Schriftsteller.

85) Dass sich §. 1432 nur auf die in Unkenntniss der eingetretenen Verjährung vorgenommene Zahlung bezieht, ergibt sich aus dem Zusammenhange dieses Paragraphes mit §. 1431, und aus seinem Schlusssatze. Auch wäre es völlig überflüssig, für die Fälle wissentlicher Zahlung einer verjährten Schuld die Condictio auszuschliessen, denn in solchen

voller Sicherheit zum Mindesten dieses Eine sagen, dass die Verjährung eine durch Zahlung erfüllbare Naturalobligation zurücklässt [86]). Nur über das Weitere kann man streiten, nemlich darüber, ob dieser Naturalobligation noch andere Wirkungen zukommen, als die *soluti retentio*. Das Gesetz enthält in dieser Beziehung keine unmittelbar anwendbare Bestimmung, weder für die Bejahung, noch für die Verneinung; man hat daher die Frage nach allgemeineren Gesichtspunkten und insbesondere darnach zu entscheiden, ob und in wie weit die Bestimmung des §. 1432 des a. b. G. B. eine solche analoge Anwendung auf andere, den Bestand einer Schuld voraussetzende Rechtsakte zulässt, dass aus dem Ergebniss dieser Analogie noch weitere Anhaltspunkte für die naturale Fortdauer der verjährten Schuld sich gewinnen lassen. Bevor jedoch diese Frage nach der analogen Ausdehnung des §. 1432 in Erörterung gezogen wird, soll noch der zweiten Gesetzesstelle Erwähnung geschehen, aus welcher sich das Vorhandensein einer weiteren Wirkung der verjährten Schuld als Naturalobligation ableiten lässt. Es ist dies §. 1483 des a. b. G. B., welcher folgendes bestimmt: „So lange der Gläubiger das Pfand in Händen hat, kann ihm

Fällen ist ja in Folge des in der Zahlung gelegenen stillschweigenden Verzichtes auf die Verjährungseinrede eigentlich eine aufrechte Schuld abgetragen worden.

86) Es liegt die Frage nahe, ob sich die Bestimmung des §. 1432 nur auf den Fall freiwilliger Zahlung, oder auch auf den Fall bezieht, wenn der in Unkenntniss von der Verjährung seiner Schuld befindliche Beklagte auf dem Wege der Zwangsvollstreckung Zahlung geleistet hat? Ich glaube dieses letztere bejahen zu müssen. Denn erstens ist auch eine erzwungene Zahlung immerhin eine Zahlung, und daher §. 1432 seinem Wortlaute nach anwendbar. Zweitens wäre es eine offenbare Unbilligkeit, den Schuldner, welcher freiwillig zahlt, schlechter zu behandeln, als den renitenten Schuldner, welcher erst in Folge Intervention der gerichtlichen Hilfe zahlt.

die unterlassene Ausübung des Pfandrechtes nicht eingewendet und das Pfandrecht nicht verjährt werden. Insofern aber die Forderung den Werth des Pfandes übersteigt, kann sie inzwischen durch Verjährung erlöschen." Zufolge dieser Bestimmung kann also nach österreichischem Rechte, eben so wie nach gemeinem Rechte [l. 7 C. 7. 39, und l. 2 C. 8. 31] das Pfandrecht fortbestehen, obwol die Schuld, für welche es bestellt wurde, bereits verjährt ist[87]). Da nun aber ein Pfandrecht seiner accessorischen Natur nach nur so lange fortbestehen kann, als die dasselbe tragende Obligation aufrecht bleibt; und da auch die Fortdauer des blos naturalen Bestandes der Obligation für die Erhaltung des Pfandrechts völlig hinreicht[88]), so lässt sich nicht blos sagen: wenn nach Eintritt der Verjährung eine Naturalobligation fortbesteht, so wird auch das Pfandrecht fortdauern müssen; sondern es lässt sich auch umgekehrt behaupten: wenn nach Eintritt der Verjährung ein Pfandrecht fortdauert, so muss daraus auf die Fortdauer der verjährten Schuld als *naturalis obligatio* geschlossen werden[89]). Aus diesem Grunde sehen sich auch die Anhänger der Meinung von der stärkeren Wirkung

---

87) Dass der Schlusssatz des §. 1483, die Forderung verjähre nur insoweit, als sie den Werth des Pfandes übersteigt, nicht so zu verstehen sei, als bleibe dieselbe bis zur Höhe des Werthes des Pfandstückes unverjährt und klagbar; sondern dass das Gesetz damit nur sagen will, es bestehe die verjährte Forderung insofern fort, als das Pfandrecht seiner accessorischen Natur wegen einer Basis bedarf, ist bereits bemerkt bei Winiwarter in den Materialien von Pratobevera B. VIII S. 114, Commentar B. V S. 217 und Unger System B. II §. 122 Note 12.

88) Cf. l. 14 §. 1 D. 20. 1: *Ex quibus casibus naturalis obligatio consistit, pignus perseverare constitit.*

89) Dieses ist auch die Argumentation jener gemeinrechtlichen Schriftsteller, welche ihre Ansicht von der schwächeren Wirkung der Verjährung in erster Linie auf die in den Quellen statuirte Fortdauer des Pfandrechtes über die Verjährung der Personalschuld hinaus stützen. Vergl. Savigny System B. V §. 250 I.

der Verjährung genöthigt, die Fortdauer der verjährten Schuld als naturalen wenigstens in der Function als Basis für ein bestehendes Pfandrecht zuzugeben, und es kann dieses Zugeständniss durch die Bemerkung nicht abgeschwächt werden, dass man die Bestimmung des §. 1483 eine singuläre Vorschrift nennt[90]), oder dass man mit der l. 59 pr. D. 36. 1 [*remanet propter pignus naturalis obligatio*] die Fortdauer der verjährten Schuld als einer naturalen als ein Beneficium von Pfandrechts Gnaden hinstellt. Nachdem wir also in den §§. 1432 und 1483 zwei Gesetzesstellen kennen gelernt haben, welche der verjährten Schuld nach zwei Seiten hin die Eigenschaften einer natürlichen Verbindlichkeit ausdrücklich verleihen, wollen wir nunmehr in Untersuchung ziehen, ob sich nicht auf dem Wege der analogen Ausdehnung des §. 1432 noch weitere Qualitäten der Naturalobligation für die verjährte Schuld constatiren lassen.

Hiebei ist am naheliegendsten die Frage, ob man die nur für die eigentliche Zahlung aufgestellte Bestimmung des §. 1432 des a. b. G. B. auch auf die Zahlungssurrogate analog anwenden dürfe, d. h. ob die Retention des *in solutum datum* gleichfalls zulässig, ob die auf Grund einer verjährten Schuld vorgenommene Novation giltig, ob die Compensation mit einer verjährten Forderung zulässig sei. Was nun zunächst die Hingabe an Zahlungsstatt betrifft, so würde es den Eindruck grosser, durch keinen sachlichen Unterschied begründeter Willkürlichkeit machen, wollte man die *condictio* auf das *solutum* ausschliessen, auf das *in solutum datum* hingegen zulassen. Da vielmehr das an Zahlungsstatt Hingegebene nach dem Willen der Parteien den eigentlichen Leistungsgegenstand vollständig vertreten soll, so erscheint

90) Vergl. Unger System B. II §. 122, 1.

auch bezüglich der Ausschliessung der Rückforderung die gleiche Behandlung beider Gegenstände durch die Natur der Sache geboten[91]). Was aber dem Gesagten nach im Falle der sofortigen Uebergabe des *in solutum* gegebenen gilt, das muss auch in dem Falle gelten, wenn der Schuldner nur *in solutum* promittirt, d. h. den Vertretungsgegenstand einstweilen noch nicht übergibt, sondern nur an Zahlungsstatt verspricht. Denn nach der herrschenden Ansicht ist die Novation in solchen Fällen nichts Anderes, als eine Art der *datio in solutum*[92]): der Schuldner verschafft dem Gläubiger, um sich aus der alten Obligation zu befreien, durch Novation ein neues Forderungsrecht. Es ist also die *condictio* der Novationsforderung ebensowenig zulässig, wie die des *solutum* und des *in solutum datum*[93]). Selbstverständlich wird in allen diesen Fällen auf Seite des Schuldners Unkenntniss von dem Ablaufe der Verjährungzeit vorausgesetzt; denn war ihm dieser letztere bekannt, dann ist die Giltigkeit der in Rede stehenden Rechtsakte schon deshalb ausser allem Zweifel, weil in der Vornahme derselben ein stillschweigender Verzicht auf die *exceptio temporis* erblickt werden muss.

Bei der Beantwortung der Frage, ob eine verjährte Forderung zur Compensation verwendet werden könne, sind verschiedene Fälle zu unterscheiden. Erstens, dem Gläubiger wird eine Forderung *compensando* entgegengehalten, von welcher er weiss, dass sie verjährt ist. Geht er trotz seines Wissens auf die Compensation ein, so ist dieselbe giltig; dies

91) Für die Zulässigkeit der Analogie auch Hasenöhrl österr. Obligationenrecht S. 36 a).

92) Vergl. Windscheid Pandekten B. II §. 353 Note 2).

93) Unger System B. II §. 122 Note 8) erklärt sich ohne nähere Begründung gegen die analoge Ausdehnung des §. 1432 auf den Fall einer Novation. Für die Zulässigkeit einer solchen Hasenöhrl österr. Obligationenrecht S. 36.

beweist aber nichts für das Vorhandensein einer Naturalobligation, denn es liegt in einem solchen Falle in dem Benehmen des in die Compensation willigenden Gläubigers stillschweigender Verzicht auf die Verjährungseinrede. Weigert er aber die Compensation unter Hinweis auf die eingetretene Verjährung der entgegengehaltenen Forderung, dann kann dieselbe gegen seinen Willen nicht stattfinden; denn wenn auch zuzugeben ist, dass die Compensation eine Art vereinfachter Zahlung ist, so geht es doch nicht an, dass der Schuldner, dessen Gegenforderung verjährt ist, das von ihm zu Leistende als ihm von der Gegenseite Geleistetes ansieht und nach §. 1432 des a. b. G. B. retinirt. Von einer analogen Anwendung dieses Paragraphen kann daher in diesem Falle nicht die Rede sein[94]). Es ist allerdings denkbar, dass auch einer Naturalforderung als weitgehendste Wirkung die Compensabilität zugesprochen werde; dieses müsste aber durch eine ausdrückliche Bestimmung des Gesetzes geschehen[95]) und ergäbe sich keineswegs auf dem

94) Vergl. Windscheid Pandekten B. II §. 289 Note 21), welcher bei der Frage, ob aus dem in den Quellen ausgesprochenen Satze, dass ein in Unkenntniss der *exceptio SC. Macedoniani* zurückerstattetes Darlehen vom Gläubiger retinirt werden kann, auf die Compensabilität dieser Naturalforderung geschlossen werden kann, ganz richtig bemerkt: „Wenn der Schuldner genöthigt werden kann, dem Gläubiger zu lassen, was er ihm gegeben hat, folgt daraus, dass er genöthigt werden kann, ihm zu lassen, was er ihm nicht gegeben hat?"

95) Wie beispielsweise in der l. 6 D. 16. 2: *Etiam quod natura debetur venit in compensationem.* Dieser Satz gilt bekanntlich nach der herrschenden Ansicht [vergl. Windscheid Pandekten B. II §. 289 Note 13, 21, 22, §. 350, 2 und die dort citirte Literatur] für das heutige gemeine Recht nicht mehr. Vom rechtspolitischen Standpunkte ist die Aberkennung der Compensabilität für Naturalforderungen sicherlich zu billigen; denn durch die Zulässigkeit derselben könnte, insbesondere mit Hilfe der Cession von Naturalforderungen, derjenige Zweck leicht vereitelt werden, welchen der Gesetzgeber bei der Statuirung blosser Naturalität im Auge hatte.

Wege analoger Anwendung des Satzes von dem Ausschlusse der *condictio indebiti*[96]). In den eben angedeuteten Fällen wurde vorausgesetzt, dass der Gläubiger die Verjährung der ihm *compensando* entgegengehaltenen Forderung kennt. Es ist aber denkbar, dass der Gläubiger den Umstand, dass die compensationsweise eingewendete Gegenforderung bereits verjährt ist, nicht kennt, und dass es in Folge dessen irrthümlich zur Compensation kommt. Kann in einem solchen Falle, wenn der Gläubiger nachträglich Kenntniss von der Sachlage bekommt, die Giltigkeit der Compensation angefochten werden? Bei der Beantwortung dieser Frage sind wieder zwei Fälle zu unterscheiden. Der Gläubiger hat den Schuldner aussergerichtlich gemahnt, dieser hat eine verjährte Forderung eingewendet, und der Gläubiger ist irrthümlich auf die Compensation eingegangen. Ich halte in einem solchen Falle den Compensationsvertrag für unanfechtbar. Denn da die Compensation nur eine vereinfachte Form der Zahlung ist, indem an die Stelle des Hin- und Hergebens der identischen Leistung die kürzere Manipulation der Aufrechnung tritt[97]), so ist Dasjenige, was dem excipirenden Schuldner

---

96) Uebereinstimmend alle Schriftsteller des österr. Privatrechtes, vergl. Zeiller Commentar B. IV S. 166, Winiwarter in den Materialien von Pratobevera B. VIII S. 18, Schindler in Haimerl's Viertelj. B. XII S. 152, Unger System B. II §. 96 Note 13), Stubenrauch Commentar B. III S. 110, Kirchstetter Commentar S. 682, Hasenöhrl österr. Obligat. R. S. 38, 39 und Zrodlowski Verjährung S. 10.

97) Vergl. *L. 76 D. de verb. sign.: Dedisse intelligendus est etiam is, qui compensavit;* und *l. 4 C. 4, 32: Compensationem pro soluto haberi oportet;* Bethmann-Hollweg Rhein. Museum B. I S. 268, Brinz Compensation S. 138, Bähr Anerkennung S. 174 und das bei Römer Abhandlungen H. I S. 92 Note 1) angeführte Erkenntniss des R. O. H. G. v. 6. März 1877; zum Theil vertritt diese Meinung auch Eisele Compensation S. 231 fg. Ausdrücklich angedeutet ist die Wesensgleichheit zwischen Compensation und Zahlung im §. 1438 des a. b. G. B.: „Eine gegenseitige Aufhebung der Verbindlichkeiten (Compensation),

auf dem Wege der freiwilligen Compensation belassen wird, so anzusehen, als sei es ihm von der Gegenseite geleistet worden. Es wird daher Dasjenige, was der §. 1432 des a. b. G. B. zunächst nur für die Effektivzahlung festsetzt, nemlich die Ausschliessung der Zurückforderung des faktisch übergebenen Gegenstandes der verjährten Schuld, auch dann zu gelten haben, wenn der Gläubiger aus der verjährten Forderung auf dem einfacheren Wege der Abrechnung zu dem Seinigen gelangt ist[98]). Der zweite Fall irrthümlicher Compensation in Folge der Unkenntniss der Verjährung läge dann vor., wenn dem klagenden Gläubiger in der Streitverhandlung eine verjährte Forderung entgegengehalten wird, dieser aus einem anderen Grunde, als der ihm unbekannten Verjährung, die Compensation erfolglos verweigert, und der

---

welche schon für sich die gegenseitige Zahlung bewirket." Was Dernburg Compensation S. 358 fg. gegen die Analogie zwischen den genannten beiden Akten vorbringt, halte ich nicht für stichhältig; ist er doch selbst genöthiget in wichtigen Punkten eine gleiche Behandlung beider zuzugeben. So halte ich z. B. die Bestimmung des §. 1416 des a. b. G. B. über die Imputation der Zahlung bei Existenz mehrerer Forderungen für analog anwendbar auf den Fall, wenn ein mehrfach berechtigter Gläubiger den Schuldner aussergerichtlich angeht, dieser eine Gegenforderung einwendet, der Gläubiger in die Compensation willigt, und nicht erklärt wird, auf welche der mehreren Forderungen die eingewendete Gegenforderung aufgerechnet werden soll. Ausdrücklich angeordnet ist in diesem Punkte die analoge Behandlung im a. p. L. R. I, 16 §. 375, im *Code Napoléon* Art. 1297 und im sächsischen b. G. B. §. 993. Einen weiteren Beleg analoger Behandlung böte der Umstand, dass der durch Compensation befreite Schuldner zweifelsohne auf Grund des zunächst nur von der eigentlichen Zahlung handelnden §. 1426 des a. b. G. B. vom Gläubiger eine Quittung verlangen könnte.

98) Hält man aber mit Römer Abhandlungen I H. S. 95 fg. die Compensation für eine Combination zweier Erlassverträge, dann wird man das irrthümliche Eingehen auf die Compensation mit einer entgegengehaltenen verjährten Forderung als irrthümlichen Erlassvertrag ansehen, demzufolge eine Analogie dieses Falles mit dem §. 1432 in Abrede stellen und die *condictio indebiti* auf Wiederherstellung der irrthümlich in Verzicht genommenen Hauptforderung einräumen müssen.

Richter auf Compensation erkennt. In einem solchen Falle scheint die Analogie nach §. 1432 auf den ersten Blick deshalb als ausgeschlossen, weil die Belassung des Objektes des klägerischen Anspruches in der Hand des verjährt berechtigten Schuldners gegen den Willen des verjährt verpflichteten Gläubigers erfolgt. Bedenkt man jedoch, dass die *condictio indebiti* auch dann ausgeschlossen ist, wenn auf Grund eines condemnatorischen Urtheiles, durch welches eine verjährte Forderung in Folge der Nichteinwendung der unbekannten Verjährung dem Kläger zugesprochen wurde, die Zahlung auf dem Wege der Zwangsvollstreckung gegen den Willen des verjährt Verpflichteten erfolgt [99]), so gelangt man zu dem Resultate, dass der in der Hand des verjährt berechtigten Gläubigers befindliche Gegenstand der Schuld auch dann nicht condicirt werden kann, wenn derselbe auf dem Wege einer, gegen den Willen des verjährt verpflichteten Klägers vollzogenen Compensation in der Hand des ersteren geblieben ist. Es wäre auch gar nicht einzusehen, warum derjenige, welcher bei Unkenntniss der Verjährung in die Compensation freiwillig eingeht, schlechter behandelt werden sollte, als derjenige, welcher unter derselben Voraussetzung aus einem unstichhältigen Grunde die Compensation verweigert.

Wir können also die Antwort auf die Frage, ob eine verjährte Forderung zur Compensation geeignet sei, dahin zusammenfassen, dass gegen den Willen des verjährt verpflichteten Gläubigers, welcher die ihm bekannte Verjährung einwendet, die Compensation nicht erfolgen kann; dass hingegen auf Grund der Analogie nach §. 1432 des a. b. G. B. diejenige Compensation durch *condictio indebiti* nicht

---

99) Vergl. Note 87 auf S. 144 dieser Abhandlung.

angefochten werden kann, welche bei Unkenntniss der Verjährung stattfand, sei es [nun durch freiwilligen Compensationsvertrag, sei es durch richterlichen Ausspruch [100]).

Unter den *in abstracto* möglichen Wirkungen einer Naturalobligation befindet sich auch die, dass dieselbe eine genügende Basis abgeben kann für ein giltiges Constitutum. Ob nun auch der verjährten Schuld diese Wirkung beizulegen ist, das hängt davon ab, ob zwischen Zahlung und Constitutum eine solche Verwandtschaft besteht, dass eine analoge Behandlung beider nach §. 1432 des a. b. G. B. als geboten erscheint. Es ist nun leicht zu zeigen, dass diese Frage zu verneinen ist. Zwischen Zahlung und Zahlungsversprechen besteht nemlich der wesentliche Unterschied, dass die erstere die Schuld tilgt, nicht auch das letztere. Es kann daher die Constitutsforderung keineswegs als ein hingegebenes Aequivalent für die constituirte Forderung angesehen werden, dessen irrthümliche Hingabe eben so wenig angefochten werden könnte, wie nach §. 1432 die irrthümliche Hingabe des Leistungsgegenstandes. Ist also in Unkenntniss der bereits eingetretenen Verjährung ein erneutes Zahlungsversprechen abgegeben worden, so steht dem Constitutsanspruche ebensogut die Verjährungseinrede entgegen, wie dem constituirten Anspruche. Nur auf den Fall der freiwilligen Erfüllung der Constitutsschuld wird §. 1432 anwendbar sein. Dass das auf Grund einer verjährten Schuld abgegebene Zahlungsversprechen dann eine klagbare Obliga-

---

100) Die Frage aus der Lehre von der Compensation, ob auch eine solche verjährte Forderung zur Compensation geeignet ist, welche im Momente des ersten Gegenüberstehens der beiden Forderungen noch unverjährt war, gehört nicht hieher; denn dieselbe bezieht sich nur auf das Problem von dem *ipso jure* und *ope exceptionis compensari* und hat mit der Lehre der Naturalobligation nichts zu schaffen.

tion erzeugt, wenn anlässlich desselben ausdrücklich oder stillschweigend [101]) auf die *exceptio temporis* verzichtet wurde, ist selbstverständlich und beweist nichts für das Vorhandensein einer Naturalschuld; denn in einem solchen Falle ist die constituirte Schuld in Folge des Verzichtes als unverjährt und klagbar anzusehen [102]).

Bei der Untersuchung der Wirkungen eines auf eine verjährte Schuld bezüglichen Anerkennungsvertrages muss unterschieden werden, ob derselbe ein Constitutum einschliesst oder nicht. Wenn das Erstere der Fall ist, dann kommt das soeben über die Wirkungen eines Constitutums Gesagte zur Anwendung. Wenn aber ein reiner Anerkennungsvertrag vorliegt, dann ist wieder zu unterscheiden, ob er einen Verzicht auf die Verjährungseinrede einschliesst oder nicht. Im Verzichtsfalle liegt, wie schon oben bemerkt wurde, eine

---

101) Ein stillschweigender Verzicht auf die Verjährungseinrede wird regelmässig schon dann anzunehmen sein, wenn der Constituent den Ablauf der Verjährungszeit gekannt hat.

102) Hasenöhrl a. a. O. S. 41 erklärt jedes Constitut ohne weiters für klagbar, ohne Rücksicht darauf, ob auf die Verjährungseinrede verzichtet wurde oder nicht. Er gelangt zu dieser irrthümlichen Ansicht dadurch, dass er erstens Anerkennung und Constitutum identificirt und zweitens in jeder Anerkennung der verjährten Schuld einen Verzicht auf die Verjährungseinrede erblickt. Dass dieses Letztere nicht richtig ist, wird gleich im Texte dargethan werden. — Ebenso unrichtig ist der in der Sammlung von Unger und Glaser unter No. 3148 in einer Entscheidung des österr. oberst. Gerichtshofes ausgesprochene Satz, dass, wenn man die Zahlung einer verjährten Schuld versprochen hat, man sich dieser Zahlung nicht entschlagen könne, „da man, wenn sie geleistet worden wäre, sie auch nicht zurückfordern dürfte". Dieser Entscheidung liegt erstens die oben als unrichtig bezeichnete Auffassung des Constitutums als eines Zahlungsäquivalentes zu Grunde, und zweitens würde dieselbe auch zur Klagbarkeit der verjährten Schuld, d. h. zur völligen Beseitigung des Institutes der Verjährung führen; denn auch der Kläger aus einer verjährten Forderung könnte sagen, der Schuldner müsse zahlen, denn er dürfte das Gezahlte, „wenn es geleistet worden wäre, [nach §. 1432] nicht zurückfordern.

verjährte Forderung gar nicht vor, es hat also in einem solchen Falle der Anerkennungsvertrag seine gewöhnliche Wirkung. Ein Verzicht auf die *exceptio temporis* ist aber nicht in jedem Anerkennungsvertrage schlechtweg zu erblicken, sondern er wird als stillschweigend gewollt nur dann anzunehmen sein, wenn der Anerkennende den Ablauf der Verjährungszeit gekannt hat; denn in der Abgabe eines Schuldanerkenntnisses liegt noch nicht der Verzicht auf alle Einwendungen, welche dem Schuldner gegen die anerkannte Forderung zu Gebote stehen mögen[103]). Die Wirkung des Anerkenntnisses besteht, wie im Allgemeinen, so auch in dem speciellen hier in Rede stehenden Falle lediglich in der Uebernahme der Verpflichtung, das als bestehend Anerkannte nicht bestreiten zu wollen[104]), nicht aber in der absoluten Entsagung auf alle Einwendungen, durch welche der Schuldner das Anerkannte zu beseitigen im Stande wäre. Der bei Unkenntniss des Ablaufes der Verjährungszeit abgeschlossene Anerkennungsvertrag hat also nur seine gewöhnliche Bedeutung, dass sich der Schuldner des Rechtes zur negativen Litiscontestation begibt, ohne dass er dabei der Verjährungseinrede beraubt würde. Ein Anerkenntniss ändert also, wie überall, so auch hier, nichts an dem materiellen Bestande des Rechtsverhältnisses. Es spricht daher nicht gegen die Fortdauer der verjährten Schuld als einer naturalen, wenn man dem reinen Anerkennungsvertrage die Kraft abspricht, die verjährte Schuld wieder zur klagbaren zu erheben. Hat ja noch Nie-

---

103) Wie Hasenöhrl a. a. O. irrthümlich behauptet. Begibt sich denn, selbst nach der strengeren Auffassung der Anerkennung als eines dispositiven Aktes, der Anerkennende des Rechtes, sich auf Zahlung, Compensation, Prolongation etc. zu berufen?

104) Vergl. Windscheid Pandekten B. II §. 412a).

mand behauptet, dass ein blosser Anerkennungsvertrag eine Naturalobligation in eine civile umwandle[105]).

Es erübrigt nun zur Beantwortung noch die letzte Frage: kann eine verjährte Forderung die Grundlage abgeben für Bürgschaft und Pfandrecht? Bei der Beantwortung dieser Frage wird zunächst zu unterscheiden sein zwischen der Fortdauer dieser accessorischen Rechtsverhältnisse, wenn dieselben schon vor dem Ablaufe der Verjährung begründet wurden, und ihrer Neubegründung auf Grund einer bereits verjährten Schuld.

Was zunächst das Schicksal einer bereits vor Eintritt der Verjährung der Hauptschuld begründeten Bürgschaftsschuld anbetrifft, wenn hinsichtlich derselben [sei es weil sie später begründet wurde, als die Hauptschuld, sei es weil nur ihre Verjährung unterbrochen wurde] die Voraussetzungen der Verjährung noch nicht vorhanden sind, während für die Hauptschuld die Verjährungszeit bereits abgelaufen ist, — so lässt sich dasselbe aus §. 1363 des a. b. G. B. leicht feststellen. Dieser Paragraph bestimmt nemlich folgendes: „Die Verbindlichkeit des Bürgen hört verhältnissmässig mit der Verbindlichkeit des Schuldners auf.“ Da nun der Ausdruck „verhältnissmässig“ nicht blos auf die quantitative, sondern auch auf die qualitative Seite der Schuld bezogen werden muss, so verwandelt sich auf Grund des §. 1363 mit der Verjährung der Hauptschuld auch die Bürgschaftsschuld in eine *ope exceptionis temporis* aufhebbare Obligation. Verzichtet aber der Bürge auf seine Verjäh-

---

105) Es sei denn, dass man der von Bähr aufgestellten [s. dessen Anerkennung S. 232 und 235] unrichtigen [s. die widerlegenden Bemerkungen bei Bruns Zeitschrift f. Rechtsgesch. B. I S. 93—96 und 118—124] Ansicht, dass jedes Anerkenntniss schlechthin auch ein erneutes Zahlungsversprechen enthalte, beistimmen wollte.

rungseinrede, so wird seine Verpflichtung dadurch wieder klagbar, oder besser gesagt, sie bleibt als unverjährte Schuld klagbar, und zwar auch dann, wenn sich nach dem Verzichte von Seiten der Bürgen der Hauptschuldner durch Berufung auf die Verjährung befreien sollte. Es kann somit auf dem eben angedeuteten Wege die Bürgschaftsschuld als klagbare die verjährte Hauptschuld überdauern, eine Erscheinung, welche im Hinblicke auf die accessorische Natur der Bürgschaft nach logischen Grundsätzen zur Annahme drängt, dass die verjährte Hauptschuld als Naturalobligation fortbesteht. Man könnte vielleicht auf den Gedanken kommen, die Nothwendigkeit der Annahme einer Naturalobligation in einem solchem Falle dadurch zu beseitigen, dass man sagt: der Verzicht auf die Verjährungseinrede von Seite des Bürgen sei in Wahrheit nicht ein Verzicht auf ein Exceptionsrecht, sondern es liege vielmehr ein, nur in die Form eines Verzichtes gekleideter, rechtserzeugender Akt vor, durch welchen unter vollständiger Aufhebung des bürgschaftlichen Standpunktes eine neue selbständige Schuld constituirt wird, welche zu ihrem Bestande der Fortdauer der verjährten Hauptschuld als einer natürlichen Verbindlichkeit durchaus nicht bedarf. Bei näherer Untersuchung zeigt sich jedoch die völlige Unhaltbarkeit dieser Construction; denn es lässt sich leicht beweisen, erstens dass hinsichtlich der Quelle des Rechtsverhältnisses nicht eine neubegründete Schuld vorliegt, sondern die Fortsetzung der alten Schuld; und zweitens, dass auch hinsichtlich des Inhaltes des Rechtsverhältnisses der alte bürgschaftliche Charakter fortdauert. Wäre, was zunächst den ersten Punkt betrifft, der Verzicht auf die Verjährungseinrede nur die Form für einen neuen rechtserzeugenden Akt, dann müsste man ihm in jenen Fällen die Wirkung absprechen, wo nicht alle Voraussetzungen vorhanden sind, welche zu einem selbständigen Intercessionsakte erfordert werden, so z. B. in dem Falle, wenn die besondere gesetzliche Form fehlt, welche etwa zur Giltigkeit eines Intercessionsaktes nothwendig wäre. Da nun aber der Verzicht auf die Verjährungseinrede sicher an jene Formalitäten nicht gebunden ist, welche zur Neubegründung des betreffenden Anspruches erforderlich sind, so geht es auch nicht an, den Verzicht als constitutiven Akt zu construiren. Was aber den zweiten Punkt anbetrifft, so geht die Nothwendigkeit, das durch den Verzicht auf die Verjährungseinrede von Seite des Bürgen geschaffene Rechtsverhältniss seinem juristischen Charakter nach als Bürgschaftsschuld aufzufassen, daraus unzweifelhaft hervor, dass auf dasselbe alle specifischen Rechtssätze der Bürgschaft anzuwenden sind; so z. B. die *exceptio ordinis* (§. 1355), das Verbot für den Gläubiger, auf ein Pfandrecht zu verzichten (§ 1360), die zeitliche Einschränkung der Haftung der Erben des Bürgen (§. 1367) u. s. w. Es erübrigt somit in dem in Rede stehenden Falle nichts Anderes, als anzunehmen, die alte Bürgschaftsschuld bestehe fort, und demzufolge auch die verjährte Hauptschuld als Naturalobligation.

Was nun aber die Wirkungen einer neuen Bürgenstellung nach Eintritt der Verjährung der Hauptschuld anbetrifft, so ist zunächst ohne weiters klar, dass eine solche vollständig giltig ist, wenn anlässlich der Stellung des Bürgen der Hauptschuldner auf seine Verjährungseinrede verzichtet hat, sei es ausdrücklich, sei es stillschweigend, indem er den Ablauf der Verjährung gekannt hat. In einem solchen Falle ist die Hauptschuld als unverjährt zu behandeln, und es hat daher dieser Fall mit der Frage nach der Fortexistenz einer Naturalobligation gar nichts zu thun. Wie steht die Sache aber dann, wenn die Bürgenstellung ohne

Verzicht auf die *exceptio temporis* von Seite des Hauptschuldners erfolgt, sei es weil wegen Unkenntniss des Ablaufes der Verjährung ein stillschweigender Verzicht nicht angenommen werden kann, sei es weil der Bürge aus eigenem Antriebe, ohne Einverständniss mit dem Hauptschuldner, für diesen einsteht? In einem solchen Falle ist, da der Bürge in der Regel quantitativ und qualitativ ebenso verhaftet wird, wie der Hauptschuldner, und da die verjährte Hauptschuld durch Verjährungseinrede aufhebbar ist, auch die Bürgschaftsschuld zunächst eine durch *exceptio temporis* aufhebbare Verbindlichkeit[106]). Da jedoch der Bürge, wie oben bereits bemerkt wurde, selbständig auf seine Einrede verzichten kann, und ein solcher Verzicht vom Bürgen sogleich bei der Uebernahme der Bürgschaft für die verjährte Schuld abgegeben werden kann, sei es ausdrücklich, sei es stillschweigend, indem er den Ablauf der Verjährungszeit gekannt hat, so entsteht in diesem Falle die Bürgschaft für eine verjährte Schuld als klagbare Verbindlichkeit. Mit Rücksicht auf die accessorische Natur der Bürgschaft setzt dieses Phänomem aber die Fortdauer der verjährten Hauptschuld als einer naturalen voraus. Man könnte auch in diesem Falle versucht sein, die Annahme einer Naturalobligation als Basis der Bürgschaft dadurch zu umgehen, dass man das auf Grund der verjährten Schuld errichtete obligatorische Verhältniss seines bürgschaftlichen und damit auch seines accessorischen Charakters entkleidet und als Principalschuld auf eigene Füsse stellt. Aber auch in diesem Falle steht einer derartigen Construction der Umstand hinderlich entgegen, dass alle specifischen Sätze der Bürgschaft auf das betreffende Schuldverhältniss anzuwenden sind, will

106) Aehnlich Winiwarter Commentar B. V S. 7.

man dasselbe in einer Weise regeln, welche dem wahrscheinlichen Willen der Parteien entspricht, die das Schuldverhältniss bei dessen Begründung ausdrücklich als Bürgschaft bezeichnet haben. Liegt weder ausdrücklicher, noch stillschweigender Verzicht auf die Verjährungseinrede von Seite des Bürgen oder von Seite des denselben stellenden Hauptschuldners vor, dann ist die Bürgschaftsschuld eine blos naturale, wie die verjährte Hauptschuld[107]).

Wir wenden uns nunmehr zur Untersuchung der Frage, wie sich das Pfandrecht zur Verjährung der Forderung verhält, für welche dasselbe bestellt erscheint. Auch hier ist wieder zu unterscheiden zwischen altem und neuem Pfandrechte. Was zunächst die Fortdauer eines bereits vor Eintritt der Verjährung begründeten Pfandrechtes betrifft, so ist wieder zu unterscheiden zwischen Hypothek und Faustpfand. Hinsichtlich der ersteren finden wir im §. 1499 des a. b. G. B. die ausdrückliche Bestimmung, dass „nach Verlauf der Verjährung der Verpflichtete die Löschung seiner in den öffentlichen Büchern eingetragenen Verpflichtung erwirken kann." Es erlischt somit mit der verjährten persönlichen Schuld auch das mit derselben verbundene accessorische Pfandrecht, und es hat die verjährte Schuld in diesem Punkte nicht die Wirkungen einer Naturalobligation[108]). Dass bei einem Faustpfandrechte kraft §. 1403

---

107) Schlechtweg [d. h. ohne die oben erörterten verschiedenen Situationen zu berücksichtigen] für ungiltig wird die Bürgschaft für eine bereits verjährte Schuld erklärt von Zeiller Commentar B. IV S. 16 und Nippel Erläuterung B. VIII Abth. I S. 263; hingegen für schlechtweg giltig von Stubenrauch Commentar B. II S. 480 und Hasenöhrl österr. Obligationenrecht S. 42.

108) Bekanntlich überdauert im gemeinen Rechte auch das Pfandrecht an einer unbeweglichen Sache die Verjährung der Forderung (vergl. Windscheid Pandekten B. I §. 112 Note 5) und lässt daher die verjährte Schuld als naturale Basis fortbestehen.

des a. b. G. B. das Gegentheil gilt, ist bereits oben dargethan worden.

Hinsichtlich der Wirksamkeit einer Pfandbestellung für eine verjährte Schuld ist zu unterscheiden, ob anlässlich derselben ein Verzicht auf die Verjährungseinrede ausdrücklich oder stillschweigend stattgefunden hat oder nicht. Im ersteren Falle ist die Schuld als unverjährt zu behandeln, daher die Pfandbestellung selbstverständlich vollständig giltig, und es hat somit dieser Fall mit der Frage nach dem Vorhandensein einer Naturalobligation gar nichts zu thun[109]). Hat aber ein Verzicht auf die *exceptio temporis* anlässlich der Pfandbestellung nicht stattgefunden, sondern ist dieselbe in Unkenntniss des Ablaufes der Verjährungszeit erfolgt, dann ist die Frage nach der Giltigkeit der Pfandbestellung darnach zu beurtheilen, ob man die Bestimmung des §. 1432 des a. b. G. B. über die Nichtanfechtbarkeit der irrthümlichen Zahlung analog anwenden darf auf den Fall der irrthümlichen Bestellung eines Pfandrechtes. Ich halte die Beantwortung dieser Frage für schwierig. Man könnte geneigt sein, insbesondere von einem mehr ökonomischen Standpunkte aus, in der Pfandbestellung eine Art anticipirter Zahlung zu erblicken und damit einen Anhaltspunkt zur analogen Behandlung nach

---

109) Ich halte es daher für nicht scharf gedacht, wenn Exner österr. Hypothekenrecht S. 137 es als einen Fall der giltigen Bestellung einer Hypothek auf Grund einer Naturalobligation ansieht, dass die Einräumung einer solchen auch für eine verjährte Schuld wirksam ist, wenn „in der durch den Schuldner nachträglich bewirkten Hypothekgewährung eine bindende Anerkennung der Schuld gelegen ist". Hier kann unter Anerkennung nur der Verzicht auf die Verjährungseinrede gemeint sein, denn, wie oben dargethan wurde, würde ein blosser Anerkennungsvertrag nichts nützen. Wird aber auf die *exceptio temporis* verzichtet, dann liegt nicht eine *naturalis*, sondern eine *civilis obligatio* vor.

§. 1432 des a. b. G. B. zu schaffen[110]). Juristisch-technische Bedenken stünden, — gesetzt die Zulässigkeit der analogen Behandlung wäre ausser Zweifel, — der wirksamen Begründung des Pfandrechtes nicht etwa deshalb entgegen, weil nach österreichischem Rechte die Geltendmachung des Pfandrechtes im Klagewege zu geschehen hat (§. 461 des a. b. G. B. und §. 1 der Min. Vdg. vom 19. September 1860 R. G. Bl. Nr. 212). Denn wenn auch die verjährte Forderung klaglos ist, so steht dem Pfandgläubiger doch noch immer die *actio pignoratitia in rem* zu, um die gerichtliche Procedur zu veranlassen[111]). Ist ja dieses auch der einzig mögliche Weg, auf welchem der Pfandgläubiger ein schon vor dem Eintritte der Verjährung der Personalschuld begründetes Pfandrecht, welches nach §. 1483 die Verjährung derselben überdauert, geltend machen kann, um sich aus demselben zu befriedigen. Lässt man aber in Analogie des §. 1432 des a. b. G. B. die Unanfechtbarkeit des irrthümlich für eine schon verjährte Forderung bestellten Pfandrechtes gelten, dann drängt die juristische Logik mit Rücksicht auf die accessorische Natur des Pfandrechtes zur Annahme einer Naturobligation als Basis desselben.

Wenn wir nun diejenigen Gesichtspunkte zusammenfassen sollen, welche für das Zurückbleiben einer Natur-

---

110) Ohne nähere Angabe eines Verwandtschaftsgrundes zwischen Zahlung und Pfandbestellung nimmt Hasenöhrl Obligationenrecht S. 44 Note 68) die anoge Behandlung der letzteren nach §. 1432 als zweifellos und deshalb die Pfandbestellung für eine verjährte Schuld als giltig an. Ebenfalls ohne nähere Begründung spricht Unger System B. II §. 122 Note 8) die gegentheilige Ansicht aus, dass nemlich ohne Verzicht auf die Verjährungseinrede die Pfandbestellung für eine verjährte Schuld nicht möglich sei.

111) Dieses gegen Winiwarter Commentar B. V S. 7, welcher in dem in Rede stehenden Falle ein Pfandrecht ohne Möglichkeit der gerichtlichen Realisirung desselben anzunehmen scheint.

obligation nach Eintritt der Verjährung eines obligatorischen Anspruches sprechen, so werden wir hiebei jene Fälle auszuscheiden haben, in welchen die Giltigkeit der auf Grund der verjährten Schuld vorgenommenen Rechtsakte den Verzicht auf die Verjährungseinrede von Seite des Schuldners zur Voraussetzung hat; denn in diesen Fällen ist die Schuld als unverjährt anzusehen und als Basis der betreffenden Rechtsakte eine *obligatio civilis* vorhanden. Zum Nachweise des Vorhandenseins einer natürlichen Verbindlichkeit werden vielmehr nur diejenigen Fälle heranzuziehen sein, in welchen der zur Giltigkeit und Unanfechtbarkeit das Vorhandensein einer mindestens *naturaliter* bestehenden Obligation erfordernde Rechtsakt auch dann der Giltigkeit nicht entbehrt, wenn er in Unkenntniss der abgelaufenen Verjährung vorgenommen wurde. Diese auf das Fortbestehen der verjährten Schuld als einer naturalen hindeutenden Anzeichen sind nun folgende: der Schuldner kann die in Unkenntniss der Verjährung freiwillig vorgenommene Zahlung, Hingabe an Zahlungsstatt, Novation und Compensation nicht anfechten. Der alte Bürge haftet klagbar unter Voraussetzung des Verzichtes auf die *exceptio temporis* von seiner Seite auch dann, wenn sich der Hauptschuldner durch den Gebrauch der *exceptio* liberirt. Der neue Bürge haftet klagbar unter denselben Voraussetzungen. Das alte Faustpfandrecht besteht trotz Verjährung des obligatorischen Anspruches fort, und selbst für die Möglichkeit der giltigen Bestellung eines neuen Pfandrechtes lässt sich ein halbwegs plausibler Grund vorbringen. Da nun alle diese Fälle Rechtsverhältnisse betreffen, welche nicht auf eigenen Füssen stehen können, sondern ihrem Wesen nach mindestens eine Naturalobligation als Grundlage voraussetzen, so müssen wir, da dieselben auf Grund einer verjährten Schuld giltig entstehen oder nach Eintritt der Verjährung giltig fortbestehen können, die verjährte Schuld als Naturalobligation ansehen. Dieses ist auch auf dem Gebiete des österreichischen Privatrechtes herrschende Meinung, obwohl es bislang selbst an einer so skizzenhaften Erörterung der Streitfrage gemangelt hat, wie dieselbe in dem Vorstehenden versucht wurde[112]).

II. Es ist nunmehr zu untersuchen, ob, ebenso wie die verjährte Obligation nach Ablauf der Verjährungszeit, auch die befristete Obligation nach Eintritt ihres Endtermines eine mit den eben constatirten Wirkungen ausgestattete Naturalobligation fortbestehen lasse? Da sich im Gesetze hinsichtlich der befristeten Schuldverhältnisse ähnliche, auf die Existenz einer Naturalschuld hindeutende Bestimmungen nicht finden, wie die in den §§. 1432 und 1483 des a. b. G. B. hinsichtlich der verjährten Schuldverhältnisse aufgestellten, so ist man bei der Beantwortung der eben aufgeworfenen Frage auf die Analyse des begrifflichen Wesens der Rechtsbefristung angewiesen. Wie sich gleich zeigen wird, liefert diese eine ganz zuverlässige Antwort.

Es ist im Laufe der Erörterung wiederholt bemerkt worden, dass bei der Verjährung die vom Gesetze limitirte

---

112) Zu Gunsten der Naturalobligation sprechen sich aus: Zeiller Commentar B. IV S. 159 fg., Nippel Erläuterung B. VIII 2. Abth. S. 189, Winiwarter Commentar B. V S. 105, Stubenrauch Commentar B. III S. 516; Zrodlowski Verjährung S. 123 fg., Exner österr. Hypothekenrecht S. 137 Note 54 und Hasenöhrl österr. Obligationenrecht S. 29 fg.; zweifelhaft Kirchstetter Commentar S. 712. Was Pachmann Verjährung S. 62 und Unger System B. II §. 122, 1, insbesondere in den Noten 6 und 10, an Argumenten gegen die Fortdauer der verjährten Schuld als einer natürlichen Verbindlichkeit vorbringen, ist bereits bei Hasenöhrl a. a. O. S. 31 Note 24 als unstichhältig zurückgewiesen.

Zeit das Mass bildet für den Umfang einer rechtsaufhebenden Thatsache hinsichtlich eines seiner Lebenskraft nach zu immerwährender Dauer angelegten Rechtes. Nunmehr sind wir in der Lage, die Function des innerhalb des gesetzlichen Zeitraumes sich vollziehenden Thatbestandes näher dahin zu bestimmen, dass derselbe für einen obligatorischen Anspruch nicht völlig rechtsvernichtend, sondern nur gewissermassen rechtsverändernd wirkt, indem er die Forderung in eine naturale umwandelt, die so veränderte juristische Situation aber *in aeternum* fortbestehen lässt. Dass es sich bei der Rechtstemporalität anders verhält, und der *dies* kein solches Residuum zurücklässt, wie die Verjährung, das lässt sich aus dem Wesen der Rechtsbefristung leicht beweisen. Wir haben bei dieser die Zeit als Mass für den Umfang eines Rechtes kennen gelernt, welches einem nicht vollkräftigen rechtsbegründenden Thatbestande entsprungen ist. Wenn nun die gesetzliche Frist in Wahrheit als ein zeitliches Limito der Rechtswirkungen anzusehen ist, dann ist eine Fortdauer des befristeten Rechtes über seinen Endtermin hinaus, und sei es auch nur als ein abgeschwächtes Recht, vollständig undenkbar. Denn könnte das Recht als klagloses den *dies ad quem* überleben, dann wäre eben nicht das Recht selbst, sondern nur die Klagbarkeit desselben zeitlich eingeschränkt. Da sich aber die Befristung nicht auf die letztere, sondern auf das Recht selbst bezieht, so kann jenseits des legalen *dies* auch nicht eine Spur jener Rechtswirkungen übrig bleiben, welche sich eben nur bis zum *dies* erstrecken sollen. Welche praktischen Consequenzen sich hieraus zum Unterschiede von der Verjährung für das Schicksal jener Rechtsverhältnisse ergeben, die zu ihrer giltigen Entstehung oder zu ihrem Fortbestande wenigstens einer Naturalobligation zur Grundlage bedürfen, liegt auf der Hand [113]).

III. Auch die im Vorstehenden aufgezeigten, aus der Verschiedenheit des an den Fristablauf sich knüpfenden Erfolges entspringenden, praktischen Unterschiede können als Kriterien bei der Subsumtion einer zweifelhaften Fristbestimmung in Verwendung kommen. Sollte sich z. B. ergeben, dass zufolge ausdrücklicher Bestimmung des Gesetzes, oder der Natur der Sache nach, mit dem obligatorischen Anspruche auch das zur Sicherung desselben bestehende Faustpfandrecht, entgegen der im §. 1483 des a. b. G. B. aufgestellten Bestimmung, nach Ablauf der fraglichen Frist

---

113) Dass zwischen echter Verjährung und Rechtstemporalität darin ein praktischer Unterschied besteht, dass bei der letzteren der Fristablauf nicht blos der aus dem Rechte entspringenden *actio*, sondern dem Rechte selbst ein Ende macht, während bei der ersteren der Fristablauf nur die schwächere Wirkung der Umwandlung der *civilis* in eine *naturalis obligatio* mit sich bringt, hat auf dem Gebiete des gemeinen Rechtes zuerst Donellus [*Commentarii lib. XVI c. 8 §. 21, 22, lib. XXII c. 2 §. 28*] angedeutet, indem er versuchte bei der Entscheidung der Frage nach der stärkeren oder schwächeren Wirkung der Verjährung einen Unterschied zu machen zwischen den *actiones temporales* und den *actiones perpetuae*, und bei den ersteren den völligen Untergang des Anspruches, bei den letzteren aber das Zurückbleiben einer Naturalobligation zu constatiren. Nach Donellus hat unter den neueren Schriftstellern namentlich Fick in seiner Dissertationsschrift: *Quid intersit, quoad vim tempore in jus exercitam, inter exceptionem temporis actionibus perpetuis opponendam et alias quas dicunt temporis praescriptiones.* (Marburg 1847) die Ansicht des Donellus aufgegriffen und aus den Quellen zu beweisen versucht. Man vergl. die citirte Schrift S. 10, 16, 46 fg. Nach Fick haben unabhängig von ihm und auch unabhängig von einander beinahe gleichzeitig Demelius Untersuchungen S. 64 fg. und Brinz Pandekten (1. Aufl.) S. 164 dieselbe Ansicht vertheidigt, der in neuerer Zeit auch Dernburg Pfandrecht Bd. II S. 587 beigetreten ist. Die Mehrzahl der gemeinrechtlichen Schriftsteller hat sich jedoch [m. A. nach mit Unrecht) gegen diese Mittelmeinung in der erwähnten Controverse ausgesprochen.

mit untergeht, dann dürfte hierin, insbesondere im Zusammenhalte mit anderen Kriterien, ein zuverlässiger Anhaltspunkt zur Annahme einer Legalbefristung zu erblicken sein. Nehmen wir an, es stünde der Charakter der im §. 933 des a. b. G. B. statuirten Fristbestimmung in Frage: [„Wer die Gewährleistung fordern will, muss sein Recht, wenn es unbewegliche Sachen betrifft, binnen drei Jahren; betrifft es aber bewegliche, binnen sechs Monaten geltend machen, sonst ist das Recht erloschen"], und setzen wir den Fall, es hätte der Verkäufer zur Sicherung seiner Gewährleistungspflicht dem Käufer bei Abschluss des Kaufvertrages ein Faustpfand übergeben, und es wäre die sechsmonatliche Garantiefrist verstrichen, ohne dass von Seite des Käufers ein Mangel urgirt worden wäre. Wollte man nun zulassen, dass der Käufer die Herausgabe des Pfandstückes nach §. 1483 des a. b. G. B. mit der Motivirung verweigert, das Pfandrecht sei noch unverjährt, wenn auch der Ersatzanspruch nach §. 933 schon verjährt sein sollte, so würde man auf diesem Wege, wenigstens der sachlichen Haftung nach, die Gewährleistungsverbindlichkeit perpetuiren; ein Ergebniss, welches nicht blos dem Willen der Parteien zuwider lauft, wenn sie zur Sicherung des Gewährleistungsanspruches ein Pfandrecht bestellen, sondern auch offenbar aller Billigkeit widerspräche. Erblickt man aber in der Frist des §. 933 nicht eine Verjährung, sondern eine gesetzliche Zeitbeschränkung, dann gelangt man zu dem, dem Rechtsgefühle viel entsprechenderen Resultate, dass nach Ablauf der Garantiefrist auch das accessorische Pfandrecht mit seiner Basis völlig untergeht, und daher das Pfandstück zu restituiren ist. Hinsichtlich des wechselrechtlichen Subsumtionsproblemes, dessen Lösung wir uns vorgesetzt haben, findet sich in der a. W. O. sogar eine ausdrückliche Bestimmung, welche gegen die Fortdauer der „verjährten“ Wechselschuld als einer naturalen Verbindlichkeit und damit zugleich gegen das Vorhandensein echter Verjährung spricht. Ist nemlich im Cautionsregresse ein Faustpfand zur Sicherheit gegeben worden, und ist der Regressanspruch durch Verstreichung der im Art. 78 und 79 der a. W. O. statuirten Fristen untergegangen, dann darf der pfandberechtigte Nachmann die Herausgabe des Pfandes nicht etwa nach §. 1483 des a. b. G. B. verweigern, sondern er muss nach Art. 28 Z. 3 der a. W. O. das Pfand zurückgeben. Im Lichte des Resultates der eben angestellten Untersuchung über die Beschaffenheit des mit dem Fristablaufe eintretenden Erfolges widerspricht die citirte Bestimmung der a. W. O. einerseits dem verjährungsrechtlichen Satze von dem Uebrigbleiben einer Naturalobligation, andererseits harmonirt dieselbe vollständig mit dem aus dem Wesen der Legalbefristung fliessenden Satze, dass jenseits des *dies* die Schuld sammt ihren Accessorien als vollständig untergegangen anzusehen ist.

§. 9.

7. DER UNTERSCHIED ZWISCHEN VERJÄHRUNG UND GESETZLICHER BEFRISTUNG HINSICHTLICH DER VORAUSSETZUNGEN, UNTER WELCHEN DER RICHTER DEN ABLAUF DER FRIST ZU BERÜCKSICHTIGEN HAT.

I. Auf dem Gebiete des gemeinen Rechtes ist viel darüber gestritten worden, ob der Richter die vollendete Verjährung nur dann berücksichtigen darf, wenn sich derjenige, welcher dieselbe für sich hat, einredeweise auf Verjährung beruft; oder ob der Richter die unterlassene Einwendung der Verjährung zu suppliren, d. h. von Amtswegen darauf Rücksicht zu nehmen hat, wenn aus den Akten sich ergibt, dass die Verjährung schon vor dem Beginne des Prozesses eingetreten war. Die herrschende Meinung entscheidet sich für das Erstere[114]). Die Gründe, welche man aus der Natur der Sache dafür anführt, und welche den Satz von der Nothwendigkeit exceptivischer Berufung auf die Verjährung als selbstverständlich erscheinen lassen sollen, halte ich für nicht stichhältig. Man beruft sich in erster Linie auf den prozessualischen Grundsatz von der Verhandlungsmaxime und sagt, der Richter könne, wie überhaupt, so auch in diesem

---

114) Vergl. Unterholzner-Schirmer Verjährung B. I. §. 138 und die bei Unger System B. II §. 122 Note 21 und bei Windscheid Pandekten B. §. 112 Note 1 angeführte Literatur.

besonderen Falle, bei der Schöpfung der Sentenz auf relevante juristische Thatsachen nur dann Rücksicht nehmen, wenn sie ihm von den Parteien während des Instructionsverfahrens vorgelegt worden sind, und dieses müsse, wenn Verjährung in Frage steht, durch den Beklagten geschehen[115]). Der zweite Theil dieser Behauptung ist nicht richtig; denn daraus, dass der Richter seinem Spruche nur dasjenige Thatsachenmaterial zu Grunde legen darf, welches ihm die Parteien selbst vorlegen, folgt keineswegs auch die weitere Beschränkung, dass zu Gunsten jeder einzelnen Partei nur Dasjenige bei der Urtheilsschöpfung berücksichtigt werden dürfe, was sie selbst zu ihren Gunsten vorgebracht hat. Der Richter hat vielmehr im Interesse des Geklagten juristische Thatsachen auch dann zu berücksichtigen, wenn dieselben nicht durch diesen selbst, sondern nur durch den klägerischen Vortrag in das Prozessmaterial gelangt sind[116]); und es müsste daher auch bei striktem Festhalten an der Verhandlungsmaxime der Richter, wenn ihn nicht eine besondere Norm davon abhält, auf die Verjährung von Amtswegen dann Rücksicht nehmen, wenn der Thatbestand derselben aus des Berechtigten eigenen Anführungen unzweifelhaft hervorgeht. Es vermag sonach der Hinweis auf die Verhandlungsmaxime den Satz von der Nothwendigkeit einredeweiser Geltendmachung der Verjährung durch den Geklagten nicht zu erklären.

Andere Schriftsteller suchen diesen Satz dadurch zu begründen, dass sie es als unmöglich hinstellen, dass ohne exceptivische Berufung auf die Verjährung von Seite des Geklagten der zur Annahme der Verjährung erforderliche Thatbestand aus dem Verhandlungsmateriale appariren könne.

---

115) Siehe Zrodlowski Verjährung S. 120.
116) Vergl. Unger System B. II §. 124 Note 21.

Sie drücken dies in der Weise aus, dass sie sagen, es müsse dem Kläger Gelegenheit geboten werden, *replicando* eine allfällige Unterbrechung der Verjährung darzuthun[117]). Dieser Argumentation liegt die richtige Vorstellung zu Grunde, dass aus dem Umstande allein, dass seit der Entstehung des angesprochenen Rechtes ein die Dauer der Verjährungsfrist übersteigender Zeitraum verflossen ist, noch nicht die Completheit des Verjährungsthatbestandes hervorgeht; denn da dieser letztere in dem Nichteintritte eines Unterbrechungsgrundes besteht, so kann selbstverständlich der Richter so lange nicht auf Verjährung erkennen, ehe nicht die Unterbrechungsfrage klar aus dem Verhandlungsmateriale beantwortet werden kann. Der Irrthum, welcher bei dieser Argumentation unterläuft, ist aber der, dass die angeführten Schriftsteller von der Ansicht ausgehen, es könne die Unterbrechungsfrage nur dadurch klar gestellt werden, dass der Beklagte durch die Einwendung der Verjährung den Kläger zum Nachweise von Unterbrechungsakten veranlasst. Dass dies die regelmässige Veranlassung zur Erörterung der Unterbrechungsfrage bildet, soll nicht bestritten werden. Entschieden in Abrede gestellt muss aber die Behauptung werden, dass die Einwendung der Verjährung die einzig denkbare Veranlassung hiezu bietet; denn es fällt selbst einer mässig lebhaften Phantasie nicht schwer, Fälle zu erfinden, in welchen der volle negative Verjährungsthatbestand schon aus der Klage selbst hervorgeht. Wenn also die Nothwendigkeit der Berufung auf Verjährung nur die von den angeführten Schriftstellern angedeutete Bedeutung hätte, dann müsste dieselbe in denjenigen Fällen cessiren, in welchen der Kläger selbst in seiner

---

117) Vergl. Unterholzner-Schirmer Verjährung B. I S. 495 und Zrodlowski Verjährung S. 120.

Erzählung dem Richter ein so beschaffenes Thatsachenmaterial vorlegt, dass aus demselben das Nichtvorhandensein von Hemmung und Unterbrechung der Verjährung unzweifelhaft hervorgeht. In dritter Linie wird behauptet, der Richter dürfe, ohne vom Beklagten hiezu aufgefordert zu werden, auf die Verjährung selbst dann keine Rücksicht nehmen, wenn der volle Verjährungsthatbestand aus dem Verhandlungsmateriale apparirt; denn das aus der Verjährung für den Schuldner entstandene Exceptionsrecht sei verzichtbar, und in der Unterlassung der Berufung darauf liege ein stillschweigender Verzicht auf die *exceptio temporis*[118]). Diese Argumente schliessen beide einen logischen Fehler in sich. Im ersteren liegt nemlich offenbar eine *petitio pricipii;* denn wie kann man zum Beweise der Behauptung, es sei *exceptio* nothwendig, anführen, dass in dem Nichtvorbringen der *exceptio* ein Verzicht auf dieselbe gelegen sei! Nimmt man aber *a priori* an, es sei exceptivische Geltendmachung der Verjährung unerlässlich, dann bedarf es zum Nachweise, dass dieselbe nothwendig sei, nicht erst der Annahme eines stillschweigenden Verzichtes, rücksichtlich dessen es überdies noch zweifelhaft ist, ob in dem Schweigen des Geklagten eine genügende Voraussetzung zu seiner Annahme erblickt werden darf; denn nur im Falle des Wissens von der Verjährung auf Seite des Geklagten wäre diese Annahme begründet; dieses Wissen kann aber sehr oft fehlen, ja es wird der Mangel desselben in der Mehrzahl der Fälle, in welchen die Verjährungseinrede unterbleibt, geradezu die Ursache dieser Unterlassung bilden.

Da nun nach dem im Vorstehenden gelieferten Nachweise die Nothwendigkeit einer Berufung auf Verjährung von

---

118) Vergl. Kierulff Theorie B. I S. 215.

Seite des Schuldners sich aus allgemeinen Rechtsgrundsätzen nicht ergibt, so haben neben dem österr. a. b. G. B. beinahe alle modernen Rechte den betreffenden Rechtsatz ausdrücklich statuirt[119]). Es bedarf also, um die Wirkung des Verjährungsthatbestandes in Aktualität zu versetzen, der hierauf gerichteten Willenserklärung von Seite des Schuldners. Selbstverständlich ist aber, dass es hiezu nicht der kunstgemässen Benennung und Formulirung der Verjährungseinrede bedarf, sondern dass es genügt, wenn der Geklagte deutlich zu erkennen gibt, dass er losgesprochen zu werden begehre, weil der Kläger seinen Anspruch zu spät geltend macht[120]). Unterbleibt diese Einwendung, dann ist die Verjährung so gut wie gar nicht abgelaufen, der rechtsaufhebende Thatbestand ist ohne die Willensaktion des Schuldners gewissermassen incomplet, und das Recht besteht trotz des

---

119) A. b. G. B. §. 1501: „Auf die Verjährung ist, ohne Einwendung der Parteien von amtswegen kein Bedacht zu nehmen." *Code Napoléon* Art. 2223: *„Les juges ne peuvent pas suppléer d'office le moyen résultant de la prescription."* Sächs. b. G. B. §. 153: „Die Verjährung ist nicht amtswegen zu berücksichtigen." —

Keine ausdrückliche gesetzliche Bestimmung enthält das a. p. L. R.; die früher schwankende Praxis hat sich in neuerer Zeit der herrschenden Lehre in der Theorie im Sinne der Nothwendigkeit der *exceptio* angeschlossen. Vergl. Förster Theorie und Praxis B. I S. 305 §. 57, 5. Aehnlich verhält es sich im englischen Rechte; vergl. Byles *A treatise of the law of bills of exange* S. 357: *„A public act need not in general, before the recent alterations of the law, have been pleaded. But to this rule the Statute of Limitations was an exception. It was once held, that the statute need not be pleaded where it appeared on the face of the declaration that the plaintiff was too late. But it was afterwords settled that it must, even in that case, be pleaded; for peradventure the plaintiff may be within one of the saving clauses* [d. h. Hemmung oder Unterbrechung]. *It must now be pleaded in all cases."*

120) Vergl. Unterholzner-Schirmer a. a. O. B. I §. 138, Unger a. a. O. B. II §. 122 Note 21, Troplong *De la prescription* No. 91 und Marcadé *Commentaire-Traité de la prescription* in No. 19 der Anmerkungen zu Art. 2223 des *Code civil.*

Ablaufes der Frist einstweilen fort. Es gehört demnach die Verjährung in die Kategorie der sogenannten mittelbar rechtsaufhebenden Thatsachen oder *ope exceptionis* wirkenden Erlöschungsgründe, welche nicht schon durch ihr blosses Eintreten ihre rechtsvernichtende Kraft äussern, sondern diese erst dann in Wirksamkeit treten lassen, wenn eine hiezu berechtigte Person durch ihre Willenserklärung den Anstoss gegeben hat. Mit dem Wesen der Verjährung hängt dies keineswegs zusammen; was aus der Prüfung der Behauptung hervorging, die Nothwendigkeit exceptivischer Geltendmachung der Verjährung beruhe in der Natur der Sache. Ich glaube, auch, dass ein Gesetz keinen grossen Fehler beginge, wenn es die Verjährung als einen *ipso jure* wirkenden Aufhebungsgrund hinstellte.

II. Hinsichtlich der Berücksichtigung des Ablaufes der Legalfrist eines betagten Rechtes durch den Richter findet sich eine ausdrückliche Bestimmung im Gesetze nicht. Wir werden also die Frage, wie sich der Richter bei der Urtheilsschöpfung zu verhalten habe, wenn aus des Klägers eigenem Vorbringen der Ablauf der Legalfrist schon vor dem Beginne des Prozesses zu ersehen ist, und der Schuldner diesen Umstand nicht urgirt, nach allgemeinen juristischen Gesichtspunkten zu entscheiden haben. Der in dieser Frage massgebende allgemeine Grundsatz ist nun der, dass der Richter bei Beurtheilung des klägerischen Anspruches solche Thatsachen, welche für dessen Untergang massgebend sind, zu berücksichtigen hat ohne Unterschied, ob sich das Vorhandensein derselben aus dem Vorbringen des Beklagten oder aus jenem des Klägers ergibt.[121]) Wenn nun der Kläger seinen

121) Vergl. Bethmann-Hollweg Versuche S. 302 Note 20a, Wetzell System des ord. Civ. Proz. §. 19 Note 8 und §. 43 Note 41, Endemann Civ.-Proz.-Recht §. 170, Unger System B. II §. 124 Note 21

Anspruch auf eine solche rechtsbegründende Thatsache stützt, deren Wirkungen durch einen gesetzlichen *dies ad quem* eingeschränkt sind, und wenn sich zugleich aus des Klägers eigener Darstellung der Zeitpunkt des Eintrittes dieser rechtsbegründenden Thatsache und hiemit zugleich der Zeitpunkt des Beginnes des Laufes der Legalfrist ergibt, dann ist das Urtheil darüber, ob der klägerische Anspruch ein gegenwärtig vorhandener sei, oder nicht, ein blosses Rechenexempel. Ergibt nun diese Rechnung, dass die Legalfrist bereits vor Beginn des Rechtstreites verstrichen war, dann steht das Petit des Klägers mit dessen Fundamente in offenbarem Widerspruche: denn der Kläger begehrt die Constatirung des Bestandes eines Rechtes, welches sich nach seinen eigenen thatsächlichen Behauptungen als nicht mehr vorhanden erweist. Es wäre baarer Formalismus, wenn bei solcher Gestalt der Sache der Beklagte überdies noch exceptionsweise wiederholen oder acceptiren müsste, was der Richter bereits aus des Klägers eigenem Munde weiss, um die Abweisung des Klägers herbeizuführen. Es handelt sich in einem solchen Falle gar nicht um die von Amtswegen vorzunehmende Supplirung einer unterbliebenen Einrede durch den Richter, sondern lediglich um die Erfüllung der Amtspflicht dieses letzteren: auf Grund des ihm durch die Parteien vorgelegten Thatsachenmateriales auszusprechen, ob der erhobene Anspruch vorhanden ist oder nicht.

III. Nach dem Vorstehenden liegt also ein weiterer praktischer Unterschied zwischen Verjährung und Rechts-

(„Wenn sich aus den eigenen Anführungen des Klägers ergibt, dass das Klagerecht ein gegenwärtig daseiendes nicht sei, somit die Behauptung eines Klaganspruches mit des Klägers eigenen Behauptungen im Widerspruche steht: so darf der Richter zwar nicht von amtswegen Einreden berücksichtigen, aber er hat von amtswegen juristische Logik zu üben") und Thon Rechtsnorm und subjektives Recht S. 269 Note 98.

temporalität auch in der Verschiedenheit der Voraussetzungen, unter denen der Richter den Ablauf der vom Gesetze statuirten Frist zu berücksichtigen hat[122]). Auch dieses Moment lässt sich als Subsumtionskriterium verwenden. So spricht z. B. der Satz, den viele Schriftsteller aufstellen und welcher von vielen Gerichten prakticirt wird, dass entgegen dem verjährungsrechtlichen Grundsatze von der Nothwendigkeit der einredeweisen Berufung die Wechsel-„Verjährung" von Amtswegen zu berücksichtigen sei, entschieden zu Gunsten der Temporalität der Wechselobligation.

---

122) Dieser Unterschied ist bereits angedeutet bei Fick in der S. 7 angeführten Dissertation p. 11 und zwar anlässlich der Entscheidung der Frage, ob die vierjährige Frist zur Geltendmachung der *restitutio in integrum* [*l. 7 C. 2. 53*] den Verjährungs- oder den Befristungsfällen beizuzählen sei: „*Nunc quaeritur, quomodo tempus restitutionis statutum in processu valeat? Quoniam Praetor ipse nonnisi intra anni spatium restituturum se esse promiserat, profecto si ex narratione implorantis videbat, tempus esse praeterlapsum, in integrum restitutionem ex officio denegabat.*" Schäffer in der Zeitschrift f. Civ. und Proz.R. Neue Folge B. IX S. 104 fg. stellt in der Controverse, ob die Verjährung von Amtswegen oder nur einredeweise zu berücksichtigen sei, die Mittelmeinung auf, dass die nachtheodosianische Klagverjährung nur auf Einwendung des Geklagten, die alte Temporalverjährung hingegen von Amtswegen zu berücksichtigen sei, was genau mit dem wesentlichen Unterschiede dieser beiden Rechtsinstitute übereinstimmen würde. Vergl. auch Unger System B. II §. 122 Note 21: „Auch in dieser Beziehung (Berücksichtigung durch den Richter) ist es wichtig, Verjährungs- und Präclusifristen zu unterscheiden; so ist z. B. die gemeinrechtliche vierjährige Restitutionsfrist keine eigentliche Verjährungsfrist und daher von Amtswegen zu berücksichtigen." Deutlich spricht es Randa Besitz (3. Aufl.) S. 251 Note 38 aus, dass in diesem Punkte ein Unterschied zwischen Verjährung und Befristung besteht und zwar gelegentlich der Frage nach dem Charakter der dreissigtägigen Frist des §. 2 der k. Vdg. vom 27. Okt. 1849 zur Einbringung der Besitzklage. Nachdem R. im Texte die Behauptung aufgestellt hat, diese Frist sei eine Verjährungsfrist und daher ihr Ablauf nur auf Einwenden des Beklagten zu berücksichtigen, sagt er in der Note 38: „Geht man hingegen von der Ansicht aus, dass die Frist des §. 2 eine Fallfrist sei, so hätte der Richter von Amtswegen die Verspätung zu untersuchen und zu berücksichtigen."

§. 10.

8. DER UNTERSCHIED ZWISCHEN VERJAHRUNG UND GESETZLICHER BEFRISTUNG HINSICHTLICH DER WIRKUNG EINES NACH ABLAUF DER FRIST ERKLÄRTEN VERZICHTES AUF DIE GELTENDMACHUNG DES ZEITABLAUFES.

I. Indem das a. b. G. B. im §. 1502 der Entsagung der Verjährung „im Voraus" die Wirksamkeit abspricht, erklärt es *implicite* den erst nach Ablauf der Verjährungszeit geleisteten Verzicht für giltig.[123]) Wenn wir nun nach der Wirkung eines derartigen Verzichtes auf die bereits eingetretene Verjährung fragen, so kann dieselbe offenbar nur darin bestehen, dass die ganze Sache so angesehen wird, als sei die Verjährung gar nicht eingetreten; d. h. das alte Recht besteht trotz des Ablaufes der Verjährungszeit in voller Integrität fort. Durch den Verzicht wird also nicht etwa ein, dem durch Verjährung aufgehobenen Rechte conformes, neues Recht ins Leben gerufen, sondern das alte Recht, welches durch den Ablauf der Verjährungszeit nicht

123) Ebenso geht aus dem a. p. L. R. I, 9 §. 565: „Ueberhaupt hängt es von den Parteien ab, bei Schliessung eines Vertrags der Verjährung und dem daraus entstehenden Rechte, auch im Voraus zu entsagen", hervor, dass der Verzicht nachhinein selbstverständlich giltig ist. Ausdrücklich bestimmt der *Code Napoléon* Art. 2220: *„On peut renoncer à la prescripton acquise.*

ohne weiteres aufgehoben, sondern nur in ein aufhebbares Recht verwandelt wurde, bleibt nun unverändert fortbestehen, nachdem sich der Schuldner durch den Verzicht auf sein Exceptionsrecht der Möglichkeit begeben hat, den Verjährungsthatbestand durch jenes subjektive Moment zu ergänzen, dessen derselbe bedarf, um als ein nur *ope exceptionis* wirkender Aufhebungsgrund seine rechtsvernichtende Kraft äussern zu können. Der Verzicht auf die bereits erworbene Verjährungseinrede ist daher kein constituiver Akt, sondern derselbe ist vielmehr umgekehrt rechtsvernichtender Natur, der lediglich das dem Schuldner zustehende Exceptionsrecht wieder aufhebt.

II. Ganz anders verhält sich aber die Sache bezüglich der Wirkung eines auf die Geltendmachung des Fristablaufes gerichteten Verzichtes bei der Rechtstemporalität. Da nemlich bei dieser die Zeit das Mass für den Umfang des Rechtes selbst bildet, so geht mit dem Eintritte des *dies* das Recht *ipso jure* und bedingungslos unter; es gebricht dem Rechte eben an der Kraft, über jenen Zeitpunkt hinaus fortzubestehen, der das Ende seiner prädestinirten Lebensdauer bezeichnet. Ein dem Eintritte des *dies* nachfolgender Verzicht von Seite des Schuldners auf die Geltendmachung des Fristablaufes kann hierin nichts ändern, denn er kann das todte Recht nicht mehr ins Dasein zurückrufen. Allerdings können die Parteien ein gleiches Recht, wie das befristete untergegangene war, ins Leben setzen; es ist dann aber nicht das erloschene Recht, welches fortbesteht oder neu entsteht, sondern es tritt ein ganz neues, mit dem alten nur seinem Inhalte nach übereinstimmendes Recht ins Leben, zu dessen Entstehung alle diejenigen constitutiven Momente erforderlich sind, welche zur Begründung eines derartigen Rechtes überhaupt vorhanden sein müssen. Wäre daher zur Entstehung legalbefristeter Rechte einer gewissen Gattung eine bestimmte solenne Form überhaupt erforderlich, dann müsste diese Formalität auch dann beobachtet werden, wenn es sich um die wiederholte Begründung eines durch Eintritt des *dies* erloschenen Rechtes dieser Gattung handelt. Uunter derselben Vorraussetzung wäre hingegen zur Erhaltung eines verjährbaren Rechtes die Wiederholung der Solennität nicht erforderlich: der formlose Verzicht auf die *exceptio temporis* würde dazu genügen, und zwar aus dem Grunde, weil, wie bereits früher bemerkt wurde, im Verjährungsfalle der Verzicht auf die Geltendmachung des Fristablaufes ein das Recht neu constituirender Akt nicht ist. Ein solcher ist aber bei der Befristung unbedingt nothwendig, um nachıdem Verstreichen der Legalfrist das alte Rechtsverhältniss fortzusetzen. Ist dieses von der Art, dass zu seiner Begründung der formlos erklärte Parteiwille genügt, dann kann sich der auf Fortsetzung desselben gerichtete rechtsbegründende Akt allerdings auch in die Form eines Verzichtes kleiden; denn in der Erklärung, den Eintritt des Endtermines ignoriren zu wollen, äussest sich der Wille, dass ein Rechtsverhältniss gleicher Art, wie das bisherige, auch in Zukunft unter den Betheiligten fortbestehen soll. Nur in einem solchen Falle hat der in Rede stehende Verzicht seiner Wirkung nach äussere Aehnlichkeit mit jenem bei der Verjährung. Dass aber trotz dieser oberflächlichen Verwandtschaft aus dem hinter derselben verborgenen Unterschiede zwischen Fortexistenz des alten Rechtes und Begründung eines conformen neuen Rechtes nach mehreren Seiten hin wichtige praktische Verschiedenheiten hervorgehen, braucht wohl nicht erst dargethan zu werden.

III. Auch der im Vorstehenden aufgezeigte Unterschied in der Wirkung des Verzichtes auf die Geltendmachung des Fristablaufes bietet uns einen Anhaltspunkt zur Eruirung des wahren Wesens der sogenannten Wechselverjährung. Wenn es sich nemlich als richtig erweisen sollte, was die herrschende Lehre im offenen Bruche mit den Grundsätzen der Verjährung behauptet, dass ein nach Eintritt der „Wechselverjährung“ geleisteter Verzicht auf die *exceptio temporis* keine Wirksamkeit habe, dann würde uns diese Erscheinung aufs Deutlichste auf die temporale Natur der Wechselobligation hinweisen. [Denn da diese letztere zu ihrer Begründung der solennen Scripturform bedarf und durch formlose oder gar mündliche Willenserklärung der Parteien nicht ins Dasein gerufen werden kann, so wäre unter Voraussetzung von Rechtstemporalität vollständig begreiflich, warum nach Verstreichung derjenigen Frist, mit deren Ende sich die zeitlich eingeschränkten Wirkungen der Wechselausstellung erschöpfen, der nicht solenn erklärte und in die Form des Verzichtes auf die Fristeinwendung gekleidete Parteiwille die Wechselobligation nicht für eine weitere Zeit im Dasein zu erhalten, oder besser: aufs Neue ins Dasein zu rufen geeignet ist.

§. 11.

9. DER UNTERSCHIED ZWISCHEN VERJÄHRUNG UND GESETZLICHER BEFRISTUNG HINSICHLICH DES BEWEISES DES ZEITABLAUFES.

An einer früheren Stelle der Untersuchung war davon die Rede, ob der Richter den Fristablauf *ex officio* zu berücksichtigen habe, wenn derselbe aus dem Prozessmateriale unzweifelhaft hervorgeht. Nunmehr ist die Frage zu beantworten, wie es in zweifelhaften Fällen mit der Beweispflicht steht, wenn der Beklagte den Ablauf der Verjährungs- oder Existenzfrist einredeweise behauptet? Eine ausdrückliche gesetzliche Besimmung kann zur Beantwortung dieser Frage nicht herangezogen werden; es wird daher bei derselben von dem für die Regelung der Beweislast im Allgemeinen geltenden Grundsatze auszugehen sein, dass jede Partei diejenigen Thatsachen zu beweisen hat, welche das nothwendige Fundament ihres prozessualischen Angriffes oder Gegenangriffes bilden.

I. Im Falle der Berufung auf Verjährung setzt der Beklagte dem klägerischen Anspruche die Behauptung entgegen, dass derselbe in Folge der Unthätigkeit des Berechtigten während der vom Gesetze bestimmten Zeit aufgehoben worden sei. Der Schuldner behauptet also den Eintritt einer rechtsvernichtenden Thatsache. Der Beweis einer solchen

12*

obliegt nach dem eben erwähnten Grundsatze demjenigen, welcher dieselbe zu seinen Gunsten anführt. Der Schuldner hätte demnach die negative Thatsache des Stillschweigens, das *juge silentium* des Berechtigten, während der vom Gesetze normirten Frist zur Begründung seiner Verjährungseinrede zu beweisen. Da nun das den Verjährungsthatbestand bildende Stillschweigen in der Nichtvornahme derjenigen Akte besteht, welche das Gesetz mit unterbrechender Kraft ausstattet, so obläge es dem Schuldner, zu beweisen, dass während der ganzen Dauer der Verjährungszeit kein einziger der Unterbrechungsgründe eingetreten sei. Diesen Beweis zu erbringen, ist aber der Schuldner absolut ausser Stand; denn selbst das einzige Beweismittel, durch welches die Erbringung desselben überhaupt denkbar wäre, nemlich der Haupteid, wird in den meisten Fällen deshalb unzulässig sein, weil im Hinblick darauf, dass in Folge der über das Leben der ursprünglich Betheiligten hinausreichenden Dauer der Verjährungszeit das Wissen von dem Eintritte oder Nichteintritte eines Unterbrechungsgrundes während der ganzen gesetzlichen Frist dem Kläger nicht zugemuthet werden kann, ihm auch die Uebernahme des Haupteides nicht wird zugemuthet werden können. Wollte man daher auch in dieser besonderen Frage hinsichtlich der Beweislast an dem früher erwähnten allgemeinen Grundsatze festhalten, so würde man dadurch die Practicabilität des ganzen Verjährungsinstitutes vollständig lahmlegen[124]). Soll

124) Dieser besondere sachliche Gesichtspnnkt, nicht der zu allgemein formulirte und daher unrichtige Satz: *„Affirmanti nec neganti incumbit probatio“* oder: *„Negativa non sunt probanda“*, welchen manche Schriftsteller [vergl. Unterholzner-Schirmer Verjährung B. I S. 496] heranziehen, bildet den Grund, warum dem Excipienten der Beweis des Nichteintrittes eines Unterbrechungsgrundes abgenommen wird.

dieses letztere dem Willen des Gesetzgebers gemäss functioniren, dann muss dem Schuldner der unerbringliche Beweis abgenommen und dem Gläubiger *replicando* in positiver Form, nemlich als Beweis des Eintrittes eines Unterbrechungsgrundes, aufgelastet werden. Für den Gläubiger involvirt dieser einzige Ausweg keine Unbilligkeit; denn er wird, wenn eine Unterbrechung stattgefunden hat, in der Regel in der Lage sein, den Beweis der stattgefundenen Unterbrechung ohne grosse Schwierigkeiten zu erbringen. Zu einer vollständigen Verschiebung der Beweislast braucht jedoch die billige Rücksichtnahme auf den Schuldner nicht zu führen; daher bleibt derjenige Theil der Beweispflicht, welcher das zeitliche Moment betrifft, beim Schuldner liegen; es ist daher, wenn ein Streit über den Ablauf der Verjährungszeit entsteht, seine Sache, darzuthun, dass seit dem Zeitpunkte der *actio nata* die Verjährungszeit bereits verstrichen sei, keineswegs Sache des Klägers, nachzuweisen, dass er noch innerhalb der Verjährungszeit stehe[125]).

II. Gilt nun dasselbe auch im Falle der Temporalität des klägerischen Rechtes, wenn der Geklagte einredeweise die Behauptung aufstellt, die Legalfrist zur Geltendmachung des betagten Rechtes sei bereits verstrichen? Um diese Frage richtig zu beantworten, ist vor Allem die Erkenntniss nöthig, dass aus demselben Grunde, aus welchem bei Einwendung der Verjährung dem Schuldner die Beweislast hinsichtlich des von ihm behaupteten Fristablaufes aufgebürdet

125) Diese Art der Vertheilung der Beweislast, dass der das Zeitmoment betreffende Theil beim Excipienten verbleibt, der das *juge silentium* betreffende Theil hingegen in positiver Form dem Kläger aufgelastet wird, ist allgemein anerkannt, wenn auch die Begründung derselben eine verschiedene ist. Vergl. Unterholzner-Schirmer a. a. O. S. 496, Unger System B. II §. 123 Note 25, und Zrodlowski Verjährung S. 122.

wird, nemlich weil rechtsaufhebende Thatsachen von demjenigen zu beweisen sind, welcher dieselben zu seinen Gunsten anführt, der Beweis des Verstreichens der Legalfrist eines betagten Rechtes dem dasselbe einwendenden Schuldner nicht aufgeladen werden kann. Denn es bildet, wie bereits anlässlich der Feststellung des begrifflichen Wesens der Rechtstemporalität hervorgehoben wurde, bei dem Untergange eines betagten Rechtes *die veniente* nicht eine von Aussen her auf das Recht einwirkende rechtsaufhebende Thatsache die Ursache seiner Endigung, sondern sein Untergang ist ein Erlöschen von Innen heraus, weil die ihm in zeitlicher Beschränkung zugemessene Lebenskraft vollständig erschöpft ist. Wo aber die Kraft zu weiterer Existenz völlig mangelt, dort kann von Aufhebung aus dem einfachen Grunde keine Rede sein, weil man unter Aufhebung den unter der Herrschaft des Causalitätsgesetzes stehenden Vorgang versteht, wo etwas, das an sich zu weiterer Existenz kräftig wäre, durch eine Einwirkung von Aussen her an dem ferneren Bestande gehindert wird. Dass aber das Endigen eines zeitlich eingeschränkten Verhältnisses ebensowenig eine unter der Herrschaft des Causalitätsgesetzes stehende Erscheinung ist, wie das Endigen eines räumlich begrenzten Verhältnisses; und dass das Verstreichen des zeitlichen Masses ebensowenig den Grund des Unterganges eines befristeten Rechtes bildet, wie in der Application des räumlichen Masses auf das begrenzte Raumverhältniss der Grund für das Endigen desselben zu erblicken ist, wurde bereits an einer früheren Stelle bemerkt[126]). Man kann also durchaus nicht sagen, der Schuldner behaupte in dem Eintritte des Endtermines eine ihn befreiende rechtsaufhebende That-

126) Siehe oben S. 69 und 70.

sache und habe daher nach allgemeiner Beweisregel seine Behauptung zu beweisen. Nebenbei bemerkt ergibt sich aus dem eben Gesagten auch die Unrichtigkeit des Satzes, welchen alle Lehrbücher des Privatrechtes in axiomatischer Fassung aufstellen, dass die Endigung eines jeden Rechtes durch den Eintritt einer Thatsache herbeigeführt werde, an welche die Rechtsordnung diese aufhebende Wirkung knüpft [127]). Dieser Satz gilt nur für die an sich zu immerwährender Dauer kräftigen Rechte, nicht aber für diejenigen, welche von ihrem Anbeginne an in ihrer Lebenskraft beschränkt sind.

Mit der Ausführung im Vorstehenden ist jedoch die Frage nach der Beweislast hinsichtlich des Ablaufes einer Legalfrist noch nicht erledigt. Denn das Ergebniss der Untersuchung ist vorläufig nur ein negatives. Aus dem Bisherigen geht nemlich nur das Eine hervor, dass derselbe Grund, aus welchem der Beweis des Ablaufes der Verjährungszeit dem Schuldner aufgebürdet wird, nicht massgebend ist, um auch den Beweis des Verstreichens der Legalfrist eines betagten Rechtes dem Schuldner aufzuerlegen. Ob ein solches aber nicht aus einem anderen Grunde zu geschehen hat, oder ob umgekehrt der Berechtigte das Offenstehen der Frist zu beweisen hat, ist damit noch nicht entschieden. Um nun eine positive Antwort auf diese Frage zu gewinnen, muss wieder auf die eigenthümliche Function des Zeitmomentes bei der Befristung zurückgegangen werden. Die Frist bildet das Mass für den Umfang des Rechtes selbst; wie viel der Berechtigte noch an Frist vor sich hat, ebensoviel hat er noch an Recht vor sich. Wie viel an

127) Man vergl. z. B. Arndts Pandekten §. 56, Windscheid Pandekten §. 63.

Recht dem Kläger zusteht, das zu behaupten und im Falle des Widerspruches von Seite des Gegners auch zu beweisen, ist seine Sache. Ist nun die Frage, ob und wie viel Recht dem Kläger zusteht, davon abhängig, ob und wie viel er noch an Zeit von einer Frist vor sich habe, dann ist es auch seine Sache, im Falle des Widerspruches von Seite des Gegners darzuthun, dass und wie viel an Frist noch vor ihm liege. Man gelangt also vom Wesen der Sache ausgehend zu dem Resultate, dass der Behauptung des Geklagten gegenüber, die Legalfrist des betagten klägerischen Anspruches sei bereits verstrichen, der Kläger den Beweis zu führen habe, dass er noch innerhalb der offenen Frist stehe. Er müsste also in einem solchen Falle ausser der Entstehung seines Rechtes auch noch den gegenwärtigen Bestand desselben beweisen; ein Ergebniss, welches aber wieder mit dem Grundsatze im Widerspruche zu stehen scheint, dass der Kläger nur die Entstehung, nicht aber das gegenwärtige Bestehen des angesprochenen Rechtes zu beweisen habe, indem der Fortbestand des einmal begründeten Rechtes präsumirt wird. Bei näherer Betrachtung ergibt sich jedoch, dass dieser Widerspruch nur ein scheinbarer ist. Denn da die Präsumtion des Fortbestandes eines einmal begründeten Rechtes vernünftiger Weise nur bei solchen Rechten Platz greifen kann, welche ihrer Natur nach die Kraft zu immerwährendem Bestande in sich tragen, so kann sich auch selbstverständlich der auf diese Präsumtion gebaute Grundsatz für die Beweisvertheilung nur auf zeitlich uneingeschränkte Rechte beziehen. Bei solchen Rechten ist es allerdings einleuchtend, dass der Beklagte, welcher die rechtsbegründende Thatsache zugibt, hiemit auch den gegenwärtigen Bestand des Rechtes zugibt, wenn er nicht den nachfolgenden Eintritt einer rechtsaufhebenden Thatsache beweisen kann.

Ganz anders liegt aber die Sache bei befristeten Rechten. Hier kann auf Grund der Natur des geltend gemachten Anspruches aus der einstmaligen Begründung ein Schluss auf den gegenwärtigen Bestand durchaus nicht gezogen werden; denn der Kläger hat sein Recht nicht schlechthin, sondern nur unter der Voraussetzung, dass er dasselbe innerhalb einer gewissen Frist geltend macht. Der Berechtigte thut daher bei der klagweisen Geltendmachung seines betagten Anspruches nicht genug, wenn er den Eintritt der betreffenden rechtserzeugenden Thatsache nachweist, sondern er muss überdies ein solches Datum der Entstehung seines Anspruches darthun, dass aus dem Zusammenhalten desselben mit dem Datum der Klaganstellung das Offenstehen der zur Geltendmachung des angesprochenen Rechtes statuirten Legalfrist sich ergibt. Wenn dem gegenüber der Geklagte das Verstrichensein der Frist behauptet, so ist dieses weder eine *exceptio* im technischen Sinne, noch die Geltendmachung einer rechtsaufhebenden Thatsache, sondern er läugnet in dieser positiven Form einfach eine Voraussetzung des klägerischen Anspruches und lastet dadurch nicht sich, sondern seinem Gegner den Beweis auf. Es liegt somit in dem Satze, dass bei der Geltendmachung eines temporalen Rechtes der Kläger das Offenstehen, und nicht der Geklagte den Ablauf der Frist zu behaupten und zu beweisen hat, nicht nur kein Widerspruch mit den allgemeinen Grundsätzen über die Vertheilung der Beweislast, sondern es erscheint dieser Satz umgekehrt als eine blosse Consequenz des obersten Beweisgrundsatzes, dass jeder Streittheil die Voraussetzungen seines prozessualischen Angriffes selbst zu beweisen hat.

III. In Anbetracht der Wesensgleichheit, welche zwischen dem legalen und dem pactirten *dies ad quem* besteht, gilt das von dem ersteren hinsichtlich des Beweises seines Eintrittes Gesagte auch von dem zweiten. Wenn es sich also darum handelt, ob die pactirte Existenzfrist eines Rechtes noch offen steht oder schon verstrichen ist, dann ist das erstere vom Kläger zu beweisen. Diese Ansicht steht im direkten Widerspruche mit der bisherigen Lehre, welche bekanntlich den Beweis des Eintrittes des verabredeten Endtermines dem Schuldner aufbürdet, und diese Vertheilung der Beweislast damit begründet, dass der Eintritt eines befreienden *dies* als rechtsaufhebende Thatsache zu behandeln und von demjenigen zu beweisen sei, der ihn behauptet. Dass diese Auffassung der Sache nicht richtig ist, dass nemlich der Untergang eines betagten Rechtes *die veniente* nicht Aufhebung desselben, sondern, ohne äussere Ursache, ein Erlöschen von Innen heraus ist, und dass daher auch die auf diese falsche Auffassung sich stützende Vertheilung der Beweislast eine falsche ist, wurde bereits oben dargelegt. Wie man zu derselben gelangte, ist leicht einzusehen. Irregeleitet durch das unrichtige Axiom der Doktrin, dass jeder Rechtsuntergang durch den Eintritt einer rechtsvernichtenden Thatsache verursacht werde, musste man sich nach einer solchen auch im Falle des Unterganges eines befristeten Rechtes umsehen und gelangte hiedurch nothwendig dazu, dieselbe in dem Ablaufe des festgesetzten Zeitraumes zu erblicken. Wesentlich gefördert wurde dieser Irrthum überdies dadurch, dass die bisherige Lehre unter der Bezeichnung „auflösende Befristung“ oder *dies ad quem* juristische Phänomene ganz verschiedener Art zusammengestellt und nach gemeinsamen Grundsätzen behandelt hat. Mir scheint nemlich der Unterschied zwischen dem in Form einer kalendermässigen Frist auftretenden *dies certus* und dem von dem Eintritte einer bestimmten Thatsache abhängigen *dies incertus* viel tiefer zu liegen als in der Bestimmtheit oder Unbestimmtheit der Zeit; er scheint vielmehr ein begrifflicher zu sein. Ich halte nur den ersteren für eine wahre Zeitbestimmung, den letzteren hingegen, selbst wenn er *certus an* ist[128]), nicht für zeitliche Limitirung des Rechtsverhältnisses, sondern für eine Disposition, durch welche eine Thatsache, die unmittelbar kraft des Gesetzes rechtsvernichtende Kraft nicht besitzt, für ein concretes Rechtsverhältniss durch Parteienwillkür mit rechtsaufhebender Kraft ausgestattet wird. Der Tod des Berechtigten z. B. gehört unmittelbar auf Grund des Gesetzes in der Regel nicht zu den rechtsvernichtenden Thatsachen; nur ausnahmsweise, bei unvererblichen Rechten, hat er diese Wirkung. Das Gesetz gestattet aber, neben andern beliebigen Thatsachen auch den Tod des Berechtigten für ein concretes Rechtsverhältniss zum Range einer rechtsaufhebenden Thatsache zu erheben; so z. B. kann sich jemand nur dem Contrahenten nicht aber dessen Erben zu irgend einer Leistung verpflichten. Man bezeichnet in einem solchen Falle die Schuld als durch *dies incertus* befristet. So gut man nun in einem solchen Falle von Befristung redet, ebensogut könnte man und sollte man consequenter Weise auch alle höchst persönlichen und daher unvererblichen Rechte gleichfalls als Fälle der Befristung ansehen; denn ob eine Thatsache (hier der Tod des Berechtigten) ihre rechtsaufhebende Kraft aus dem Gesetze direkt schöpft oder indirekt auf dem Wege privater Disposition, das kann an dem Wesen der

---

128) Ist er *dies incertus an*, dann liegt selbst nach der herrschenden Lehre nicht Zeitbeschränkung, sondern auflösende Bedingung vor; aber nur dann, wenn *ex tunc* resolvirt wird. Sollen durch den Eintritt des *dies ad quem incertus an* die Wirkungen eines Rechtsgeschäftes nur für die Zukunft beseitigt werden, dann versagt die Construction als Bedingung, und es träte nach der herrschenden Lehre die Auffassung als Befristung ein. Im Texte wird diese Auffassung bekämpft, und an ihrer Statt eine neue Auffassung versucht.

Sache nichts ändern. In beiden Fällen ist es nicht die Zeit, welche dem Rechte den Untergang bereitet, sondern der Eintritt eines bestimmten Ereignisses. Man muss sich aber gegenwärtig halten, dass wahrhaft befristet nur diejenigen Rechtsverhältnisse sind, welche wirklich an eine Frist, d. h. an ein *certum tempus* gebunden sind; und dass ein Recht dadurch, dass ihm die Parteien eine gewillkürte rechtsaufhebende Thatsache setzen, die sich, wie alles in der Welt, im Laufe der Zeiten vollziehen soll, noch nicht zu einem befristeten, und die betreffende Verabredung nicht zu einer wahren Zeitbestimmung wird. Bei dieser Ausdehnung des Begriffes der Befristung würden eigentlich alle Rechte zu befristeten, denn allen „schlummert in dem Zeitenschoosse" die eine oder die andere rechtsvernichtende Thatsache, und ein Allwissender könnte uns schon in der Gegenwart aufs Genaueste die Dauer jedes Rechtes angeben. An sich wäre die Confundirung der wahren Befristung mit den Fällen der Statuirung gewillkürter rechtsaufhebender Thatsachen ohne nachtheilige Bedeutung. Da aber in den Fällen der letzteren Art der Beweis des Eintrittes der betreffenden Thatsache, welche man unrichtig als *dies incertus* bezeichnet, zweifellos dem ihren Eintritt behauptenden Beklagten obliegt. so verfällt man in Folge der erwähnten Confundirung nothwendig in die irrthümliche Tendenz, diese Art der Regelung der Beweislast für die Befristung überhaupt als massgebend anzusehen und auch bei den Fällen eigentlicher Befristung den Beweis des Ablaufes des *certum tempus* als den des Eintrittes einer rechtsaufhebenden Thatsache dem Schuldner aufzuladen. In Wahrheit ist aber in den Fällen echter Befristung die Behauptung von Seiten des Beklagten, es sei die Frist bereits abgelaufen, ein Läugnen einer Voraussetzung des klägerischen Anspruches und das Nichtverstrichensein der Frist nach dem Grundgedanken der Befristung: Wie viel Frist, so viel Recht — von dem Kläger zu beweisen.

IV. Auch dieser im Vorstehenden dargelegte weitere praktische Unterschied, dass nemlich im Falle eines Streites über den Ablauf der Verjährungsfrist der Geklagte, über das Offenstehen der Legalfrist hingegen der Kläger den Beweis zu führen hat[129]), kann unter Umständen einen Anhaltspunkt für die Feststellung des Charakters einer zweifelhaften Fristbestimmung abgeben. Für die uns obliegende Lösung des wechselrechtlichen Problemes scheint allerdings der Verwendung dieses Unterschiedes als Subsumtionskriterium kein Spielraum geboten zu sein, und zwar deshalb, weil sich ein allfälliger Streit über das Verstrichensein der Frist durch einen Blick in die Klagebeilagen sofort entscheiden lässt. Denn die zu Gunsten des Acceptanten einer Tratte [Art. 77 der a. W. O.] und zu Gunsten des Ausstellers eines eigenen Wechsels [Art. 100] laufende dreijährige Frist beginnt vom Verfallstage, und dieser apparirt aus der Wechselscriptur; ebenso geht der Zeitpunkt, von welchem

129) Dass zwischen Verjährung und Legalbefristung der oben angeführte Unterschied besteht, ist angedeutet bei Fick in der mehrcitirten Dissertation: *Quid intersit etc.* anlässlich der Frage nach dem Charakter der vierjährigen Frist zur Erwirkung der Restitution. Vergl. S. 12: „*Quoniam qui restitutionem implorat, statim in primo libello tempus non esse praeterlapsum, demonstrare debet;* u. S. 22: *Hoc tamen nihil refert in onere probandi, quum quisquis beneficio intra certum tempus coercito uti vult, tempus nondum praeterlapsum esse, probare debeat.*“ Jede nähere Begründung dieses Unterschiedes aber fehlt. Ebenso findet sich eine blosse Andeutung desselben bei Randa Besitz S. 251. „Ist die Frist [es handelt sich um die im §. 2 der k. Vdg. v. 27. Okt. 1849 zur Einbringung der Besitzstörungsklage normirte Frist] eine Verjährungsfrist, dann hat der Geklagte den Ablauf derselben zu beweisen;“ und ebenda Note 38: „Geht man hingegen von der Ansicht aus, dass die Frist des §. 2 eine Fallfrist sei, dann wäre es jedenfalls Sache des Klägers, die Rechtzeitigkeit der Klaganstellung zu beweisen.“

an die Fristen zur Geltendmachung der Regressansprüche laufen, nemlich der Tag des erhobenen Protestes [Art. 78] aus dem Protestinstrumente hervor. In diesen Fällen braucht man nur den aus den Klagebeilagen constatirbaren Zeitpunkt des Fristbeginnes mit dem Datum der Klagbehändigung [Art. 80] zu vergleichen, um sofort ausser Zweifel zu stellen, ob die Frist versäumt ist oder nicht. Es gibt jedoch auch im Wechselrechte einen Fall, wo der Streit über den Ablauf der Frist nicht so leicht zu entscheiden, und daher die Frage der Vertheilung der Beweislast von praktischer Bedeutung ist. Laut Art. 79 der a. W. O. lauft nemlich die Frist zur Geltendmachung der Regressansprüche eines Indossanten, welcher den Wechsel eingelöst hat, vom Tag der Zahlung an den Regredienten an, und dieser Tag kann im Falle eines Streites nicht immer durch einen Blick in die Klagebeilagen festgestellt werden. Sollte nun nachweisbar sein, wovon später die Rede sein wird, dass in einem solchen Falle der Kläger den Beweis der Rechtzeitigkeit seiner Klaganstellung zu erbringen hat, dann wäre dieser Umstand zugleich ein Argument gegen das Vorliegen wahrer Verjährung und für die Temporalität des Regressanspruches.

§. 12.

10. DER UNTERSCHIED ZWISCHEN VERJÄHRUNG UND GESETZLICHER BEFRISTUNG HINSICHTLICH DER LÄNGE DER FRIST IM FALLE EINER ZEITLICHEN COLLISION DER GESETZE.

Wenn während des Laufes der vom Gesetze normirten Frist ein neues Gesetz in Kraft tritt, welches für die im Laufe begriffene Frist ein anderes Ausmass statuirt, welches der beiden Gesetze ist dann massgebend für die Dauer des Zeitraumes, nach dessen Verstreichen der Untergang des in Rede stehenden Rechtes als eingetreten anzusehen ist? Mit der Beantwortung dieser Frage und mit der Darlegung, dass dieselbe zu einem weiteren praktischen Unterschiede zwischen Verjährung und Legalbefristung führt, wollen wir uns im Nachstehenden beschäftigen.

I. Wenn das neue Gesetz die Verjährungszeit abkürzt, so steht es bekanntlich in der Willkür desjenigen, zu dessen Gunsten die Verjährung lauft, ob er die unter der Herrschaft des alten Gesetzes begonnene Verjährung nach Massgabe der alten Frist vollenden will, oder ob er sich mit Preisgebung der auf Grund der partiell abgelaufenen Frist erworbenen Position auf die neue Verjährung berufen will, in welchem Falle aber die neue kürzere Frist erst vom Tage der Wirksamkeit des neuen Gesetzes an berechnet werden darf[130]). Der Schuldner wird das Erste oder das Zweite wählen, je nachdem der Rest der alten Frist kürzer oder länger ist, als die ganze neue Frist. Steht nun ein derartiges Wahlrecht dem Schuldner auch dann zu, wenn es sich nicht um eine Verjährungs-, sondern um die Legalfrist eines betagten Rechtes handelt? Bei der Entscheidung dieser Frage wird wieder von der eigenthümlichen Function auszugehen sein, welche dem Momente der Zeit bei der Rechtstemporalität zukommt. Da bei dieser die Frist den Umfang der Wirkungen einer rechtsbegründenden Thatsache umgrenzt, so ist die Herabsetzung der Länge der Legalfrist durch ein neues Gesetz gleichbedeutend mit der Bestimmung, dass von nun an die Wirkungen von rechtsbegründenden Thatsachen der betreffenden Art ihrem zeitlichen Umfange nach noch kürzer sein sollen als vorher. Wenn nun der Gesetzgeber nicht ausdrücklich bestimmt, nach welchem Masse die Wirkungen derjenigen Thatsachen zu beurtheilen sind, welche schon unter der Herrschaft des alten Gesetzes eintraten und Wirkungen hervorbrachten, so wird nach dem Grundsatze: Gesetze haben keine rückwirkende Kraft, anzunehmen sein, dass eine Schmälerung der bereits eingetretenen Rechtswirkungen nicht im Willen des Gesetzgebers gelegen sei. Es muss in Folge dessen dem be-

---

130) Auf dem Gebiete des österr. Rechtes bestimmt dies ausdrücklich das Kundmachungspatent zum a. b. G. B. Absatz VI: „Wollte sich jemand auf eine Verjährung berufen, die in dem neueren Gesetze auf eine kürzere Frist als in den früheren Gesetzen bestimmt ist: so kann er auch diese kürzere Frist erst von dem Zeitpunkte, an welchem das gegenwärtige Gesetz verbindliche Kraft erhält, zu berechnen anfangen.“ Man vergl. hiezu Unger System B. I §. 21 VIII, und Pfaff und Hofmann Commentar B. I S. 165 VI. Auf dem Gebiete des gemeinen Rechtes, wo eine ausdrückliche Bestimmung fehlt, gelangt die herrschende Lehre auf Grund der Natur der Sache zu demselben Resultate. Vergl. Windscheid Pandekten B. I §. 32 Note 10.

fristet Berechtigten ausnahmslos die ganze alte Existenzfrist zu Gute kommen, und es ist daher in dem Falle, wo der Rest derselben noch immer grösser wäre, als die ganze neue Legalfrist, dem Schuldner die Möglichkeit verschlossen, durch die Berufung auf die neue kürzere Frist den Eintritt des *dies legalis* früher herbeizuführen, als dies auf Grund der dem Rechte vom Anfange an zugemessenen Lebensdauer der Fall sein sollte.

II. Wenn das neue Gesetz die Verjährungszeit verlängert, so darf sich nach der von der gemeinenrechtlichen Theorie angenommenen und auf die Natur der Sache gestützten Ansicht derSchuldner, zu dessen Gunsten die Verjährung bereits unter der Herrschaft des alten Gesetzes begonnen hatte, nur auf die neue Verjährungszeit berufen; natürlich mit Einrechnung jenes Stückes, welches zur Zeit der Erlassung des neuen Gesetzes bereits abgelaufen war [131]). Denn eine begonnene Verjährung gibt noch kein Recht, welches nach dem Grundsatze: *Jura quaesita conservanda sunt*, zu respectiren wäre; dieselbe wird daher von dem neuen Rechte ergriffen, und es hat der Verjährende keinen Anspruch darauf, dieselbe nach dem alten Rechte nach der kürzeren Frist zu vollenden. Anders steht aber die Sache im Falle der Rechtstemporalität. In Folge der eigenthümlichen Function, welche dem Momente der Zeit hier zukommt, ist die Verlängerung der Frist durch ein neues Gesetz gleichbedeutend mit einer zeitlichen Vermehrung der Rechtswirkungen des constitutiven Thatbestandes. Da nun im Zweifel nicht anzunehmen ist, dass der Wille des Gesetzgebers auch auf die Vermehrung der Rechtswirkungen derjenigen Thatbestände gerichtet sei,

---

131) Vergl. Windscheid a. a. O. Note 10 und die dort citirten Schriftsteller.

welche bereits vor der Wirksamkeit des neuen Gesetzes eingetreten waren, so bleibt für den zeitlichen Umfang dieser letzteren der ursprügliche *dies legalis* unverrückt, und der Schuldner wird schon durch den Ablauf der kürzeren alten Frist, und nicht erst durch den der längeren neuen Frist befreit; welch' letzteres hingegen dann der Fall wäre, wenn die Frist die Natur einer Verjährungsfrist hätte. Es besteht also auch in diesem Punkte ein wesentlicher Unterschied zwischen Verjährung und Rechtstemporalität. Indess nur nach gemeinem Rechte. Nach österreichischem Rechte bleibt in Folge der im Absatz VI des Kundmachungspatentes zum a. b. G. B. aufgestellten Bestimmung, dass „eine schon vor der Wirksamkeit des neuen Gesetzes angefangene Verjährung nach den älteren Gesetzen zu beurtheilen ist", auch im Falle des Vorliegens einer Verjährung die zur Zeit der Erlassung des neuen Gesetzes bereits im Laufe befindliche kürzere alte Frist massgebend.

§. 13.

11. DER UNTERSCHIED ZWISCHEN VERJÄHRUNG UND GESETZLICHER BEFRISTUNG HINSICHTLICH DER LÄNGE DER FRIST IM FALLE EINER RÄUMLICHEN COLLISION DER GESETZE.

Wie es überhaupt oft zweifelhaft ist, nach welchem von mehreren, in verschiedenen Territorien geltenden Gesetzen ein streitiges Rechtsverhältniss zu beurtheilen sei, ebenso kann es auch leicht in Frage kommen, welches von den collidirenden Gesetzen massgebend ist für die Länge einer Frist, die zur Geltendmachung eines Anspruches durch die concurrirenden Gesetze in verschiedenem Ausmasse statuirt erscheint. Ob nun diese Frage verschieden zu beantworten ist, je nachdem die Fristen, zwischen welchen die Wahl schwankt, als Verjährungs- oder Legalfristen anzusehen sind, dieses festzustellen soll die Aufgabe für den nachstehenden Theil der Untersuchung bilden.

I. Bekanntlich gehört es zu den allerstreitigsten Fragen des internationalen Privatrechtes, nach welchem örtlichen Rechte die Voraussetzungen und Wirkungen der Klagverjährung zu beurtheilen sind. Mit dieser allgemeinen Frage ist es auch im Besonderen controvers, welches Gesetz im Falle einer örtlichen Collision für die Länge der Verjährungszeit massgebend ist. Eine ganze Reihe von verschiedenen Ansichten ist in dieser Frage aufgestellt worden.

Manche Schriftsteller behaupten, es sei im Falle einer räumlichen Collision bezüglich der Verjährung das dem Gläubiger günstigere Gesetz zur Anwendung zu bringen [132]). Abgesehen davon, dass für diese Ansicht ein plausibler Grund nicht vorgebracht werden kann [133]), spricht gegen dieselbe das Folgende. Wenn die collidirenden Gesetze nur in dem zeitlichen Ausmasse der Frist differiren, in den sonstigen Voraussetzungen der Verjährung aber übereinstimmen, dann ist zwar noch immer nicht einzusehen, warum gerade die längere Frist massgebend sein soll, es ist aber doch ein sachlicher Anhaltspunkt dafür gegeben, welches Gesetz das dem Gläubiger günstigere ist. Wenn aber nicht blos die Fristen verschieden lang, sondern auch die übrigen Voraussetzungen der Verjährung verschieden sind, dann kann es sehr leicht kommen, dass die kürzere Frist des einen Gesetzes durch günstigere Bedingungen des anderen aufgewogen wird, und dass es daher an einem objectiven Anhaltspunkte für die Beurtheilung fehlt, welches der beiden Gesetze das günstigere ist. In einem solchen Falle bliebe gar nichts Anderes übrig, als die Entscheidung dem subjektiven Belieben des Begünstigten zu überlassen, der nun selbstverständlich immer dassjenige Gesetz als massgebend heranziehen würde, nach welchem sein Anspruch noch als aufrecht

---

132) Vergl. Tittmann *De competentia legum* S. 12: „*Ea potior esse videtur lex, quae maxime favet ei, cujus jus praescribitur.*"

133) Das einzige Argument, welches Tittmann a. a. O. für seine Ansicht vorbringt, indem er das für den Gläubiger günstigere Gesetz als „*lex, quae a jure naturali minime recedit*" bezeichnet, geht von der unrichtigen Auffassung der naturrechtlichen Schule aus, als sei die Verjährung eine auf Kosten natürlicher Billigkeit durch das positive Recht statuirte Einrichtung, deren Wirksamkeit so viel als möglich einzuschränken sei.

bestehend erscheint. Dies wäre aber eine offenbare Unbilligkeit für den Schuldner und deshalb erscheint auch die Ansicht, welche zu einem solchen Resultate führt, als unhaltbar; denn Rücksichten der Billigkeit und Zweckmässigkeit sind in Fragen des internationalen Privatrechtes in erster Linie massgebend.

Eine andere Ansicht geht dahin, es solle bezüglich der Verjährung das Gesetz jenes Ortes entscheiden, an welchem prozessirt wird[134]). Die Unhaltbarkeit dieser Ansicht, welche

134) Vergl. Huber *De conflictu legum* in dessen *Praelectiones juris Romani* P. II §. 7; Hommel Rhapsodia B. II, obs. 409 No. 16; Seeger *Dissertatio de vi legum in territorio alieno* p. 25 fg.; Weber Lehre von den natürl. Verbindlichkeiten §. 59; Holzschuher Theorie B. I S. 76; Beseler Deutsches Priv. R. §. 39 VIII, Mittermaier im Archiv f. civil. Praxis B. XIII S. 307; Mühlenbruch Lehrbuch des Pand. R. B. I §. 73; Vangerow Pandekten B. I §. 27; Günther im Rechtslexicon v. Weiske B. IV S. 744; Pütter Fremdenrecht §. 80; Bornemann Erläuterungen aus d. preuss. R. B. I S. 113 fg.; Schmidt Herrschaft d. Gesetze S. 74. Ebenso nach dem Zeugnisse Försters [Theorie und Praxis der preuss. Priv. R. B. I S. 61] die entschiedene Praxis der preuss. Gerichte. Auf gemeinrechtl. Gebiete ist diese Ansicht ausgesprochen in den Entscheidungen bei Seuffert IX 246, XII 334, XVI 157, XXIII 2. — Es ist jedoch zu bemerken, dass bei manchem dieser Schriftsteller und bei mancher Entscheidung nicht genau erkennbar ist, ob sie das Recht des Prozessforums als solches oder nicht blos deshalb für massgebend halten, weil sie von dem regelmässigen Falle der Congruenz des Rechtes des Prozessforums mit dem Rechte des Domicils des Beklagten stillschweigend ausgehen. Entschieden das Letztere ist der Fall bei den englischen und amerikanischen Schriftstellern, welche sich für das Recht des Prozessortes nur aus dem Grunde aussprechen, weil nach *common law* stets der Wohnsitz des Schuldners für das Prozessforum massgebend ist. Es sind daher Burge *Commentaries on colonical and foreign laws generally and in their conflict with each other and with the law of England* B. III S. 878, Story *Commentaries on the conflict of laws* §. 576, Wheaton *Elements du droit international* B. I S. 118 und Byles *A treatise of the law of bills of exchange* S. 340 nur scheinbar Anhänger der oben angeführten Ansicht, und vielmehr Vertreter einer weiter unten zu erwähnenden Meinung, nach welcher das Recht des Domicils des Beklagten in Verjährungssachen entscheiden soll.

als wesentlichstes Argument den falschen Satz vorbringt, die Verjährung sei ein rein prozessualisches Institut, ist bereits von anderen Schriftstellern eingehend nachgewiesen worden [135]), und es braucht daher hier nicht weiter auf diedieselbe eingegangen zu werden.

Nach einer dritten Meinung soll dasselbe Gesetz, welches im Falle einer örtlichen Collision für die Beurtheilung des Wesens und des Inhaltes des angesprochenen Rechtes im Allgemeinen massgebend ist, auch hinsichtlich der Voraussetzungen der Verjährung dieses Rechtes massgebend sein. Je nachdem nun der Ort der Entstehung, oder der der Erfüllung der Obligation für das Recht derselben als massgebend angesehen wird, wäre auch hinsichtlich ihrer Verjährung das Gesetz des Vertrags- oder des Erfüllungsortes zu Grunde zu legen [136]). Die Unstichhältigkeit der Gründe, welche für diese Ansicht vorgebracht werden, ist bereits von

---

135) Siehe Waechter im Archiv für civil. Praxis B. XXV S. 410, und Bar Internationales Privat- und Strafrecht S. 283 u. 284.

136) Vertreter dieser Ansicht sind: Hert *De collisione legum* [B. I der *Opuscula*] Sectio IV §. 65, Cocceji *Disputatio de fundata in territorio jurisdictione* [B. I seiner *Exercitationes curiosae*] Tit. VII §. 12; Riccius Entwurf von Stadtgesetzen S. 539; und noch einige ältere Schriftsteller, welche bei Waechter a. a. O. S. 409 Note 410) angeführt sind. Von neueren Schriftstellern sind zu nennen: Reinhardt Ergänzungen zu Glück B. I S. 33; Eichhorn Deutsch. P. R. B. IV S. 108; Renaud Deutsch. Priv. R. B. I §. 42 in f.; Waechter a. a. O. S. 408 fg.; Savigny System B. VIII S. 273; Heffter Europ. Völkerrecht S. 78 Note 5; Schäffner Entwicklung des internat. Privatrechtes S. 111; Unger System B. I §. 23 Note 105; Stubenrauch Commentar B. I S. 82; Förster Theorie und Praxis B. I S. 61; Dernburg Preuss. Priv. R. B. I §. 28 Note 3; Stobbe Deutsch. Priv. R. B. I S. 201; Roth Deutsches Privatrecht B. I S. 297; Troplong *De la prescription* B. I No. 38. — Aus der gemeinrechtl. Praxis die Entscheidungen bei Seuffert: II 120, VIII 7, XII 334, XIII 5. — Aus der österr. Praxis die Entscheidung des oberst. Ger. H. v. 9. Juni 1858. — Die obige Ansicht ist auch vertreten in der Entscheidung des Reichsoberhandelsgerichtes v. 17. October 1874, Sammlung B. XIV No. 82.

Bar in eingehender Weise nachgewiesen[137]). Den Ausführungen dieses Schriftsellers wären nur noch zwei Bemerkungen hinzuzufügen. Um die Nothwendigkeit darzuthun, dass dasselbe Gesetz, welches über den Inhalt des angesprochenen Rechtes entscheidet, auch für den Modus seiner Verjährung als entscheidend angesehen werden müsse, wird von manchen Anhängern dieser Meinung auf den Zusammenhang zwischen der Dauer der Frist zur Geltendmachung eines Rechtes und dem Inhalte desselben hingewiesen. Der Annahme eines solchen Zusammenhanges scheint eine falsche Vorstellung über die Function der Zeit bei der Verjährung zu Grunde zu liegen; die Vorstellung nemlich, als werde durch die Verjährungsfrist der Inhalt des Rechtes selbst seinem zeitlichen Umfange nach bestimmt; denn nur unter dieser Voraussetzung bestünde der behauptete Zusammenhang. Geht man hingegen von der richtigen Auffassung aus, dass das verjährbare Recht bei jeder beliebigen Länge seiner Verjährungszeit ein ewiges ist, und dass durch die collidirenden Gesetze, welche Fristen von verschiedener Dauer statuiren, nur ein verschieden grosser Umfang einer rechtsaufhebenden Thatsache festgesetzt wird, dann gelangt man zu der Erkenntniss, dass an und für sich nichts dazu nöthiget, dasselbe Gesetz, welches für den Inhalt eines Rechtes massgebend ist, auch für die Länge seiner Verjährungszeit als massgebend zu erklären. Als Zweites ist gegen die Art der Beweisführung zu Gunsten der in Rede stehenden Ansicht zu bemerken, dass ihre Anhänger dieselbe weniger direkt, als vielmehr indirekt plausibel zu machen suchen dadurch, dass sie die abweichenden Meinungen in derselben Sache, und zwar insbesondere die weiter unten zu

137) Vergl. Bar a. a. O. S. 285—287.

discutirende Ansicht, dass die Verjährung nach dem Gesetze des Wohnortes des Schuldners zu beurtheilen sei, *ad absurdum* zu führen versuchen. Gegen diese indirekte Beweisführung wäre an und für sich nichts einzuwenden, wenn die Unhaltbarkeit der gegnerischen Meinung nur durch solche Consequenzen aus derselben beleuchtet würde, welche in Wahrheit Consequenzen aus derselben sind. Nun wird aber beispielsweise gegen die Ansicht, es sei das Gesetz des Wohnortes des Schuldners für die Verjährung entscheidend, vorgebracht, dass nach dieser Ansicht der Schuldner durch die Verlegung seines Wohnsitzes aus dem Territorium mit längerer Verjährungszeit in ein solches mit kürzerer sich im Handumdrehen von seiner Schuld befreien könnte. Es wird weiter unten dargethan werden, dass dieses für den Gläubiger höchst unbillige Ergebniss, welches allerdings, wenn es richtig wäre, die Grundbehauptung als unhaltbar erscheinen liesse, sich durchaus nicht aus derselben ergibt.

Eine vierte Ansicht will das am Wohnorte des Gläubigers geltende Gesetz als massgebend für die Verjährung seines Anspruches betrachtet wissen[138]), ohne hiefür stichhältige Gründe vorbringen zu können[139]).

Eine fünfte Ansicht endlich hält das am Domicile des Schuldners geltende Gesetz für entscheidend[140]). Diese Ansicht scheint mir die richtige zu sein, und zwar sowohl aus Gründen der juristischen Logik, wie aus Gründen der Zweck-

---

138) Vergl. Pothier *De la prescription* No. 251.

139) Vergl. die widerlegenden Bemerkungen bei Bar a. a. O. S. 202 und 287.

140) Diese Ansicht wird vertreten von P. Voet *De statutis eorumque concursu* S. 10 §. 2, J. Voet *Commentarius ad Pandectas, Lib. I tit. 4 pars 2: De statutis* §. 12; Boullenois *Traité et de la personnalité et de la réalité des loix, coutumes, ou statuts* B. I S. 365 fg.; Pöhls Wechselrecht S. 655; Thöl Einleitung in das deutsche Priv. R.

mässigkeit. Der Verjährung liegt, wie schon wiederholt bemerkt wurde, eine einen längeren Zeitraum continuirlich ausfüllende rechtsaufhebende Thatsache zu Grunde. Juristische Thatsachen nun, welche sich in jahrelanger zeitlicher Ausdehnung vollziehen, werden wohl am natürlichsten nach demjenigen Gesetze beurtheilt, unter dessen örtlicher Herrschaft sie sich vollziehen; dass die Ersitzung, was die Collision der Gesetze anbetrifft, nach diesem Gesichtspunkte zu beurtheilen sei, wird auch allgemein angenommen. Es könnte also hinsichtlich der Verjährung nur zweifelhaft sein, ob sich der Verjährungsthatbestand am Wohnorte des säumigen Gläubigers, oder an dem des in vollständiger Ruhe befindlichen Schuldners vollziehe, und es könnte demzufolge nur die Wahl offenstehen zwischen den Gesetzen dieser beiden Domicile. Da nun der Verjährungsthatbestand in dem *juge silentium*, und dieses wieder in dem Nichteintritte eines Unterbrechungsgrundes besteht, so wird die Frage, an welchem Orte sich der Verjährungsthatbestand vollzieht, darnach zu beurtheilen sein, an welchem Orte die Unterbrechungsakte stattfinden sollen. Dieser Ort ist nun zweifellos der Wohnort des Schuldners; denn sowohl diejenigen Akte, welche als ausdrückliche oder stillschweigende Anerkennung vom Schuldner auszugehen haben, als auch die rechtsverfolgenden Akte, welche der Gläubiger vorzunehmen, hat, können sich regelmässig nur am Wohnorte des Schuldners ereignen. Dieser Ort ist daher auch als Schauplatz des *diuturnum silentium*, und das Gesetz desselben als mass-

---

S. 189 Note 9; Bar a. a. O. S. 287 fg. Hieher sind auch zu zählen die in der Note 134 angeführten englischen und amerikanischen Schriftsteller, welche sich nur scheinbar für das Recht des Prozessforums, aus dem oben angegebenen Grunde in Wahrheit aber für das des Domicils des Schuldners aussprechen.

gebend für die Folgen dieses *silentium* anzusehen. Was sonst noch an Gründen für die hier verfochtene Ansicht vorgebracht werden könnte, ist bereits von Bar ausgeführt worden, auf welchen ich, um Wiederholungen zu vermeiden, hiemit verweise [141]).

Man hat gegen diese Ansicht als Hauptargument eingewendet und dieselbe dadurch geradezu *ad absurdum* führen zu können vermeint, dass man darauf hinwies [142], es könnte sich nach derselben der Schuldner über Nacht von seiner Verpflichtung dadurch befreien, dass er nach Ablauf eines Theiles der Verjährungszeit sein Domicil in ein anderes Land mit so kurzer Verjährungszeit verlegt, dass zu ihrer Vollendung schon jener Theil genügt, welcher unter der Herrschaft des Gesetzes des früheren Wohnortes verstrichen war. Man hat auch darauf hingewiesen, dass selbst dann, wenn der abgelaufene Theil der Verjährungszeit die Dauer der im Gesetze des neuen Domicils statuirten Frist noch nicht erreicht, der Berechtigte in eine fatale Situation schon dadurch käme, dass der Rest der zur Geltendmachung seines Anspruches gewährten Zeit bedeutend abgekürzt werde. Es muss zugegeben werden, dass die in Rede stehende Ansicht allerdings aufgegeben werden müsste, wenn man bei derselben zu solchen Resultaten gelangte, welche dem Verkehrsbedürfnisse zuwiderliefen. Dieses Letztere ist aber durchaus nicht der Fall. Denn wenn der Schuldner seinen Wohnsitz verlegt, so kann davon gar nicht die Rede sein, dass die unter der Herrschaft des ersten Gesetzes verstrichene Zeit mit jenen Wirkungen ausgestattet wird, welche das zweite Gesetz an dieselben knüpfen würde, wenn sich der Ver-

---

141) Vergl. Bar a. a. O. S. 287 fg.
142) Vergl. Savigny System B. VIII S. 274 Note 5.

jährungsthatbestand zur Gänze auf eigenem Herrschaftsgebiete abgespielt hätte. Die in einem solchen Falle sich ergebende räumliche Collision ist vielmehr analog zu behandeln mit dem ganz verwandten Falle zeitlicher Collision, der sich dann ergibt, wenn während des Laufes der Verjährungszeit ein neues Gesetz in Kraft tritt, welches eine kürzere Verjährungszeit festsetzt. Wie in diesem Falle der Schuldner die Wahl hat, ob er sich auf die Fortsetzung der alten Verjährung, oder auf die neue berufen will, wenn er die letztere erst vom Tage der Herrschaft des neuen Gesetzes an berechnen will, so hat auch der Schuldner im Falle einer Domicilsveränderung die Wahl, ob er die Verjährung nach Massgabe des Gesetzes, unter welchem sie begonnen, fortlaufen lassen kann, oder ob er nach Massgabe des Gesetzes des neuen Wohnortes die kürzere neue Verjährung beginnen will von jenem Zeitpunkte an, in welchem er unter die Herrschaft des neuen Gesetzes getreten ist. Bei dieser Behandlung der Sache kann von einer Unbilligkeit gegen den Berechtigten keine Rede sein. Denn derselbe hat zur Verfolgung seines Rechtes entweder den ganzen Rest der alten Frist, oder die ganze neue Frist. Hiemit erweist sich also dasjenige Argument als völlig unstichhältig, durch welches die Gegner die hier gebilligte Ansicht *ad absurdum* führen, und dadurch indirekt ihre eigene Ansicht plausibel machen wollen.

Nun ist aber in dieser Sache noch eines zu bemerken. In den meisten Fällen, in welchen die Gerichte in der vorliegenden Frage Stellung zu nehmen und zu entscheiden hatten, ob das für den Inhalt des angesprochenen Rechtes im Allgemeinen massgebende Gesetz, oder das hievon verschiedene Gesetz des Wohnortes des Beklagten in Anwendung zu bringen sei, waren gar nicht wahre Verjährungsfälle, sondern Fälle gesetzlicher Rechtsbefristung in

Frage[143]). Da nun, wie sich gleich zeigen wird, in solchen Fällen der letzteren Art, zum Unterschiede von der Verjährung, immer auch die Frist desjenigen Gesetzes massgebend für die Dauer des Rechtes ist, welches den Inhalt des Rechtes überhaupt bestimmt, so haben die Gerichte in den erwähnten Fällen *in merito* auf Grund ihres Rechtsgefühles ganz richtig entschieden; sie sind aber bei der Begründung ihrer Entscheidungen in Folge der irrthümlichen Annahme, man habe es mit Verjährungfällen zu thun, zu falschen theoretischen Sätzen über die Behandlung der Verjährung in Fällen örtlicher Collision der Gesetze gelangt. Aehnlich ist es auch den meisten Schriftstellern ergangen, welche sich mit dieser Frage beschäftigt haben; auch diese hatten nemlich bei der casuistischen Prüfung der verschiedenen Ansichten zumeist Fälle vor Augen, in welchen die kurzen Fristen nicht wahre Verjährungs- sondern vielmehr Legalfristen betagter Rechte sind, und in welchen schon das unmittelbare Rechtsgefühl, auch ohne das Bewusstsein, dass man es mit legalbefristeten Rechten zu thun habe, ganz entschieden zur Anwendung desjenigen Gesetzes drängt, welches für das Recht im Allgemeinen massgebend ist. Indem man aber den wahren Charakter der zur Casuistik verwendeten Fälle verkannte, gelangte man dazu, einen Satz für die Verjährung aufzustellen, der in Wahrheit nur für die Legalbefristung gilt. Auf diese Weise ist es zu erklären, warum

143) So handelt es sich z. B. in dem Falle, in welchem das Leipziger R. O. H. G. in der S. 198 Note 136 angeführten Entscheidung mit seiner grossen Autorität sich zu Gunsten der Ansicht ausgesprochen hat, es sei nicht das Gesetz des schuldnerischen Wohnsitzes, sondern das Recht der Obligation für ihre Verjährung massgebend, um die Frist zur Geltendmachung des Redhibitionsanspruches; eine Frist, welche in Wahrheit gar nicht als Verjährungs- sondern als Legalfrist anzusehen ist.

die Ansicht in Theorie und Praxis Anhänger gefunden hat, es sei nicht auf das Recht des schuldnerischen Wohnsitzes, sondern auf das für den Inhalt des streitigen Rechtes im Allgemeinen massgebende Gesetz zu sehen, wenn es zweifelhaft ist, welche von zwei collidirenden Verjährungsfristen massgebend sei.

II. Wie es bei einer örtlichen Collision von Fristbestimmungen dann steht, wenn dieselben nicht einen Verjährungsfall, sondern einen Fall von Rechtstemporalität zum Inhalte haben, das ist ungleich sicherer und leichter zu entscheiden. Da bei der letzteren die Frist das Recht selbst im zeitlichen Umfange begrenzt, mithin das Mass bildet für die Dauer der Rechtswirkungen eines constitutiven Thatbestandes, so ist es ohne weiters einleuchtend, dass dasselbe Gesetz, nach welchem diese Rechtswirkungen überhaupt zu beurtheilen sind, auch massgebend sein muss dafür, in welchem zeitlichen Umfange diese Rechtswirkungen ins Dasein treten sollen. Ist ein legalbefristetes Recht unter der Herrschaft eines Gesetzes entstanden, dann kann sein Endtermin durch eine Veränderung im Prozessforum oder im Wohnsitze des Schuldners weder näher heran, noch weiter hinaus gerückt werden; denn Beides wäre als Verminderung oder als Vermehrung des vorhandenen Rechtes gleichbedeutend mit einer wesentlichen Veränderung der gegebenen Rechtslage.

Indem also festgestellt wurde, dass bei einer räumlichen Collision von Fristbestimmungen das Gesetz des Wohnsitzes des Geklagten entscheidet, wenn ein Verjährungsfall in Frage steht, hingegen das für das Recht im Allgemeinen massgebende Gesetz, wenn ein Fall von Rechtstemporalität vorliegt, sind wir zur Kenntniss eines weiteren praktischen Unterschiedes zwischen Verjährung und Legalbefristung der Rechte gelangt und haben damit zugleich die einzelnen

Unterschiede zwischen den beiden genannten juristischen Erscheinungen erschöpft[144]).

---

144) Ein Unterschied könnte noch in Frage kommen. Auf dem Gebiete des gemeinen Rechtes wurde früher von der herrschenden Lehre angenommen, es sei als Voraussetzung der Verjährung überall auch die *bona fides* des Verjährenden erforderlich. [Vergl. Windscheid Pandekten B. I §. 111 Note 2.] Um den Untergang eines legalbefristeten Anspruches *die veniente* herbeizuführen, wäre der gute Glaube des Schuldners, d. h. die Unkenntniss von dem gegen ihn bestehenden Anspruche, vollständig gleichgiltig. Zweifellos von praktischer Bedeutung ist dieser Unterschied für das a. p. L. R. in Folge der Bestimmung in I 9 §. 569.

§. 14.

DER UNTERSCHIED ZWISCHEN VERJÄHRUNG UND LEGALBEFRISTUNG IM RECHTSPOLITISCHEN GRUNDE.

Nachdem im bisherigen Theile der Untersuchung festgestellt worden ist, in welchen Punkten sich Verjährung und Legalbefristung ihrer begrifflichen Structur nach unterscheiden, und nachdem die Analyse des gewonnenen begrifflichen Unterschiedes eine ganze Reihe von praktischen Verschiedenheiten zu Tage gefördert hat, liegt die Frage nahe, welche Verschiedenheiten in der ökonomischen Situation, oder in dem Verkehrsbedürfnisse, mit einem Worte, welcher Unterschied im rechtspolitischen Zwecke den Gesetzgeber dazu bewegen kann, den identischen Erfolg des Unterganges eines Rechtes nach Verstreichung eines gewissen Zeitraumes in dem einen Falle durch Verjährung, in dem anderen aber durch gesetzliche Befristung des Rechtes eintreten zu lassen? Angesichts der aufgezeigten Differenzen in der praktischen Behandlung müsste es, um den *in abstracto* als möglich dargelegten Unterschied zwischen Verjährung und Legalbefristung im positiven Rechte zu lebendiger Existenz zu bringen, solche Rechtsverhältnisse geben, bei welchen die verjährungsrechtlichen Sätze nicht ausreichen, sondern wo es des radicaleren

Mittels der Setzung eines legalen Endtermines bedarf, um dem Bedürfnisse des Verkehres nach endlicher Erledigung liegengelassener Ansprüche Genüge zu thun. Dass es wirklich Rechtsverhältnisse solchen Charakters gibt, und dass die Sicherheit des Verkehres in solchen Fällen durch die verjährungsmässige Behandlung nur unvollständig, durch die Anwendung der aus dem Wesen der Rechtstemporalität fliessenden Grundsätze hingegen in viel befriedigenderem Masse erreicht wird, dies zu zeigen soll die letzte Aufgabe des grundlegenden Theiles der Untersuchung bilden.

I. Was zunächst die allgemeine Ratio des Institutes der Verjährung anbetrifft,[145]) so kann man den verschiedenen Gesetzgebungen, welche dasselbe kennen, mögen sie auch hinsichtlich der Voraussetzungen und der Wirkungen der Verjährung in manchen Punkten von einander abweichen, doch den gemeinsamen Grundgedanken als rechtspolitischen Zweck des Institutes unterlegen, dass der Verkehr nach einer endlichen Erledigung schwebender Rechtsverhältnisse dringend verlangt, und zwar ohne alle Rücksicht darauf, ob der materielle Gehalt derselben realisirt worden ist, oder nicht. Als tauglichstes Mittel nun, diesem Bedürfnisse des Lebens zu genügen, erscheint der Gedanke, den Alles verändernden und vernichtenden Einfluss der Zeit aus dem Gebiete der materiellon Welt herüberzuleiten auf das Gebiet der immateriellen Welt der Rechte. Wie die Zeit Alles ausgleicht, so soll sie auch verschwiegenes Recht und Unrecht ausgleichen. Die Rechtfertigung dieses Grundgedankens der Verjährung, in dessen Verfolgung die einen längeren Zeitraum continuir-

---

145) Vergl. Savigny System B. IV S. 305—308, und B. V S. 267 bis 273, Unterholzner-Schirmer Verjährung B. I S. 90—93, Waechter Württemb. Privatrecht B. II S. 804, Unger System B. II §. 119 und Windscheid Pandekten B. I §. 105.

lich ausfüllende völlige Unthätigkeit des Berechtigten zum Grunde der Aufhebung des verschwiegenen Rechtes gemacht wird, beruht auf der Erwägung, dass die Berufung auf ein lange Zeit hindurch liegen gelassenes Recht, und das damit verbundene Zurückgreifen auf eine weit in der Vergangenheit und Vergessenheit liegende rechtserzeugende Thatsache für den Verkehr grosse Gefahren deshalb mit sich bringt, weil die dem angeblich Berechtigten gegenüberstehende Person in einem solchen Falle entweder gar nicht, oder doch nur sehr schwer in der Lage ist, die Mängel in der Quelle des angesprochenen Rechtes oder den Eintritt solcher Ereignisse zu beweisen, welche dem einmal vorhanden gewesenen Rechte den Untergang bereitet haben. Lässt auf diese Weise die Rücksichtnahme auf den Verpflichteten die Aufhebung eines lange verschwiegenen Rechtes als im Interesse der Sicherheit des Verkehres geboten und demzufolge als zweckmässig erscheinen, so lässt auch andererseits das lange und beharrliche Stillschweigen des Berechtigten einen ziemlich sicheren Wahrscheinlichkeitsschluss zu auf das wirkliche Vorhandensein der erwähnten, schwer beweisbaren Umstände, welche dem Schuldner zur Vertheidigung dienen und die Erhebung des Anspruches als ungerechtfertigt erscheinen lassen sollen. Auf diese Art stellt sich also der der Verjährung zu Grunde liegende rechtspolitische Gedanke dar nicht blos als ein Ausfluss von Zweckmässigkeitserwägungen, sondern auch als ein Postulat der Gerechtigkeit. Zum Mindesten schliesst, selbst den aufrechten Bestand des Anspruches vorausgesetzt, das lange und beharrliche Stillschweigen des Berechtigten in der Regel eine solche Nachlässigkeit auf Seiten des Letzteren in sich, oder dasselbe lässt ein so geringes, des Rechtsschutzes bedürftiges Interesse auf Seite des Berechtigten erkennen, dass der mit Rücksicht auf dritte Personen gebotene Rechtsuntergang für den Berechtigten kaum als allzu harter Verlust erscheint. Dieser Verwirkungsgesichtspunkt darf jedoch bei der rationellen Begründung der Verjährung nur als nebensächlicher und unterstützender herangezogen werden. Es ist gewiss unrichtig, was manche Schriftsteller annehmen, dass die Verjährung eine Strafe sein soll für die Nachlässigkeit in der Rechtsverfolgung; denn der Staat hat kein solches Interesse an der schnellen Realisirung von privatrechtlichen Ansprüchen, dass er ihre Verzögerung mit einer Strafe zu belegen Veranlassung hätte. Der alleinige Zweck der Verjährung kann vielmehr nur darin gelegen sein, dem Schuldner gegen nur scheinbar noch bestehende Ansprüche ein bequemes Schutzmittel zu gewähren. Dass bei dem Gebrauche dieses Schutzmittels durch solche Personen, für welche es seinem legislativen Zwecke nach eigentlich nicht bestimmt ist, auch materielles Unrecht mit unterläuft, indem mancher in Wahrheit noch nicht liberirte Schuldner frei wird, und mancher Berechtigte um sein gutes Recht kommt, das muss als unvermeidliche Folge mit in den Kauf genommen, kann aber nicht als Ratio der Verjährung hingestellt werden; es verhält sich die Sache in diesem Punkte bei der Verjährung ähnlich wie bei dem Besitzesschutze und bei der Ersitzung, welche Rechtsinstitute auch nur für den wahrhaft Berechtigten eine bequemere Position schaffen und nicht den Usurpatoren zum Vortheile gereichen sollen, wenn sich auch dieses Letztere nicht immer vermeiden lässt.

Dass der Verjährungsthatbestand, um den eben angedeuteten rechtspolitischen Gesichtspunkten zu genügen, nicht in dem blossen Verlaufe eines gewissen Zeitraumes zu bestehen habe, sondern in dem continuirlichen Schweigen, welches über der ganzen Sache ruht, ergibt sich aus dem Gesagten ohne weiteres, denn sind während des Zeitraumes seit dem Eintritte der das verjährbare Recht erzeugenden Thatsache, sei es von Seite des Berechtigten, sei es von Seite des Verpflichteten, solche Akte vorgenommen worden, welche auf Seiten des Handelnden die Ueberzeugung von dem aufrechten Bestande des Rechtes zur Voraussetzung haben, dann treten jene früher angedeuteten Gesichtspunkte zurück, von denen aus die späte Erhebung lang bestehender Ansprüche für die Sicherheit des Verkehres als gefährlich, und die Mangelhaftigkeit oder gar die bereits stattgehabte Realisirung derselben als wahrscheinlich erscheint. Nur das Eine dürfte besonderer Erwähnung bedürfen, dass nicht blos der Inhalt des Verjährungsthatbestandes, sondern auch seine zeitliche Dauer, d. i. die Länge der Frist mit der Ratio der Verjährung in innerem Zusammenhange steht. Da nemlich sowohl die Situation des Schuldners, welcher sich zu seiner Vertheidigung auf Mängel in der rechtserzeugenden Thatsache, oder auf den Eintritt eines Erlöschungsgrundes zu berufen hat, nur dann eine schwierige ist, wenn der Zeitpunkt der Erhebung des Anspruches weit entfernt ist von jenem seiner Entstehung, als auch der Wahrscheinlichkeitsschluss auf das wirkliche Vorhandensein solcher befreienden Thatsachen nur dann mit grösserer Sicherheit geschehen kann, wenn bereits während geraumer Zeit in der Sache absolutes Stillschweigen obgewaltet hat, so begehrt der rechtspolitische Zweck der Verjährung nach beiden Seiten hin ein längeres Ausmass der Verjährungsfrist. Wir finden auch thatsächlich in den modernen Gesetzbüchern, wie im römischen Rechte, die dem durchschnittlichen Menschenalter entsprechende Frist von dreissig Jahren statuirt. Ob diese Frist, welche dem Bedürfnisse des viel bescheideneren Verkehres vergangener Zeiten entsprungen ist, nicht zu lang geworden ist für unser rasch lebendes Jahrhundert, in welchem die

Rechtsakte nicht mehr mit jener Intensität in das Erinnerungsvermögen der betheiligten Personen eintreten, wie zu Zeiten weniger entwickelten ökonomischen und juristischen Lebens, könnte bezweifelt werden. Aus diesem Grunde erschiene es als voreilig, wollte man schon in der Statuirung einer unter das früher angedeutete Ausmass herabgehenden Verjährungszeit einen Anhaltspunkt für die Annahme erblicken, der Gesetzgeber habe bei der betreffenden Fristbestimmung den Verjährungsstandpunkt verlassen und etwas von der Verjährung Verschiedenes statuirt. Das Eine aber dürfte kaum zweifelhaft sein, dass, wenn wir ein Gesetz mit dem Ausmasse einer Frist zur Geltendmachung eines Anspruches von der gewöhnlichen dreissigjährigen Frist herabgehen sehen auf wenige Jahre, Monate, Wochen, ja selbst auf eine kurze Zahl von Tagen, in diesem grossen Unterschiede des zeitlichen Ausmasses der Frist allein schon ein Anhaltspunkt für die Annahme erblickt werden kann, dass in einem solchen Falle ein der Verjährung fremder rechtspolitischer Grund für die Statuirung der Frist und damit zugleich auch das Bedürfnis vorhanden sein muss, die Fristbestimmung nach anderen Rechtssätzen zu beurtheilen, als nach jenen der Verjährung. Sollte aber schon an und für sich von den früher aufgedeckten Realkriterien das eine oder andere gegen die Anwendung der verjährungrechtlichen Sätze sprechen, dann dürfte die Subsumtion der zweifelhaften Fristbestimmung durch ein kurzes Ausmass der Frist in erheblicher Weise zu Ungunsten der Auffassung als Verjährung beeinflusst werden[146]).

---

146) Indem hiemit auch die Länge der Frist als ein unterstützendes Merkmal für die Eruirung ihres Charakters angeführt wird, soll selbstverständlich nicht die einfältige Ansicht mancher älteren österreichischen Schriftsteller gutgeheissen werden, welche für die Subsumtion zweifelhafter

II. Ganz andere Zwecke als der Verjährung, welche man im weiteren und uneigentlichen Sinne des Wortes gleichfalls eine gesetzliche Beschränkung der zeitlichen Dauer der Rechte nennen könnte, liegen aber der eigentlichen gesetzlichen Einschränkung der Rechte, d. i. der Legalbefristung zu Grunde. Die Rechtsordnung überlässt es im Allgemeinen dem Willen der Betheiligten, den von ihnen ins Leben gerufenen Rechtsverhältnissen durch einen *dies ad quem* von Vornherein eine zeitliche Schranke zu setzen. Nur ausnahmsweise wird die zeitliche Limitirung der Wirkungen eines Rechtsgeschäftes vom Gesetze den Parteien unmöglich gemacht, so z. B. im römischen Rechte bei der Erbeinsetzung [*semel heres semper heres*], im österreichischen Rechte bei der Ehe, Adoption u. a. m. Machen die Parteien von der ihnen gebotenen Möglichkeit, die zeitliche Dauer der unter ihnen begründeten Rechtsbeziehungen einzuschränken, keinen Gebrauch, dann lässt das Gesetz die durch den Eintritt einer rechtsbegründenden Thatsache hervorgerufenen Rechtswirkungen ohne jede zeitliche Schranke für alle Zukunft ins Leben treten, und überlässt es dem Eintritte der verschiedenartigen rechtsvernichtenden Thatsachen, über kurz oder lang dem Rechte den Untergang zu bereiten. Der vorangehende Theil der Untersuchung hat uns aber gelehrt, dass denkbarer Weise das Gesetz, ohne es auf den Willen der Parteien zu stellen, ausnahmsweise gewisse Rechte nur auf eine ganz bestimmte Zeit entstehen lassen kann, zu deren Wiederbeseitigung

Fristbestimmungen den Rath ertheilen, einfach darauf zu sehen, ob die vom Gesetze statuirte Frist mindestens ein Jahr betrage oder nicht, und unter der letzteren Vorraussetzung die Möglichkeit des Vorliegens einer Verjährung deshalb kurzweg läugnen, weil von Verjährung dort nicht die Rede sein könne, wo nicht wenigstens ein Jahr verlaufen müsse, um den Untergang des Rechtes herbeizuführen.

sodann der Eintritt einer rechtsaufhebenden Thatsache nicht nothwendig ist. Als rechtspolitischer Grund einer derartigen legalen Zeitbeschränkung kann nun Verschiedenes in Betracht kommen.

In manchen Fällen wurzelt das Recht in einem gewissen Zustande, dessen beschränkte Dauer vorherzusehen ist; so z. B. bei der väterlichen Gewalt in dem Alter der Schutzbedürftigkeit und Unselbständigkeit des Kindes. Mit dem Ende dieses Zustandes muss selbstverständlich auch das Ende des in ihm wurzelnden Rechtes eintreten, und indem die Rechtsordnung den betreffenden Zustand zeitlich umgrenzt, limitirt sie gleichzeitig auch die Dauer jenes Rechtes, welches auf ihm beruht.

In anderen Fällen wieder, und zwar dort, wo es sich um continuirlich ausübbare Rechte handelt, wie z. B. bei dem Anspruche auf Unterhalt, bildet der zeitliche Umfang des Rechtes auch zugleich das Mass für dessen stofflichen Inhalt und für dessen ökonomischen Werth. Wenn also das Gesetz Rechtsverhältnisse solcher Art aus gewissen Thatsachen unmittelbar *ex lege* entstehen lassen will, so wird es, da es den Inhalt des von ihm statuirten Rechtes fixiren muss, dieses in der Form thun müssen, dass es einen *dies legalis* festsetzt, bis zu dessen Eintritt das betreffende Recht dauern soll. Dies thut z. B. das öst. a. b. G. B. im §. 1243, indem es den gesetzlichen Witwengehalt auf sechs Wochen vom Tode des Mannes an gerechnet einschränkt.

Dass hinsichtlich dieser beiden Kategorien von Legalbefristungen für die Aufstellung der Fristen, nach deren Ablauf gewisse Rechte untergehen sollen, ein ganz anderer rechtspolitischer Grund massgebend ist, als bei der Aufstellung einer Verjährungsfrist, das liegt wohl auf der Hand; deshalb wird auch eine Confundirung dieser Arten von Rechtstemporalität mit der Verjährung wohl kaum möglich sein. Bei einer dritten Kategorie von Rechten aber, deren Scheidung in verjährbare und legalbefristete uns schon an einer anderen Stelle der Untersuchung[147]) einige Mühe gekostet hat, nemlich bei denjenigen Rechten, welche nur eine einzige Ausübung zulassen, weil sie sich schon in dieser consumiren, ist auch der rechtspolitische Unterschied zwischen Verjährung und Legalbefristung feiner als bei denjenigen Rechten, welche continuirliche Ausübung zulassen[148]). Denn da bei der erste-

---

147) Siehe S. 45 fg.

148) Ich halte es daher nicht für ein glücklich gewähltes Beispiel, wenn Demelius Untersuchungen S. 3, um den Unterschied zwischen Verjährung und Befristung zu illustriren, einen Fall setzt, wo es sich um ein continuirlich ausübbares Recht handelt. D. sagt nemlich: „Wenn ein Erblasser verordnet: A soll das Recht haben von meinem Erben zehn Jahre lang jährlich Zehn zu fordern; und ein anderer: A soll von meinem Erben jährlich Zehn verlangen dürfen; verlangt er sie zehn Jahre lang nicht, so soll sein Recht aufhören — so verordnet jeder etwas ganz anderes.“ Daran dürfte ohnehin Niemand gezweifelt haben, und wenn der Unterschied zwischen Verjährung und Legalbefristung sich nur auf solche Verfügungen des Gesetzgebers bezöge, welche in Form einer Fristbestimmung den stofflichen Gehalt eines Rechtes umgrenzen, dann verlohnte es sich wohl kaum der Mühe, die Tragweite des Unterschiedes näher zu untersuchen, denn dieselbe läge ja auf der Hand. Die schwierige Situation, zu entscheiden, ob der Gesetzgeber Verjährung oder Temporalität eines Rechtes beabsichtigte, welche Demelius illustriren wollte, ergibt sich nur dann, wenn es sich um ein solches Recht handelt, das nur eine einmalige Ausübung zulässt. D. hätte also den Fall m. E. richtig so setzen sollen: „Wenn ein Erblasser verordnet: A soll das Recht haben von meinem Erben innerhalb von zehn Jahren Zehn zu fordern; und ein anderer: A soll von meinem Erben Zehn verlangen dürfen; verlangt er sie zehn Jahre lang nicht, so soll sein Recht aufhören — so verordnet jeder etwas ganz anderes.“ In dem ersten Falle nemlich ist das Recht dem Wortlaute der Verfügung nach ein betagtes, in dem zweiten Falle hingegen ist es ein an sich ewiges Recht, welches nur durch die negative Thatsache der Nichtforderung innerhalb eines gewissen Zeitraumes wieder aufgehoben wird. Nur derjenige, welcher für einen solchen Fall, in welchem es sich um ein schon durch einmalige Ausübung consummirbares Recht handelt, einen Unterschied in der

ren Art von Rechten der ökonomische Werth oder stoffliche Inhalt derselben mit deren zeitlicher Dauer in keinem unmittelbaren Zusammenhange steht, indem der Verpflichtete, mag das Recht als ewiges oder als betagtes gegeben sein, doch nur ein einziges Mal in Anspruch genommen werden kann, so ist auf den ersten Blick nicht abzusehen, was den Gesetzgeber dazu veranlassen kann, solche Rechte in dem einen Falle der Verjährung und in dem anderen Falle der Befristung zu unterwerfen? Bei näherer Betrachtung ergibt sich jedoch mehr als ein Gesichtspunkt, von welchem aus es für den einsichtigen Gesetzgeber durch die Natur der Sache geboten erscheint, für solche Rechte, welche nur eine einzige Ausübung zulassen, bald Verjährung bald Legalbefristung zu statuiren.

In jenen Fällen, wo Rechtsbeziehungen zwischen gewissen Personen durch die Willenserklärung eben dieser Personen, also durch einen Akt rechtsgeschäftlicher Natur, ins Dasein gerufen werden, dort wird der Gesetzgeber zur Setzung eines legalen Endtermines regelmässig keine vernünftige Veranlassung haben; denn da den Parteien, wie schon früher bemerkt wurde, die Möglichkeit eingeräumt ist, der von ihnen mit Bewusstsein geschaffenen juristischen Situation durch einen pactirten *dies ad quem* einen festen Endtermin zu setzen, so würde der Gesetzgeber dann, wenn die Parteien

---

Structur des Rechtsverhältnisses und hieraus fliessende praktische Verschiedenheiten nachzuweisen vermag, kann sagen, er habe den Unterschied zwischen Verjährung und Legalbefristung nachgewiesen. — Was aber speciell den eben angeführten Fall einer erblasserischen Verfügung anbetrifft, so glaube ich, dass stets ein *dies ad quem* als im Willen des Disponenten gelegen anzunehmen sein wird, mag er die erste oder die zweite Form des Ausdruckes gewählt haben; denn es liegt Privatpersonen in den meisten Fällen sehr ferne, mittelst Fristbestimmung einen Fall von *praescriptio conventionalis* setzen zu wollen.

diese Möglichkeit von der Hand gewiesen haben, gewissermassen gegen den Willen der Parteien handeln, wenn er einen legalen Endtermin statuiren wollte. Es wird sich also den Ansprüchen aus Rechtsgeschäften gegenüber der Gesetzgeber regelmässig auf den Standpunkt der Verjährung und nicht auf jenen der Legalbefristung zu stellen haben.

Wenn es sich dagegen um Rechtsbeziehungen handelt, welche ihre Entstehung nicht dem Willen der Betheiligten verdanken, sondern unmittelbar durch das Gesetz an den Eintritt gewisser Ereignisse und Zustände geknüpft werden, welche ausserhalb des Willens und des Bewustseins der Betheiligten liegen; oder um Rechtsbeziehungen, von denen es wegen der eigenthümlichen Beschaffenheit der im Spiele befindlichen Lebensverhältnisse ungewiss ist, ob der Berechtigte sich behufs ihrer Realisirung auf dieselben überhaupt berufen wird; oder endlich um Rechtsbeziehungen, welche trotz des Eintrittes einer regelmässig als vollständig rechtsaufhebend wirkenden Thatsache als verborgenes Residuum übrig bleiben, — dann wird der Gesetzgeber, soll nicht jeder Einzelne mit einem Ballaste zweifelhafter und verborgener Rechtspflichten beladen durchs Leben, und der feste Umfang aller Vermögenssphären verloren gehen, gut thun, derartige Rechtsbeziehungen nicht für alle Zukunft entstehen und ihren Untergang, wenn sie unbenützt liegen bleiben, nicht auf dem mit Hindernissen belegten und Unterbrechungen ausgesetzten Wege der Verjährung eintreten zu lassen, sondern lieber das radicalere Mittel der Legalbefristung zu wählen, um derartigen zweifelhaften Rechtsbeziehungen ein baldiges und sicheres Ende zu machen. Während bei der Verjährung ihrem eigentlichen legislativen Zwecke nach kein Schuldner ohne materiellen Befreiungsgrund von seiner Verpflichtung los kommen, sondern nur dem blos noch scheinbar verpflichteten Schuldner dem mit einem aus der Vergessenheit hervorgeholten Anspruche auftretenden Kläger gegenüber ein bequemes Vertheidigungsmittel gewährt werden soll, geht der rechtspolitische Zweck der Legalbefristung dahin, den Schuldner absichtlich und trotz des Mangels eines materiellen Befreiungsgrundes nach kurzer Zeit aus einer ungewissen und unleidlichen Rechtslage zu befreien. Dass die Befreiung eines Verpflichteten ohne Befriedigung und Willen des Berechtigten direkt die Ratio eines Rechtsinstitutes bilden könne, scheint auf den ersten Blick der Gerechtigkeit zu widersprechen; ein Blick auf das Leben zeigt jedoch, dass es Rechtsverhältnisse von so zweifelhafter Natur gibt, dass die unbegrenzte Fortdauer derselben bis zum Eintritte eines materiellen Befreiungsgrundes weder als geboten erscheint mit Rücksicht auf das Interesse des Berechtigten, noch als zulässig mit billiger Rücksicht auf das Interesse des Verpflichteten; und wo in Uebereinstimmung mit dem letzteren und ohne Verletzung des ersteren die definitive Erledigung der zweifelhaften Rechtslage durch einen legalen Endtermin auch von Gerechtigkeitswegen geboten erscheint. Die hiefür massgebenden Gesichtspunkte auf Seiten des Berechtigten wie des Verpflichteten sollen im Nachfolgenden kurz angedeutet werden.

Es ist wohl der erste Fundamentalsatz aller Rechtspolitik, dass jedem Anspruche ein vernünftiges Interesse des Berechtigten zu Grunde liegen muss. Bei den aus rechtsgeschäftlichen Akten entspringenden Ansprüchen ist grundsätzlich ein solches Interesse ohne weiters als vorhanden anzunehmen, denn ohne ein solches wären ja die Betheiligten wohl kaum in juristische Aktion getreten. Anders liegt aber die Sache bei solchen Ansprüchen, welche ohne den concreten Willen der Betheiligten aus gewissen Thatsachen und Zuständen unmittelbar auf Grund des Willens des Gesetzgebers entstehen. Hier kann der Gesetzgeber nur nach einem abstracten Durchschnittsmassstabe verfahren, und es kann demzufolge sehr leicht vorkommen, dass in einzelnen Fällen zwar derjenige Thatbestand vorliegt, bei dessen Eintritt regelmässig ein berechtigtes Lebensinteresse nach gesetzlichem Schutze verlangt, die eigentliche Seele des *ex lege* gegebenen Anspruches, nemlich das Interesse des zu Berechtigenden, aber fehlt. Gäbe es nun einen äusseren Anhaltspunkt um das Vorhandensein oder den Mangel des zu schützenden Interesses auch im concreten Falle ausser Zweifel zu stellen, dann wäre es dem Gesetzgeber möglich, eine weitere Voraussetzung namhaft zu machen, unter welcher im Falle des Eintrittes gewisser Umstände ein Anspruch unmittelbar auf Grund des Gesetzes entstehen solle. Ich glaube, es gibt einen solchen Anhaltspunkt, und zwar einen eben so einfachen wie zuverlässigen: derselbe liegt im Benehmen des Berechtigten selbst. Reagirt derselbe innerhalb einer angemessenen Frist in Form der Realisirung seines Anspruches, dann liegt hierin zugleich der zuverlässigste Ausdruck seines Interesses; bleibt er hingegen während einer gewissen Zeit völlig unthätig, dann documentirt er hiemit auch den Mangel jenes Momentes, welches die erste Voraussetzung seines Anspruches bilden soll, nemlich den Mangel seines Interesses. Ein Blick auf die verschiedenen Kategorien der *ex lege* entstehenden Ansprüche möge das eben Gesagte verdeutlichen. Am meisten in die Augen springt der Zusammenhang zwischen der raschen Bethätigung eines Anspruches und dem Vorhandensein eines Interesses des Berechtigten an demselben bei den civilrechtlichen Pönalklagen. Wenn der Verletzte gleich anfangs sich beruhigt, dann war er gar nie verletzt. Ich kann zur Charakteristik der Sachlage in solchen Fällen nichts Besseres thun, als dasjenige anführen, was *Demelius* als rechtspolitischen Grund der Annalität der praetorischen Pönalklagen angegeben hat[149]): „Langes Zögern ist mit dem Rachenehmen als Bethätigung persönlichen Rechtsbewusstseins nicht zu vereinigen. Damit das Genugthuung heischende Auftreten des Beeinträchtigten wirklich als Manifestation gekränkten Rechtsgefühles erscheine, muss es gleichsam auf frischer That stattfinden, dem Angriffe auf dem Fusse nachfolgen. Das Verfliessen eines längeren Zeitraumes zwischen Angriff und Vergeltung ist sehr geeignet, wenn nicht der letzteren ihren Charakter als solche ganz zu nehmen, doch denselben zu verwischen und zweifelhaft zu machen. Nur an einer Stelle kann der Anspruch auf Genugthuung als solcher bestehn, als durch den Angriff erregte und unmittelbar hervorgerufene Rückäusserung gekränkten Rechtssinnes. Der Anspruch gelangt gar nicht dazu, sich von seiner Wurzel, dem gekränkten Rechtsgefühle in dem Sinne abzulösen, dass er wie die übrigen Rechte Bestandtheil des Vermögens würde, unabhängig im letzteren zu haften im Stande wäre. In Existenz und Dauer ist er von jener Wurzel bedingt. Den Willen Genugthuung zu nehmen aber mag man nach Verlauf längerer Zeit billig als erloschen oder auch als gar nicht vorhanden gewesen betrachten[150])!“

Eine weitere Kategorie von Ansprüchen, an deren Begründung trotz des Vorhandenseins des dieselben erzeugenden

149) Demelius Untersuchungen S. 23.

150) Der einzige Fall einer Privatstrafklage, welchen das österr. a. b. G. B. enthält [§. 1490: „Klagen über Injurien, die lediglich in Beschimpfungen durch Worte, Schriften oder Geberden entstehen, können nach Verlauf Eines Jahres nicht mehr erhoben werden. Besteht aber die Beleidigung in Thätlichkeiten, so dauert das Klagerecht auf Genugthuung durch drei Jahre“] ist zweifellos ein Fall von Rechtstemporalität und nicht, wie die österr. Schriftsteller annehmen, ein Verjährungsfall.

Thatbestandes dem Berechtigten das Interesse fehlen kann, bilden die verschiedenen Arten von Anfechtungsrechten. Der Gesetzgeber kann wohl im Allgemeinen die Umstände fixiren, unter welchen jemand das Recht haben soll, eine eingetretene juristische Situation wieder zu beseitigen; ob aber auch in jedem concreten Falle, in welchem diese Umstände obwalten, auch dasjenige Interesse vorhanden ist, welches als Anfechtungsbefugniss auftreten soll, das steht sehr in Frage. Nicht jeder, zu dessen Gunsten z. B. ein Restitutionsgrund vorliegt, hat auch Ursache mit der Rechtslage, die er beseitigen könnte, unzufrieden zu sein; nicht immer hat man ein Interesse zu redhibiren, wenn auch die gekaufte Sache einen Gewährmangel zeigen sollte; nicht jeder Gezwungene oder durch betrügerische List zur Eingehung eines Geschäftes Verleitete ist auch nothwendig immer in einem solchen Masse übervortheilt, dass er in jedem Falle die Beseitigung der Rechtslage zu verlangen Veranlassung haben muss, in welche er wider Willen gebracht worden ist. Wer sich in solchen Fällen nicht bald rührt, der hat an der Geltendmachung des ihm *ex lege* ohne seinen Willen zugefallenen Anspruches kein Interesse, und für ihn ist daher eigentlich dieser Anspruch auch gar nicht gegeben[151]). Will also der Gesetzgeber

---

Von dem Charakter dieser Fristbestimmung wird in dem dritten Theile dieser Untersuchung näher die Rede sein, welcher sich mit der Frage beschäftigen soll, welche von den in den verschiedenen österr. Gesetzen zur Geltendmachung gewisser Rechte aufgestellten Fristbestimmungen wahre Verjährung, und welche von ihnen Legalbefristung zum Inhalte haben.

151) Es vermag also schon dieser eine, der Rechtslage auf Seiten des Berechtigten entnommene Gesichtspunkt in befriedigender Weise zu erklären, warum sowohl das römische Recht die verschiedenen Anfechtungsrechte nur als *actiones temporales* gibt, als auch das österr. a. b. G. B. die Geltendmachung derselben auf kurze Fristen einschränkt. Das Nähere über diese Uebereinstimmung der *lex lata* mit den rechtspoliti-

seinem rechtspolitischen Grundgedanken treu bleiben, nur dort Ansprüche zu geben, wo ein zu schützendes Interesse es gebietet, dann wird er in Fällen der eben angedeuteten Art ausser dem betreffenden rechtserzeugenden Ereignisse oder Zustande noch überdies als weiteres Moment erfordern müssen, dass der Berechtigte sich innerhalb eines bestimmten Zeitraumes auf sein Recht beruft; er wird eine Legalfrist fixiren, deren Einhaltung die Voraussetzung bildet für die Existenz des betreffenden *ex lege* entstehenden Anspruches. Auf diese Art erscheint also bei gewissen, unmittelbar aus dem Gesetze entstehenden Rechten ihre zeitliche Einschränkung, und in Folge dessen auch die *veniente die* ohne materiellen Grund eintretende Befreiung des Verpflichteten rechtspolitisch vollkommen gerechtfertigt.

Es war im Vorstehenden von solchen Fällen die Rede, in welchen es an dem Interesse und demzufolge auch an der Basis für einen gesetzlichen Anspruch mangeln kann, und in welchen die Festsetzung einer Legalfrist zur Bethätigung des Anspruches als das geeignetste Mittel erscheint, die Ungewissheit zu beseitigen. Zweifel an der wirklichen Geltendmachung gewisser Ansprüche können aber nicht blos darin begründet sein, dass es auf Seiten des Berechtigten an dem nöthigen Interesse mangelt; die Ungewissheit, ob ein *ex lege* entstandener Anspruch auch wirklich zur Realisirung gelangen werde, kann nemlich auch darin ihren Grund haben, dass das nächste Interesse nicht immer die Richtschnur menschlichen Handelns bildet. Es ist daher sehr gut denkbar, dass der Berechtigte, obwohl er an der

---

schen Gründen der Legalbefristung findet sich weiter unten, wo diejenigen Gesichtspunkte angedeutet werden, welche im Interesse des Verpflichteten dringend für die zeitliche Einschränkung der Anfechtungsrechte sprechen. S. Note 152.

Geltendmachung eines Anspruches grosses Interesse hätte, dieselbe dennoch von der Hand weist. Dieses gilt wieder ganz vorzüglich von den Pönalklagen und den verschiedenen Anfechtungsrechten. Ich wage getrost die Behauptung, dass nicht der zehnte Theil solcher Ansprüche auch wirklich geltend gemacht wird, weil sich Rücksichten der verschiedensten Art ihrer Verwirklichung entgegenstellen. Nicht jeder lässt sich herbei, ein ihm angethanes Unrecht auf dem Wege einer Pönalklage zu einer Vermögensvermehrung zu benützen; nicht leicht hängt der betrogene Ehemann seine Familienschande an die grosse Glocke, um die eheliche Geburt eines Kindes zu bestreiten; nur ausnahmsweise entbehrt der Geschenkgeber so weit der Noblesse, dass er den Undank des Beschenkten zur Rückgängigmachung der Liberalität ausnützt; nicht immer ist das materielle Interesse so gross, dass man die Scheu überwindet, sich in der Rolle des Redhibitionsklägers als lächerliches Opfer der Geschäftslist eines Anderen hinzustellen; nicht alle übernehmen das Odium eines gierigen Erbprätendenten, welcher mit der Nullitätsquerel den Nachlass Demjenigen entreisst, welchem derselbe zugedacht ist; auf welche Art von Anfechtungsrechten wir unseren Blick auch wenden mögen, überall sind die im Spiele befindlichen Lebensverhältnisse so beschaffen, dass in der grösseren Zahl von Fällen der Anfechtungsberechtigte von seiner Befugniss keinen Gebrauch zu machen Willens ist. Auch für die Schadenersatzansprüche *ex lege Aquilia* möchte ich Dasselbe behaupten. Culpose Vermögensbeschädigungen ereignen sich meist im engen Kreise freundschaftlicher und nachbarlicher Beziehungen, deren ungetrübter Bestand in der Regel höher gestellt wird, als ein meist geringfügiges Geldinteresse. Mir ist schon mancher Schade, dolos und culpos, zugefügt worden, und es ist mir bisher nie in den Sinn gekommen, mich meines Rechtes zu bedienen. Der Gesetzgeber wird, um in allen diesen und ähnlichen Fällen der ungewissen Rechtslage ein Ende zu machen, das Richtige treffen, wenn er schon auf Grund des fruchtlosen Verstreichens eines kurzen Zeitraumes annimmt, dass der inaktive Berechtigte auf die Geltendmachung des ihm *ex lege* zustehenden Anspruches verzichtet. Von einem Verzichte im eigentlichen Sinne des Wortes kann freilich nicht die Rede sein, denn in dem zeitweiligen Schweigen des Berechtigten allein liegen noch nicht die Elemente eines Erlassvertrages vor. Nur insoferne kann von einem Verzichtswillen des Berechtigten die Rede sein, als der Gesetzgeber bei Erlassung der Norm, welche einem zweifelhaften Rechtsverhältnisse die Kraft zu immerwährendem Bestande entziehen soll, von der Annahme ausgehen darf, er handle nicht gegen das Interesse und den Willen des Berechtigten. Daher wird auch, was die juristische Form der Norm betrifft, durch welche der Ungewissheit ein Ende gemacht werden soll, die Statuirung einer Legalfrist zur Geltendmachung des Anspruches eleganter sein als die Statuirung der Fiction eines Rechtsverzichtes.

In noch viel entschiedenerer Weise als die eben angedeuteten, auf die Situation des Berechtigten bezüglichen Gesichtspunkte spricht die Rücksichtnahme auf die Rechtslage des Verpflichteten für eine rasche Erledigung gewisser *ex lege* zustehender Ansprüche. Es liegt wohl auf der Hand, dass die Situation eines Schuldners, der in Ungewissheit schwebt, ob er werde in Anspruch genommen werden oder nicht, eine höchst unbehagliche ist, und dass es schon deshalb, wenn es mit dem Interesse des Berechtigten nur irgend vereinbar erscheint, billig ist, dem Hangen und Bangen des Verpflichteten von Vornherein ein festes Ende zu setzen.

In noch schärferes Licht tritt dieses Bedürfniss wenn man bedenkt, dass in vielen Fällen der Verpflichtete dadurch, dass er in Anspruch genommen wird, wieder seinerseits berechtigt wird gegen eine andere Person, und dass ihm durch eine ungebührliche Verzögerung in der Entscheidung der zweifelhaften Angelegenheit nach der passiven Seite hin Gefahr bringen kann für die aktive Seite. Man denke nur z. B. an den Fall der Gewährleistungspflicht; der Verkäufer hat in einem solchen Falle ein sehr grosses Interesse daran, dass sich der Käufer, der einen Mangel entdeckt hat, schnell entscheide, ob er redhibiren will oder nicht, damit der Verkäufer selbst in die Lage kommt, wieder seinen Veräufer in Anspruch nehmen zu können. Selbst bei Schadenersatzansprüchen hat der Verpflichtete ein Interesse an der raschen Entscheidung, damit er eventuell sein Regressrecht gegen Mitschuldige oder gegen diejenige Person geltend machen kann, für deren Culpa er einzustehen hatte. Am dringendsten ist aber das Bedürfniss einer baldigen Entscheidung bei den Anfechtungsrechten. Man braucht sich nur z. B. die peinliche Situation des Besitzers eines Nachlasses, welcher der Nullitätsquerel ausgesetzt ist, zu vergegenwärtigen um zu der Erkenntniss zu gelangen, dass die zeitliche Unbeschränktheit der Anfechtbarbeit vom Standpunkte der Zweckmässigkeit aus geradezu ein rechtspolitisches Unding ist. Dass dem Besitzer einer im Falle der Anfechtung zu restituirenden Sache zu jeder bedeutenderen wirtschaftlichen Massregel die Hände gebunden sind, und andere Unzukömmlichkeiten mehr, will ich übergehen; nur auf das Eine möchte ich aufmerksam machen, dass die Möglichkeit der Anfechtung einer Rechtslage dem zu derselben Befugten sehr leicht die Gelegenheit bieten kann, während der ganzen Zeit der Anfechtungsmöglichkeit auf Kosten des Verpflichteten zu speculiren. Wenn nemlich das anzufechtende Geschäft ein synallagmatischer Vertrag ist, und der zur Anfechtung Befugte sein Aequivalent bereits empfangen hat und deshalb im Falle der Anfechtung zu restituiren hätte; oder wenn in Folge der Anfechtung der Kläger Impensen zu ersetzen hätte, dann kann der Berechtigte Preisschwankungen während der Zeit, innerhalb welcher die Anfechtung möglich ist, zu seinen Gunsten dadurch ausbeuten, dass er die Vornahme oder die Unterlassung der Anfechtung davon abhängig macht, ob sich der Werth der ihm herauszugebenden Sache höher oder tiefer stellt als der Preis Desjenigen, was er selbst herauszugeben hätte. Es wäre der Casuistik ein grosser Spielraum geboten zu zeigen, dass schon die Möglichkeit der eben angedeuteten Ausbeutung der wechselnden ökonomischen Chancen allein die zeitliche Uneingeschränktheit der Anfechtungsrechte als eine grobe Unbilligkeit gegen den Restitutionspflichtigen erscheinen lässt. Ich beschränke mich jedoch auf die Bemerkung, dass in den angedeuteten Fällen die Rechtslage des Anfechtungsschuldners ganz ähnlich ist mit der des Prämienempfängers aus einem einseitigen Prämiengeschäfte; nur mit dem grossen Unterschiede, dass der der Anfechtung Ausgesetzte keine Prämie für das Tragen des Risico aus einer ihm ungünstigen Preisveränderung erhält, und dass die Zeit des Risico unbegrenzt, der Stichtag *ad calendas graecas* hinausgeschoben ist. Die Gefahr, welche aus dieser Situation für den Anfechtungsschuldner unvermeidlich erwächst, kann einzig und allein dadurch, wenigstens zum Theil, gemindert werden, dass der Gesetzgeber dem Anfechtungsrechte einen nahen legalen Endtermin setzt.

Man könnte vielleicht einwenden, dass die vorstehenden

Gesichtspunkte deshalb nicht zu Gunsten der Legalbefristung der namhaft gemachten Ansprüche angeführt werden können, weil auch auf dem Wege einer sehr kurzen Verjährung die angedeuteten Inconvenienzen zu vermeiden wären. Allerdings erscheint auch durch eine bedeutend abgekürzte Verjährung eine raschere Erledigung der angeführten zweifelhaften Rechtsverhältnisse möglich. Es zeigt sich jedoch bei näherer Betrachtung, dass die Anwendung der specifischen Sätze der Verjährung auf derartige Verhältnisse dem Bedürfnisse nach rascher und sicherer Erledigung derselben nur unvollkommen genügen würde. Denn welchen Sinn hätte es, die peinliche Lage des Verpflichteten in Folge gewisser Umstände in der Person des Berechtigten, welche bei der Verjährung den Fristenlauf hemmen, ins Unbestimmte zu verlängern? Welchen Sinn hätte es insbesondere der Klaganstellung unterbrechende Wirkung beizulegen und dadurch zu ermöglichen, dass der Anfechtungsberechtigte durch wiederholt angestellte und wieder zurückgezogene Klagen den Verpflichteten endlos im Obligo erhalten kann? Oder wie unzukömmlich wäre es nicht, wollte man die ganze Zeit der zweifelhaften und oft gefährlichen Rechtslage von Neuem beginnen lassen, wenn der Verpflichtete z. B. anlässlich der Bitte, ihn mit der Geltendmachung des Anspruches zu verschonen, das gegnerische Recht anerkannt hätte? Schon diese wenigen Andeutungen dürften genügen, um die Inconvenienzen darzulegen, welche sich selbst bei einer noch so kurzen Verjährung in Folge der Anwendung der specifischen Sätze derselben ergeben würden. Dass aber alle derartigen Unzukömmlichkeiten ausgeschlossen sind, wenn der Gesetzgeber dem schwebenden Rechtsverhältnisse einen legalen Endtermin setzt, ergibt sich aus den früher dargelegten praktischen Verschiedenheiten zwischen Verjährung und Legalbefristung von selbst[152]).

Es ist im Vorstehenden darzulegen versucht worden, dass bei gewissen Ansprüchen, welche ohne den Willen der Betheiligten auf Grund von bestimmten Ereignissen und Zuständen unmittelbar aus dem Gesetze entstehen, die Situation von solcher Beschaffenheit zu sein pflegt, dass es einerseits von Vornherein zweifelhaft ist, ob der Berechtigte seinen Anspruch auch wirklich benutzen wollen wird, und andererseits der Verpflichtete ein grosses Interesse daran hat, die

---

152) Angesichts dieser verschiedenartigen rechtspolitischen Gründe, welche für eine zeitliche Beschränkung der Anfechtungsrechte sprechen, erscheint es nicht als Zufall, wenn das römische Recht schon zu einer Zeit, wo es das Institut der Verjährung noch gar nicht kannte und alle *actiones* im wahren Sinne *perpetuae* waren, für die auf Anfechtung gerichteten Klagen Legalfristen festsetzte; so zur Geltendmachung der *querela innofficiosi testamenti* ein Quinquennium, zur Anstellung der *actio Publiciana rescissoria* [l. 35 pr. D. 44, 7] ein Jahr und zur Anbringung der *actio redhibitoria* sechs Monate. Man vergl. über den temporalen Charakter dieser Klagen und die legislativen Gründe dafür Demelius Untersuchungen S. 30 fg. Auch die spätere einjährige ebenso wie die unter Justinian an ihre Stelle gesetzte vierjährige Restitutionsfrist halte ich für eine Legalfrist; vergl. hierüber Fick in der citirten Dissertation S. 10 fg. In gleicher Weise ist es kein Zufall, sondern das Resultat richtiger Rechtspolitik, wenn das a. b. G. B. die von ihm statuirten Anfechtungsrechte nur auf eine bestimmte kurze Zeit entstehen lässt; man vergl. die §§. 933 [„Wer die Gewährleistung fordern will, muss sein Recht, wenn es unbewegliche Sachen betrifft, binnen drei Jahren, betrifft es aber bewegliche, binnen sechs Monaten geltend machen, sonst ist das Recht erloschen"] und 1487 [„Die Rechte, eine Erklärung des letzten Willens umzustossen; eine Schenkung wegen Undankes zu widerrufen; einen entgeltlichen Vertrag wegen Verletzung über die Hälfte aufzuheben; und die Forderung wegen einer bei dem Vertrage unterlaufenen Furcht, oder eines Irrthumes müssen binnen drei Jahren geltend gemacht werden. Nach Verlauf dieser Zeit sind sie verjährt".] Es bleibt dem dritten Theile dieser Untersuchung vorbehalten, zu zeigen, dass der §. 1487 nicht echte Verjährungsfälle, sondern Legalbefristungen statuirt, und dass das b. G. B. nur eine falsche theoretische Subsumtion vornimmt, wenn es in diesen Fällen am Schlusse des Paragraphen von Verjährung spricht.

Sache zu rascher Entscheidung zu bringen, sei es im Sinne seiner Inanspruchnahme, sei es im Sinne seiner Befreiung. Es ist ferner der Versuch gemacht worden zu zeigen, dass eine Reihe von rechtspolitischen Gesichtspunkten dafür spricht, derartige zweifelhafte Rechtsverhältnisse nicht für die Ewigkeit entstehen zu lassen und nur der Verjährung zu unterwerfen, dass vielmehr das Bedürfniss rascher und sicherer Erledigung derselben nur auf dem Wege der Legalbefristung der betreffenden Ansprüche zu befriedigen ist. Es soll nun der weitere Versuch gemacht werden, zu zeigen, dass selbst durch solche Ansprüche, welche aus rechtsgeschäftlichen Akten mit dem Willen der Betheiligten entstehen, und rücksichtlich welcher oben bemerkt wurde, es sei in der Regel keine Veranlassung zu ihrer Legalbefristung vorhanden, in manchen Fällen ausnahmsweise gleichfalls eine solche Situation geschaffen wird, dass die Geltendmachung des betreffenden Anspruches einerseits ungewiss ist, und andererseits der Verpflichtete eine baldige Erledigung der zweifelhaften Angelegenheit wünschen muss.

In erster Linie sind hieher zu zählen — und bilden gewissermassen ein Mittelding zwischen den *ex lege* entstehenden Ansprüchen und den aus Rechtsgeschäften entspringenden, — diejenigen Ansprüche, welche aus einer geschäftlichen Rechtsbeziehung trotz des Eintrittes eines den Schuldner regelmässig vollständig befreienden Ereignisses als verborgene Residua übrig bleiben; wie z. B. die Gewährleistungsverbindlichkeit nach Erfüllung einer Kaufsobligation. Als Grund der Ungewissheit der wirklichen Geltendmachung eines Gewährleistungsanspruches kommt zunächst in Betracht, dass man mit der gekauften Sache trotz der Entdeckung eines Mangels ganz wohl zufrieden sein kann; weiters, dass man selbst im Falle der Unzufriedenheit die Sache oft deshalb auf sich beruhen lässt, weil man sich nicht gerne als geschäftsungewandtes Opfer fremder Schlauheit hinstellt. Andererseits hat aber der Verkäufer an dem raschen Entschlusse des Käufers deshalb ein grosses Interesse, weil er die Gelegenheit nicht versäumen will, auch seinen Verkäufer in Anspruch zu nehmen. Auch ist, wie bereits früher bemerkt wurde, für den Käufer während des ganzen Laufes der Anfechtungszeit Gelegenheit vorhanden, allfällige Preisveränderungen auf Kosten des Verkäufers auszubeuten. Es ist also vollständig jene eigenthümliche Situation vorhanden, welche Legalbefristung erheischt[153]).

Ein weiteres Beispiel dafür, dass selbst durch den Willen der Parteien geschaffene Rechtsbeziehungen wegen ihres zweifelhaften Charakters einer zeitlichen Einschränkung durch *dies legalis* bedürfen können, bietet die aus einem *pactum de contrahendo* entspringende Rechtslage. In solchen Fällen ist es auf der einen Seite ungewiss, ob der Berechtigte seinen Anspruch auch geltend machen wird, und auf der andern Seite würde ein immerwährendes Gebundensein des Verpflichteten angesichts der Veränderlichkeit der wirthschaftlichen Verhältnisse für denselben nicht blos unbehaglich, sondern geradezu gefährlieh sein. Man könnte auch die Zeit der Gebundenheit aus einem präparatorischen Vertrage nicht blos als Mass der Dauer, sondern geradezu als Mass des Inhaltes der Verpflichtung ansehen; denn obwohl der Anspruch des Berechtigten keine wiederholte Ausübung

---

153) Thatsächlich erscheinen sowohl im röm. Rechte, wie in sämmtlichen modernen Gesetzbüchern kurze Fristen zur Geltendmachung der Gewährleistungsansprüche statuirt, welche ich nicht für Verjährungsfristen, sondern für Legalfristen im Sinne der Rechtstemporalität halte. Der Beweis hiefür bleibt dem dritten Theile dieser Untersuchung vorbehalten.

zulässt[154]), wird sein ökonomischer Werth in solchen Fällen doch in erster Linie durch seine zeitliche Dauer beeinflusst. Dies zeigt sich deutlich, wenn man bedenkt, dass die Prämie bei einem einseitigen Prämiengeschäfte um so grösser zu sein pflegt, je entfernter der Stichtag, je länger also die Zeit der Gebundenheit des Prämienempfängers ist. Wenn nun auch der juristischen Form nach die Rechtslage des letzteren eine andere ist, materiell ist sie mit derjenigen sehr verwandt, in welcher sich ein durch *pactum de contrahendo* einseitig Verpflichteter befindet. Haben also die Contrahenten beim Abschlusse eines solchen Pactums darauf vergessen, die Zeit der Gebundenheit zu fixiren, so haben sie gewissermassen den Inhalt der Obligation nicht gehörig bestimmt, und es obliegt dem Gesetzgeber, durch *lex dispositiva* den Parteienwillen zu ergänzen, indem er eine Legalfrist für die Dauer der Schuld festsetzt. Dies ist denn auch thatsächlich in sehr vernünftiger Weise im öst. a. b. G. B. geschehen[155]).

Endlich gibt es noch eine dritte Kategorie von vertragsmässigen Ansprüchen, deren wirkliche Geltendmachung vom Anfange an ungewiss ist; es sind dies diejenigen Ansprüche,

---

154) Man wird sich daran erinnern, dass, wie oben bemerkt worden ist, bei den eine continuirliche Ausübung zulassenden Rechten die zeitliche Dauer derselben zugleich das Mass ihres stofflichen Gehaltes und wirthschaftlichen Werthes bildet, und dass demnach in solchen Fällen der rechtspolitische Unterschied zwischen Verjährung und Rechtstemporalität auf der Hand liegt.

155) Vergl. §. 936 des a. b. G. B.: „Ueberhaupt muss auf die Vollziehung solcher Zusagen längstens in einem Jahre nach dem bedungenen Zeitpunkte gedrungen werden; widrigenfalls ist das Recht erloschen.“ Diese Frist wird von manchen österr. Schriftstellern als Verjährungsfrist aufgefasst; wie verkehrt dieses ist, dürfte sich schon aus dem im Texte Gesagten ergeben, stellt sich aber erst dann in seiner ganzen Unhaltbarkeit dar, wenn man die specifischen Sätze der Verjährung auf derartige Verhältnisse in Anwendung bringt.

welche aus einem Bürgschaftsverhältnisse und ähnlichen Garantieobligationen erwachsen. Denn es liegt im natürlichen Laufe der Dinge, dass nicht Derjenige in Anspruch genommen wird, welcher für die fremde Schuld einsteht, sondern der eigentliche Schuldner. Der Gesetzgeber wird daher gut thun, in solchen Fällen die Garantieschuld zeitlich einzuschränken, da auch hier der Gesichtspunkt zutrifft, dass die Länge der Gebundenheit den Inhalt des Schuldverhältnisses in wesentlichem Masse mit bestimmt [156]). Wir finden auch thatsächlich im römischen Rechte die Schuld des Sponsor und Fidepromissor durch die *lex Furia* auf zwei Jahre eingeschränkt, und auch das öst, a. b. G. B. enthält im §. 1367 eine ähnliche Bestimmung rücksichtlich der Erben des Bürgen.

Inwieweit auch für die Temporalität der Wechselschuld ähnliche rechtspolitische Gesichtspunkte sprechen, davon wird im zweiten Theile dieser Untersuchung die Rede sein.

---

156) Dies kann man am Besten daraus ersehen, dass, gesetzt es verbürgte sich jemand nur bis zu einem gewissen Zeitpunkte und nur gegen Entgelt, das vom Hauptschuldner an den Bürgen zu leistende Aequivalent für das Risico um so grösser sein wird, je grösser der zeitliche Umfang der Bürgschaftsschuld ist.

Pierer'sche Hofbuchdruckerei. Stephan Geibel & Co. in Altenburg.

FSC
www.fsc.org
MIX
Papier | Fördert
gute Waldnutzung
FSC® C083411

Kolibri 360 GmbH
Ferdinand-Jühlke-Straße 7
99095 Erfurt, Deutschland
produktsicherheit@kolibri360.de

Druck:
CPI Druckdienstleistungen GmbH
im Auftrag der
Kolibri 360 GmbH
Ferdinand-Jühlke-Str. 7
99095 Erfurt